江戸遺跡研究会編

江戸の園芸

吉川弘文館

1　森田六三郎の鉢植
（『染井駒込巣鴨新版改正菊番付』部分，個人蔵）

2　ツバキ「紅蝦夷錦」
（服部雪斎『緑漪軒植物図』より，個人蔵）

3　「植木売り」（幻燈原版，東京都江戸東京博物館所蔵，同館／DNPartcom 提供）

4　寒天挿しの桜草

（窪俊満『吾妻のにしき』より，東京都立中央図書館提供）

5　立ち枯れ痕（巣鴨遺跡33号遺構，豊島区教育委員会提供）

6　畑　　跡

（東京大学本郷構内遺跡 CRC 地点検出の畑，東京大学埋蔵文化財調査室提供）

7　堅野焼植木鉢

（鹿児島〈鶴丸〉城本丸跡出土，鹿児島県教育委員会提供）

8　蟹沢焼半胴甕

（八戸城跡 28 地点出土，八戸市教育委員会提供）

9　錦絵の中の鉢植

（歌川豊國『艶姿十二支　寅の日のさんけい』国立国会図書館藏）

目次

はじめに

……小　川　　望

本書は、令和五年（二〇二三）一月二八、二九日の両日にわたって、日本大学文理学部のオーバルホールをお借りして開催された江戸遺跡研究会の第三二回大会『江戸の園芸』での成果を基に再構成したものである。以下、掲載順に概要を示す。

最初の二本は、絵画資料などの文献資料から江戸の「園芸文化」を俯瞰したものである。

当日記念講演をお願いした平野恵氏には、絵画資料を含めた文献資料を中心とする蓄積をもとに、江戸の園芸文化というものが、植木屋のもつ技術である「技芸」と、「本草学」という学問とが双方に影響を与え合って発達していったことを指摘しつつ、江戸の園芸文化に対する研究を、奥深く幅広い視点から論じていただいた。

田中純子氏は江戸時代の植物図について、「園芸」という観点から江戸の自然誌研究を歴史的に整理し、その担い手が岩崎灌園をはじめとする本草学者に加え、植木屋伊藤伊兵衛などの植木屋・園芸家のほか、博物学的な関心をもった藩主や旗本であったとの指摘をされている。

続く三本は、文献資料に立脚しつつ遺構と遺物といった考古学的成果も援用して考察された論考に加え、江戸の園芸品種として知られる特定の品種に関して、育種に直接かかわってきた立場から詳細に論じたものである。

山本英二氏は尾張藩江戸藩邸における園芸について、尾張藩小納戸役所によって江戸の藩邸で記された『江戸御小納戸日記』に見られる記載を詳細に検討し、そこに植えられていた種々の植物類の用途等を観賞用、食用・薬用、儀礼用に整理するとともに、尾張藩徳川家上屋敷跡である新宿区市谷本村町遺跡から出土した花壇跡の資料を援用する形で、地植えの花壇から植木鉢への鉢植えの展開、「石台」と呼ばれる園芸用の装置の実際など、江戸の大名藩邸内における草花栽培の実態に多様な角度から迫っている。

市川寛明氏は「植木鉢」と総称される園芸に使用される器物の中から、「当初より販売することを目的に生産された定型的なレディーメイドの植木鉢」として「商品植木鉢」を定義分離し、その成立時期を背景となる経済社会とのかかわりにおいて考察し、園芸文化の発展過程は商品植木鉢を駆使した園芸の成立史としても描かれる必要があるとする。その上で考古資料を参照しながら文献資料を繙読し、一八世紀後期以降の土器植木鉢の圧倒的卓越が、商品植木鉢の広汎な生産・流通を反映したものであり、これが庶民園芸と奇品園芸とを特徴とする近世の園芸文化の特質を形成したものと論じる。

鳥居恒夫氏は、氏が監修された神代植物園の『さくらそう』展の展示解説の中で、市川氏の述べる庶民園芸と奇品園芸を体現する品種としてのサクラソウ（桜草）が近世江戸を中心とする人間活動の結果として生じ、消滅していった大群生地について触れつつ、園芸品種として特に江戸の武士が「連」と呼ばれる愛好家集団を結成してその育種を競ったことなどを時代毎に紹介するとともに、「孫半斗鉢」と呼ばれる生活雑器が転用されていたことなどを、実際に育種に携わる立場から詳細に論じている。

後半の六本は、考古資料に立脚しつつも文献資料を幅広く援用して分析を行ったもので、そのうちの二本は主に出土遺構に関するもの、三本は園芸に用いられる植木鉢そのものに関する論考、一本は遺跡の来歴に基づき遺物からの分析を行ったものである。

宮川和也氏は江戸遺跡の発掘調査において「植栽痕」と総称される一群の遺構について、「樹木の移植ないし伐根によって掘削された遺構及び樹木が立ち枯れた痕跡」とし、その認識過程を発掘調査報告書における分類から整理する。その上で「竈口」と呼ばれるスロープ状の付帯施設をもつ大形の植栽痕を例に、樹木を対象とした園芸活動の痕跡分析への視点の深化を訴える。

追川吉生氏は多くの絵図をはじめとする歴史資料を援用しつつ、藩邸内での位置などから、大名屋敷跡を中心とする遺跡に見られる多様な地植えの栽培遺構である「植物栽培遺構」について、多角的な考察を行っている。その過程では、いわゆる「園芸」でイメージされる鑑賞用の庭木や花卉などの植物とのかかわり方を超えて、畑での蔬菜類の栽培や果実の収穫を目的とした樹林、あるいは空間を区画する目的で植樹管理される生垣までの幅広い視座から、多くの問題提起を行っている。

渡辺芳郎氏は、近世薩摩焼の陶器および瓦質製品の「植木鉢」を対象としてその特徴を整理し、編年を試みている。この中では製品焼成前に穿孔を施した専用器を中心に取り上げつつ、兼用器と考えられるものや、焼成前穿孔以外の属性から植木鉢と推測できるものも取り上げ、さらには植木鉢をめぐる薩摩・琉球・江戸との関係についても若干の考察を試みるなど、九州の一地域での植木鉢生産に関する多様な分析視点を提示している。

船場昌子氏は八戸城の出土植木鉢を中心に植栽痕等にも注目しながら陸奥八戸藩の藩主および藩士によって担われた園芸について、食用の菊生産という側面にも触れつつ論じている。そこには城外の村落では見られない、藩士の間での「園芸熱」の高まりが見て取れるとともに、江戸で流行した瀬戸産半胴甕を在地で模倣製作したと思われる製品の存在から、江戸への強い憧れやこだわりがその背景にあるとの指摘を行っている。

堀内秀樹氏は、安政元年（一八五四）の火災で全焼したと判断される大村藩下屋敷の、火災に伴う一括廃棄土坑から出土した磁器、陶器、土器製の植木鉢四五個体を中心とした出土遺物を対象に、他遺跡の事例等と比較しながら検討を加え、磁器製の植木鉢が卓越する様相などから、ここに居住していた藩主夫人の「文化的嗜好」が当該遺構の遺物組成に影響を与えた可能性を指摘している。

中野高久氏は江戸時代後期に菊細工や菊人形を創作したことで知られる植木商森田六三郎の屋敷跡の発掘調査成果を詳細に分析している。ここでは特に園芸に関連すると考えられる植木鉢にとどまらず、製陶関連の遺物や貿易陶磁といった蒐集品などの出土遺物を通じて、単なる「植木商」というとらえ方を越えた、江戸の園芸文化を担う文化人としての側面を見出している。

諸般の事情から、発表の内容や順番など、当日の発表の全貌を網羅したものとはなっていないものの、本書にまとめられた内容は、大会当日の会場で感じられた熱気を彷彿とさせるものとなっている。

昭和六一年（一九八六）に江戸遺跡情報連絡会として発足した江戸遺跡研究会は、考古資料という土壌に、文献史、建築史、民俗、都市論、自然科学分析など周辺領域との協業や連携という豊かな肥料を与えられて、新しい分野としての江戸考古学、近世考古学の扶植や深化に寄与してきた。

今回、文化史（誌）的視点から「園芸」に対峙するにあたってとりわけ感じられたことは、およそ四〇年前に蒔かれた小さな種が、このような形で枝葉を茂らせ、一つの果実としての一書に纏まったことである。

当日会場で感じられた熱気は、令和二年（二〇二〇）二月を最後に、新型コロナ感染症の対策で二回の大会が対面では行えなかった反動だけではなかったと思う。

今回なされた議論の中では江戸という人工的な「都市」と都市の中に囲い込まれた自然としての「園芸」が対比されることはなかったが、都市江戸を主要な対象としてきた研究会において、この「園芸」についての議論がここまで深められたことは、これまでの研究会の諸活動の一つの大きな到達点として、記憶すべき成果であったと考えている。

今回の大会で口頭および紙上でご発表いただいた方々、本書に論考をお寄せくださった執筆者の方々、また大会当日会場に足を運ばれた方々、そして本書を手に取ってくださった方々に、心から感謝の意を表したい。

園芸文化研究の可能性

平野　恵

はじめに

筆者は、二〇〇六年に著書『十九世紀日本の園芸文化』（平野恵二〇〇六ａ）を刊行して以来、園芸文化史の専門家といわれることも多くなっている。しかしながら、いまだに体系的に園芸文化を語る研究書もなく、本研究は未開拓の分野といえる。それゆえに中途半端な知識を披露し、かつ誤った認識が世間に広まっているのを知ると腹立たしい限りである。この未成熟な研究状況は、研究人口が少ないのも一つの要因と考えており、今回は園芸文化研究の糸口になると考えられる事例を紹介して、後進のヒントとなれば幸いである。

一　学問と技芸

かつて筆者は植木屋について調べ、本草学者と植木屋の密接な交流を知った。そして近世の学問は、明治以降に西洋から輸入した学校教育とは異なり、書物から学ぶだけでなく「技芸」にも重きを置いており、栽培や植物採集などの技芸を担う植木屋から得た情報が、「本草学」という学問に役立っていた点を示す様々な史料を見つけた。このように江戸の「学問と技芸」＝「学芸」が、独立しているのではなく双方に影響していたという考え方が、現在までの研究姿勢の根底にあるといってよい。そして、「学問の周辺」を探る目的で、地方文人である佐渡出身の柴田収蔵が記録した江戸の本屋についても論考を発表したように（平野恵二〇二〇）、この考えは園芸だけではなく、もっと広く芸術・技術史あるいは学問史分野にも援用可能な点も指摘したい。

近世学問史について多くの先学があるが、筆者は夫・平野満が遺した研究の恩恵に深く与った。平野満は、蘭方医・吉田長淑とその門人研究や本草学者の人物研究に業績がある。こうした学者の人物研究を植木屋に援用したのが、本草学者に協力した植木屋・柏木吉三郎研究である。

柏木吉三郎は、本草学者・岩崎灌園に入門し、学者顔負けに江戸近郊を採薬《さいやく》し、著作『草木名鑑《そうもくめいかん》』を記した。明治以降は、植物を持ち寄り、植木屋の庭を会場とした研究会「温知会《おんちかい》」に参加した。こうした業績は、本草学者そのものと差異がない（平野恵二〇〇六ａ）。

学者そのものの植木屋と対比できる本草学者が、近世における最初の植物図鑑『本草図譜《ほんぞうずふ》』を著した岩崎灌園である。灌園が文化十五年（一八一八）に著した『草木育種《そうもくそだてぐさ》』という園芸書は八刷以上という、増刷に次ぐ増刷を重ねた。本書の特徴は、それまでの園芸書に比べて大きな判型、一つの植物だけではなく園芸全般にわたる内容、平仮名や図を多用した平易な記述方法で、当時としては革新的な内容であった。岩崎灌園は、巣鴨の植木屋・斎田弥三郎と情報を共有し、ドイツの薬種商・ワインマン Johann Wilhelm Weinmann による銅版彩色植物図譜『植物図譜』の検討会を蘭方医・宇田川玄真宅で行った（平野恵二〇一七ａ）。

近世後期の本草学者は、医師として活動しつつ、薬を求めてフィールドに出て動・植・鉱物を採集する「採薬」をし、その結果入手した品を物産会《ぶつさんえ》・薬品会《やくひんえ》の場に供した。この行為と、珍しい「奇品《きひん》」を栽培して品評会に出展する植木屋とは共通点が多く、そもそもわが国で最初の全国規模の薬品会、宝暦十二年（一七六二）平賀源内主催の東都薬品会開催を告知する前年の引札には、世話人として二名の植木屋が名を連ね、当初から薬品会には協力を惜しまない姿勢を見せていた。

以上の思考に則れば、園芸の情報を探るためには、植木屋側ではなく学者側の情報も得なければならない点が自ずと理解できよう。

一例として、一九世紀京都の本草学者・水野皓山《こうざん》の日記から園芸要素を紹介する。園芸は、衣食住ほどではないが日常生活で日々営まれる業務なので、園芸趣味のある人物の日記に、具体的な記述が登場する可能性は大きい。

水野皓山は小野蘭山《らんざん》（一七二九―一八一〇）の門人である。安永六年（一七七七）生、弘化三年（一八四六）没、年七十。名広業、字士勤、通称源之進、号を観生堂、陶隠子と称した。京都の医師で、蘭山に本草学を、浅井氏に医学を学び、物産会や関西で長期間存続した研究会「以文会《いぶんかい》」の活動を知る上でもその著作は貴重である。

本草学研究は、『小野蘭山』（小野蘭山没後二百年記念誌編集委員会編二〇一〇）によって新たな局面を迎えたといってよい。本書は小野蘭山の功績について、学問・自然・東西文化交流に分けて論考を載せ、さらに資料編に書簡、門人録、著作、年譜等を盛り込んだ労作である。本書刊行後は、西尾市岩瀬文庫「平安読書室――山本亡羊とその息子たちへ」、練馬区立石神井ふるさと文化館「江戸時代の百科事始―本草学者小野蘭山の世界―」、武田科学振興財団杏雨書屋「江戸時代後半期の本草学―小野蘭山―」、内藤記念くすり博物館「江戸のくすりハンター小野蘭山―採薬を重視した本草学者がめざしたもの―」と、次々と小野蘭山がテーマの展覧会が開かれた。水野皓山についての論考も、平野満が蘭山の塾「衆芳軒《しゅうほうけん》」に入る際の例として皓山を採り上げ（平野満二〇一〇a・b）、太田由佳が松岡玄達、小野蘭山、水野皓山と、師弟関係において連続する書写例として挙げるなど（太田二〇一〇）、没後二百年を迎えた二〇一〇年を機に、小野蘭山を軸として研究が展開した。

さて、西尾市岩瀬文庫所蔵の水野皓山の日記（『皓山日記』）、天保三年（一八三二）五月二十四日条には、

史料1

山本物品会ニ付、盆栽遣ス。人足町内荒モノ屋朝間頼。品物七種。丹州宇治田原大葉金星草、ハスノハカツラ、三葉黄連、シダ類〔岐葉者〕、兎児尾之類ノモノ、トウテイラン之類ノモノ、芹葉銀辺ノ者、外乾品。

とあり、「山本物品会」つまり京都の本草学者・山本亡羊《ぼうよう》の主催する山本読書室物産会に出展するため、町内の荒物屋に協力を依頼して大葉金星草以下七品の鉢植と「乾品」（押し葉）を会場に搬入した。史料1で使用される「盆栽」の語は、現代の「盆栽」の概念より広く、近世ではおおむね「鉢植」の意味で使われた。珍しい植物を物産会に見せるためには、鉢植の形態であれば運搬が容易である。運搬の目的は、一九世紀本草学者の活動、物産会、現代でいえば展示会兼研究会に持ち込むためであり、鑑定に利用するにも生きた植物の実見は必要なものであった。

他方で、学術目的とは別に観賞目的の園芸愛好家たちの品評会でも、自慢の園芸植物を見せるために、鉢植の形態は必須であった。現代では、学術目的と娯楽目的と区別するが、こうした物産会や品評会の場は、意見や情報を交換し交誼を得る場にもなっており、これこそが全国から人と物が集積する都市ならではの活動であった。

主に文献資料であるが、園芸文化史に関して入手しておきたい情報を以下に列挙する。

二　園芸の情報

1　園芸の技術を印刷・筆写した書物

国立国会図書館の「白井文庫」「伊藤文庫」は、植物学者・白井光太郎と伊藤圭介の収集した史料の一群で、約八千冊収蔵されている。ここには今では入手できない書写本が数多く所蔵され、筆者も何度も足を運び閲覧した。一八世紀の菊の栽培書、一九世紀の変化朝顔・松葉蘭・小万年青・桜草の図譜や番付が何種類もあり、その流行の歴史を調べる上で重要である。現在では国立国会図書館デジタルコレクションでＷＥＢ閲覧できる史料も多く、是非活用されたい。

白井文庫・伊藤文庫共通して特徴的なのは、複本をいくつも所蔵している点である。これは書誌学的に大いに有用であり、近年筆者は同タイトルの板本であっても刷りが異なる点、海賊版防止のため異なる検印を捺した点を明らかにすることができた（平野恵二〇二四ａ）。

また、伊藤圭介とその孫・伊藤篤太郎が編纂した『植物図説雑纂』は、梅や福寿草など失われたオリジナルの植物図譜の写本を保存していたことで、諸本との関係性が判明する（平野恵二〇〇九、松田二〇二四）など、その資料的価値は高い。

2　品評会の印刷物「番付」「図譜」

一九世紀に流行した変化朝顔や小万年青は、出品した植物の順位を相撲見立番付に印刷したものや色鮮やかな図譜に仕立てたものが多い。これらの史料は、第一節の史料同様、入手不可能になりつつあり、国立国会図書館で閲覧・複写可能である。個人収集品も多いが、文京ふるさと歴史館（文京ふるさと歴史館二〇〇二）、江戸東京博物館（東京都江戸東京博物館二〇一三）やたばこと塩の博物館（たばこと塩の博物館二〇一九）における展示図録によって、内容の把握も可能になってきている。さらに近年は、以前紹介した菊細工番付に新たな史料を追加して改めて考察し、新知見を得た（平野恵二〇二五）。

3　本草書、本草史料

本草学を研究した学者が記した本草書には、植物の目撃情報が子細に記されている。とくに本草学者の書簡に、植物の同定や種子の譲渡の依頼も多く見受けられ、前述の水野皓山宛ての文政十年（一八二七）六月、因幡の藤井有隣からの書簡には鑑定用の実物の腊葉（押し葉）が残存していた場合もあった（平野恵二〇一四）。

第十代富山藩主・前田利保《としやす》は、天保期の本草研究会「赭鞭会《しゃべんかい》」の中心人物である。複数の旗本が会の構成員として活動し、会員の自宅を会場として研究会が開催された。江戸池之端の上屋敷に薬草園である万香園《ばんこうえん》を設け、本草研究の成果を母国・富山に生かそうと努力した。絵師として博物画の名手・関根《せきね》雲停《うんてい》を抱え、美麗な図を描かせている。当時の本草学は、舶来植物が多く出回っていたこともあって博物学的要素が強くなり、珍しい植物「奇品」を栽培して広く知の共有を目指していた。そのような中、著された利保の著『本草徴解《ほんぞうちょうかい》』（図1）は、植物の特徴的な根、葉の

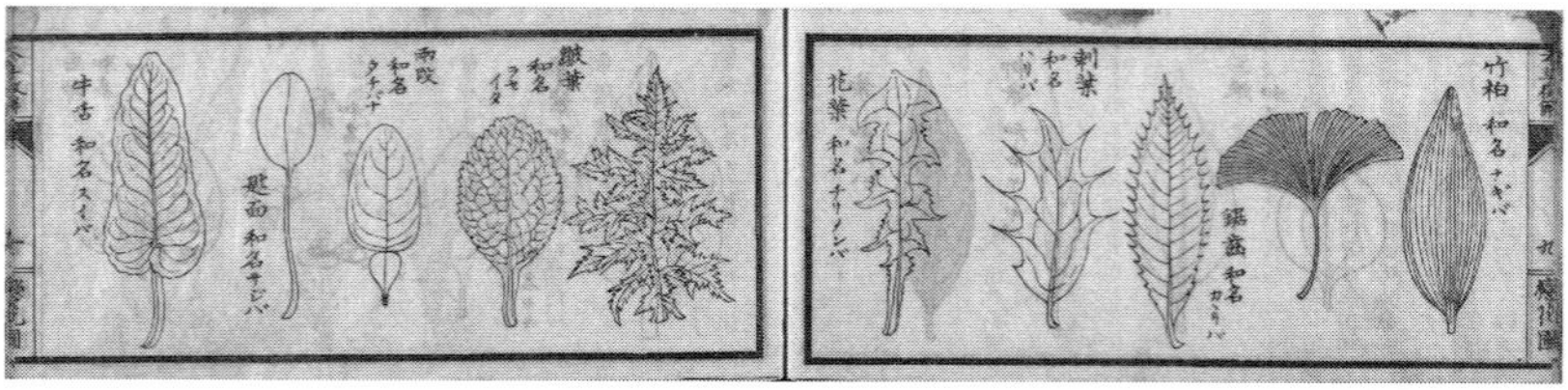

図１　『本草徴解』（国立国会図書館蔵）

名称および形状を図解し、中国の園芸書『秘伝花鏡《ひでんかきょう》』や救荒書『救荒本草《きゅうこうほんぞう》』など中国の書物から用例を引用する。現在でも植物の形状を表す語「鋸歯《きょし》」に「和名　ガ、リバ」とするなど、植物そのものを指す言葉以外にも「和名」の概念を適用している。本書は、植物を表現するための初心者でもわかりやすい表現を用いた用語の解説書であり、本草学における技術分野を担った書物である。つまりは園芸そのものの啓蒙的な実用書であり、趣味・娯楽を主目的にしない園芸というものが、本草学といかに密接に繋がっているかを端的に表した書物である。

4　園芸の享受を描いた絵画資料

日本の伝統的な美意識である花鳥風月の表現を用いた屛風絵や絵巻物には、浮世絵にもある桜、朝顔、椿などが描かれるが、積極的な園芸享受の様子はあまり描かれない。対して浮世絵では、植木鉢、支柱、如雨露といった栽培に必要な道具の情報を得ることができる。加えて愛宕社近くの茶屋などの具体的な情報もあれば、地域性という説得力も増す。園芸は、浮世絵のなかでもジャンルとして確立していないため個人収集品が中心であるが、近年は、博物館・美術館の展覧会でまとまって公開されるようになった。大宮盆栽美術館は、世界初の公立の盆栽美術館として誕生し、現代に受け継がれる盆栽以外にも、近世・近代における浮世絵版画の展覧会を開催している。

鉢植が描かれた浮世絵により、植木屋の商売の一システムが判明する好例が図２である。

図2の安永六年（一七七七）頃に描かれた「桜川お仙」は、愛宕下の茶屋「桜川」の娘「お仙」を描く。大田南畝『半日閑話』の同年二月の記事には、「芝愛宕下薬師堂水茶屋の美婦評判有。名付て桜川お仙とも、又仙台路考とも云。去年あたりよりか不詳、仙台の産なるにや」と、安永五年頃から芝愛宕下薬師堂水茶屋の美人として有名だったと伝える。本図の左下、店先の母娘が座る傍らには、梅の鉢植が置いてある。よく見ると銘札が差してあり、品種名が記されている。このように、茶屋に存在した鉢植の意味を教えてくれるのが、次の文献史料である。

同時代の隠居した大和郡山藩主、柳沢信鴻《のぶとき》の『宴遊《えんゆう》日記』には、上野広小路や湯島近辺における頻繁な植木購入記事が見られる。植木屋に直接届けさせる場合もあったが、家来に持たせて、六義園がある染井へ運ぶ場合の方が多く見受けられた。その中に、茶屋における植木購入記事が数箇所あった。次に挙げるのはその一例で、安永四年二月二十五日条からである。

図2　鳥居清長「桜川お仙」（個人蔵）

史料2

（前略）油島参詣人叢分かたし。例の茶やに休み植木を見、松二本・槇一本求め、新井・穴沢・丸毛、直（値）を付る内、坂の角の茶やに休む。暫有て三人来、樹は植木や直に染井へ持参の由。

「油島」は湯島天満宮、「例の茶や」というのは湯島天満宮近くの茶屋「伊勢屋」を指す。信鴻は、行きつけの茶屋である伊勢屋で休憩がてら植木を購入している。値段の交渉が長引くため別の茶屋で休んだ後、新井以下三名の従者が戻って来て、信鴻に購入した樹は植木屋が染井へ持参する旨を告げる。ここでは茶屋で買ったはずの植木を、届けると伝えたのが植木屋になり、売り主が変わってしまっている。実は、茶屋は植木屋に場所を提供しただけであった。このことにより図2の茶屋の鉢植図は、買い上げた鉢植を一時預かりした状況を描いた風景と思われる。寺社参詣がてら茶屋で植木が購入できるとなると荷物にはならないし、そこで休憩できるので、客にとっても一石二鳥のシステムであっ

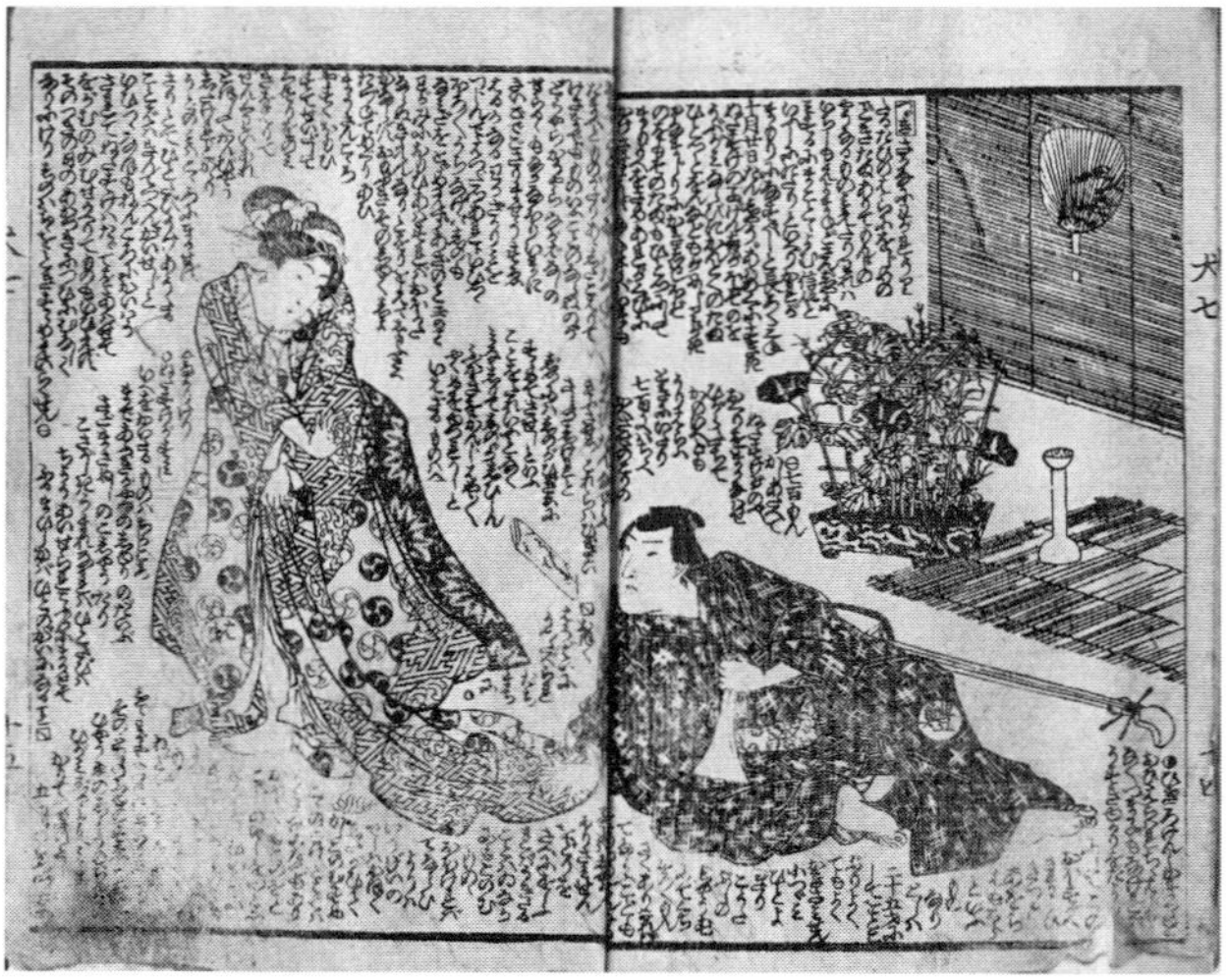

図3－1　『犬の草紙』第7編下（筆者蔵）

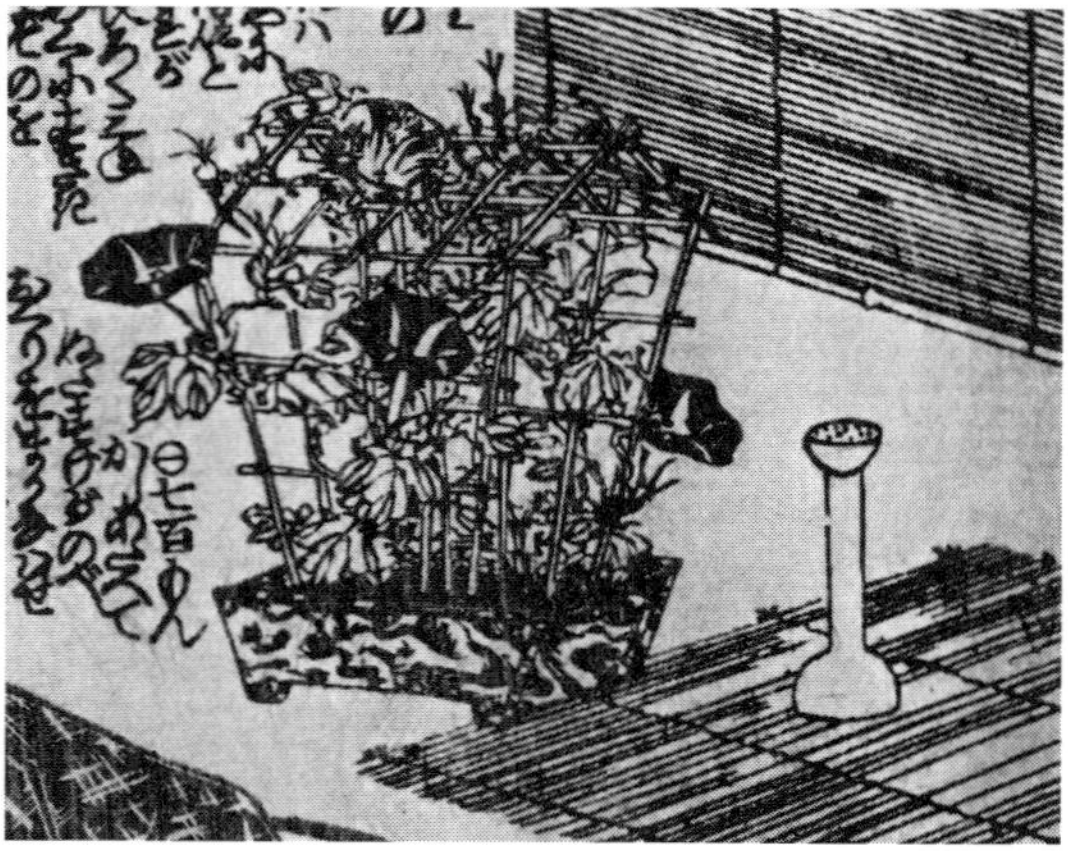

図3－2　朝顔と如雨露（上図拡大）

たといえよう。

さらに一九世紀に出板された文芸資料にも、筋と無関係な挿絵中に他に見られない園芸関係の絵画資料を見つける場合がある。図3は笠亭仙果著、嘉永二年（一八四九）刊『犬の草紙（雪梅芳譚《せつばいほうだん》）』第七編下にある朝顔の支柱と如雨露である。石台という形の植木鉢（木製プランター）を覆う屋形状の支柱は、今まで見たことのない形状である（平野恵二〇一三b）。こうした園芸用具は、文化十五年（一八一八）刊、岩崎灌園『草木育種』や、文政十三年(注)刊、長生舎主人（栗原信充）著『金生樹譜別録《きんせいじゅふべつろく》』にも描かれているが、時代とともに栽培法が変化し、それに合わせた道具の変化は同時代の情報に頼るほかなく、文芸作品の挿絵はこうした意味で見逃せない。

図4は、曲亭馬琴の遺作である、嘉永二年春刊『女郎花五色石台《おみなえしごしきのせきだい》』三編巻三の見返しである。変化朝顔を栽培した園芸好きの馬琴らしく、支柱が扇状に広がる独特の形に描かれている。馬琴は著作の下絵を自身が描き、それを元に絵師が描くという手順を踏んでいた。この下絵は残念ながら現存しないが、本書の成稿年は、「弘化五年戊申太郎月（「太郎月」は正月の意）脱稿」と馬琴遺稿（『女郎花五色石台』第三集附説）に記されているので、馬琴存命中に下絵は完成しており、馬琴の意思で本図の構図が成った点は間違いない。図4における植木鉢は、何の文様もない暗い色であり、焼成温度の低い素朴な今戸焼を図像化している。実際、朝顔の栽培に水はけの悪い染付鉢はふさわしくなく、今戸焼こそ朝顔の性質に合致した植木鉢であり、とかく豪華にしがちな浮世絵師と、実際に栽培していた馬琴ならではの

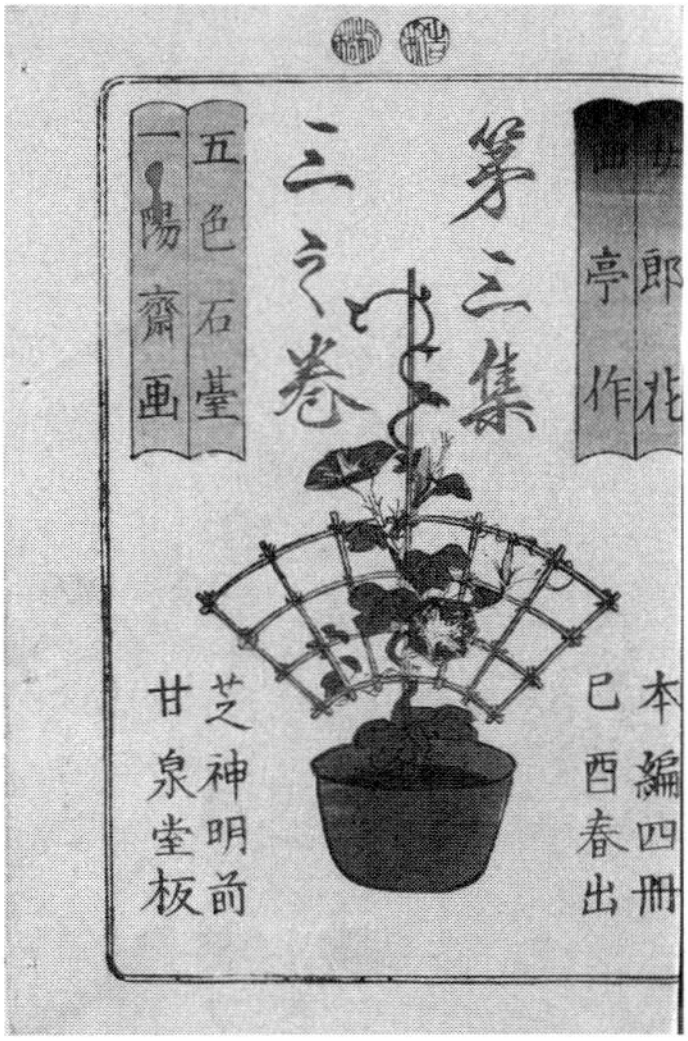

図4　『女郎花五色石台』3編巻3
見返し（筆者蔵）

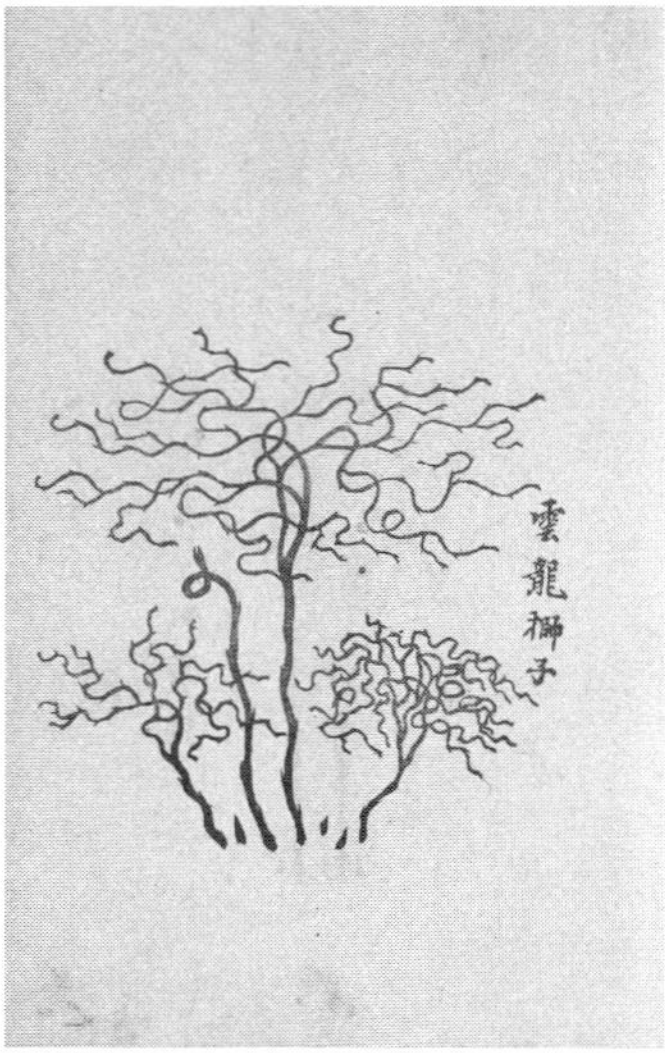

図5　『松葉蘭譜』雲龍獅子（杏雨書屋蔵【杏1191】）

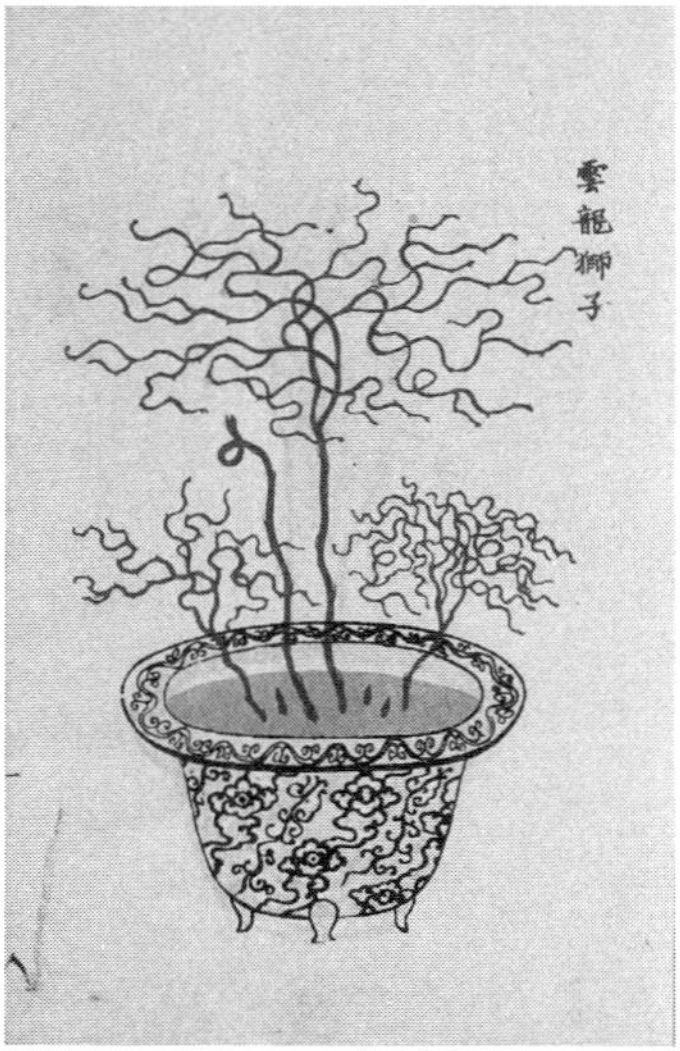

図6　『松葉蘭譜』雲龍獅子（杏雨書屋蔵【杏1942】）

発想の差がここに表れている。朝顔の花もよく見ると、手前は斑点の入った吹っ掛け絞り、右奥は花弁が割れた台咲になっており、変化朝顔である点が判明する（平野恵二〇二三a）。

ここで、染付の美麗な植木鉢を付すことで、観賞価値を高める目的が推測される例を紹介したい。武田科学振興財団杏雨書屋蔵『松葉蘭譜』には、植木鉢がないもの（図5）とあるもの（図6）の異版が存在する。図5は、天保七年（一八三六）に板行された、著者自身による自費出版である蔵版書であるが、図6は後（天保十五年以降）に書肆・須原屋佐助から販売された書物である。植木鉢を追加して描いたのは著者の意思によるものであるが、植物図譜に植木鉢は不要という図譜制作者の通用概念に背いた点は注目できる。長い間、園芸植物でも図譜には植木鉢は描かれず、多くの図譜が板行された変化朝顔のそれにも植木鉢は一つも描かれていない。また同じ松葉蘭を描いた、天保八年刊、深見玉青堂編『松蘭譜《しょうらんふ》』にも植木鉢が描かれていない。『松葉蘭譜』も板行当初は植木鉢が描かれなかったが、愛好家向けの図譜としてより豪華になるように植木鉢を刷り加えたと考えられる（平野恵二〇二四a）。

5　地域史料

博物館・図書館等が所蔵する地域史料に、思わぬ園芸関係の文献が埋もれている場合がある。文京区立文京ふるさと歴史館には、「浅井家資料」という一括資料があるが、浅井家が植木屋であったため、明治期の園芸史料の宝庫として貴重である（平野恵二〇〇六b・二〇〇七a）。

同館には、菊人形の前身である菊細工の絵番付も多数所蔵され、特別展『菊人形今昔』準備のため検討したところ、菊細工の内容、植木屋名、地域の突合により、番付の年代が自ずと判明する点に気が付いた。さらに近年筆者は二十年来新たに入手した番付を加えて再度番付を検討し、菊細工番付の中で鉢植図を掲げる植木屋は、特定の人物、森田六三郎、楠田右平次、内山長太郎など有名植木屋に集中した点を明らかにした。図7は、千駄木団子坂植木屋、森田六三郎の菊細工番付から切り取った一コマである。しかしながら鉢植を図示する植木屋はほんの一握りで、圧倒的に図7の右側に描かれたような花壇植えが多く、一九世紀に流行した植物は逆に鉢植栽培が多かったのに対して、菊の観賞の独自性を改めて認識できた（平野恵二〇二五）。菊細工を公開した植木屋が集住する豊島区巣鴨・染井の発掘の際には、この点を意識していただけれ

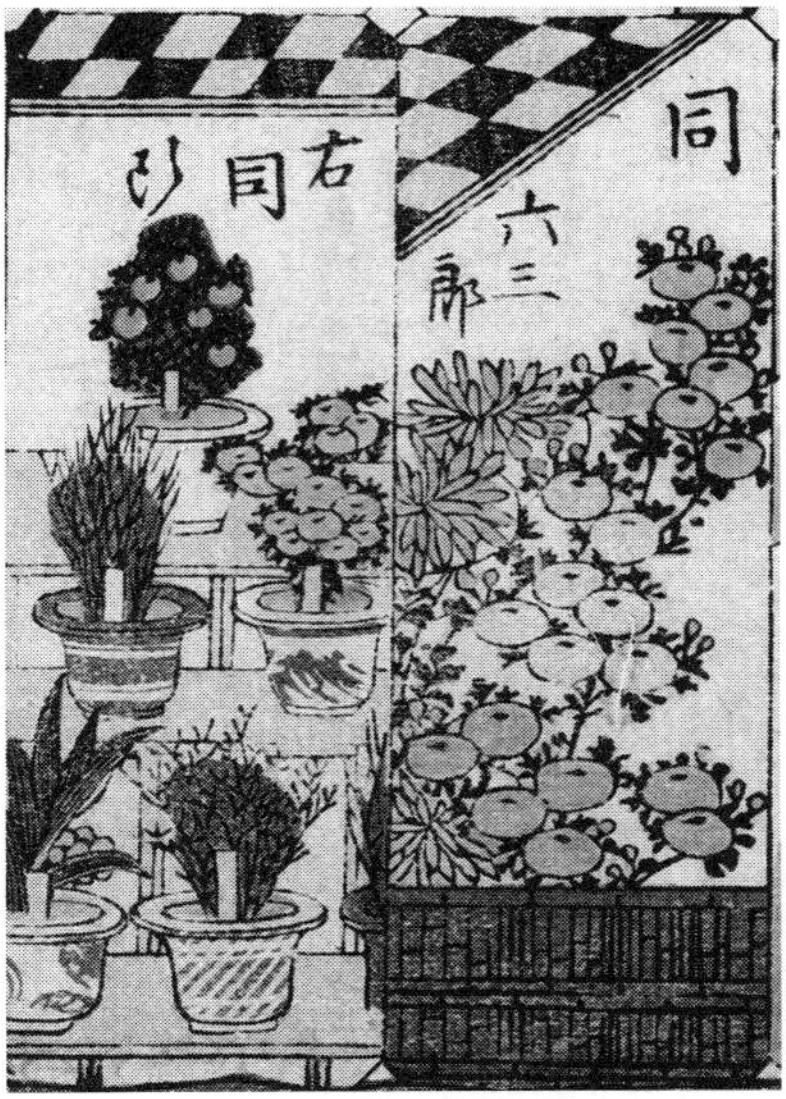

図7　「染井駒込巣鴨新板改正造菊番附」部分（個人蔵）

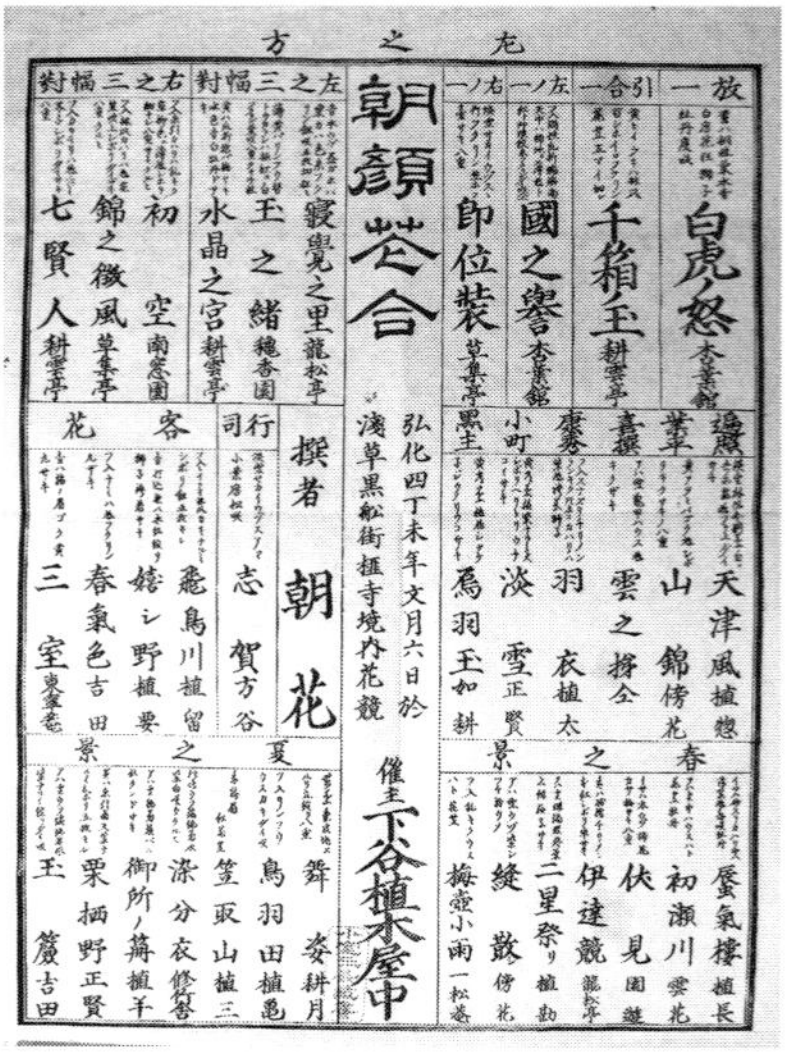
図８－１　「朝顔花合［番附］左之方」
（埼玉県立文書館蔵）

図８－２　「朝顔花合［番附］右之方」
（埼玉県立文書館蔵）

ば幸いである。

また、埼玉県立文書館の小室家資料に、変化朝顔番付「朝顔花合」（図8）を見つけた時は、少々興奮した覚えがある。変化朝顔は、一九世紀奇品園芸の代表格の植物で、第一次ブーム（文化・文政年間〈一八〇四～三〇〉）、第二次ブーム（嘉永・安政年間〈一八四八～六〇〉）と近世に二回大流行し、その様は図譜と番付によって判明している。図8の番付は、江戸における第二次流行期の最初の番付で、弘化四年（一八四七）の品評会の文字情報だけの相撲見立番付である。図8－1の「左之方」とあるのは、国立歴史民俗博物館所蔵のものが知られていたが、「右之方」の存在を疑いつつも見つからず、二十年の年月を経て偶然発見したものである。小室家は在村蘭方医として知られ、埼玉県立文書館にまとまって史料が所蔵されており、医学史料調査中に発見した。都市近郊の医師が江戸で流通したこのような番付を保持していた点も、学芸における情報の集積の例として評価できる。

図8－1、図8－2両図とも中段に大きく「撰者　朝

花」とあるのが目に付く。この人物は、第一次ブームの折は、文化一四年六月二十三日、文政元年七月五日、同八年七月二十一日の番付に名が見える。文政七年三月成立、西尾市岩瀬文庫蔵『朝顔図譜』には、「下谷朝花連」の語が登場し、「連」という朝顔栽培に従事する共同体の一つの主要人物であったと判明する。

これを裏付けるのが、嘉永二年六月二十六日に開催された「朝花園追善朝顔華合」（『日本園芸会雑誌』第六号、一八八九年に復刻）である。追善の花合（品評会）が開催され、この会の世話人に植木屋留治郎すなわち成田屋留治郎が、出品者の上位に杏葉館すなわち旗本・鍋島直孝が名を連ね、第二次ブームの立役者二人が重要な役割を果たしていた。一方で図8の番付は、杏葉館が最上位の花を出品し、成田屋留治郎と疑われる「植留」がおり、第一次と第二次を繋ぐ重要な番付だということがわかる。また、花の命名法も第一次における和歌由来の雅な名を掲げつつ、第二次における花・葉の変異の状態を表す語を併記し、過渡期の様態を如実に示している。

6 他の分野からの視点

以上に加えて、植物研究者と情報を共有する機会により、研究がさらなる深みを増す。例えば、植物学者・牧野富太郎が収集した東京都立大学牧野標本館には変化朝顔の標本がないとわかり、植物学者にとって変異品は研究対象ではないという知見を得た。すべての植物学者がそうではないが、こうした考え方を前提に史料を見つめ直すと新たな知見を得ることがある。

近世京都の本草学者・山本亡羊が、西尾市岩瀬文庫蔵『忘箄竊記《ぼうへいせつき》』巻十五において、牧野富太郎同様変異種を研究対象として否定した証言が史料3である。

史料3

尾州ノ人ハ、兎角同物ノ中ニテ少々ツ、ノカハリヲ集ムルコトヲ好ム。俗ニ「植木屋物産」ニテ学者ノ好マヌコト也。

奇品と呼ばれる、斑入り葉などの変異種を重んじる風潮に対し、苦言を呈したものである。

史料3で「植木屋物産」といみじくも評している通り、学芸の技芸の部分を担う植木屋は、技術・情報を本草学者に伝える役割を果たしたが、必ずしも学術目的を優先させるものではない。次の史料4は、植物の自生地を秘匿した疑義を覚えた、名古屋大学附属図書館『錦窠植物図説』第四十二冊における、伊藤圭介の文章である。

史料4

鶴田話

甲州冨士川ノ岸、梅自生アリ。岩石ノ間ニ産シテ矮小也。梅実ヲ土人采《とる》ニモ非ズ。採リテ盆栽ニ妙也。花戸《かこ》勘太郎抔秘スト云。卯ノ吉モ知ルトカ。冨ニ可訂。

鶴田というのは、文部省に勤めた鶴田清次のことで伊藤圭介と交友関係にあった。その鶴田の話として、富士川沿岸に矮性の梅が自生するが、植木屋（花戸）の勘太郎等がその場所を秘匿しているという。同じ植木屋の巣鴨の内山卯之吉も知っているらしい。「冨」と略称される、小石川植物園園丁の内山富次郎に詳しく聞いてみよう、という伊藤圭介の覚書である。植木屋勘太郎は、内山卯之吉の兄、内山長太郎宅の隣にいた（名古屋市東山植物園蔵『住居伊呂波寄』）。

以上の通り植物の自生地の秘匿行為は、かの地を調査・記録する本草学者や植物学者にとっては、理念に相反する背信行為に等しい。しかし商品としてその植物を扱う上では自生地の情報を隠すのは、植木屋にとっては理にかなった行為である。伊藤圭介は、勘太郎や卯之吉は隠すだろうが、小石川植物園の園丁たる富次郎なら情報を伝えてくれると考えているのがよくわかる。彼は、幕末に物産方に植木屋柏木吉三郎を推薦するなど本草学者の中では植木屋を重用した人物であり、しかも山本亡羊が批判した尾張出身である。植木屋との交誼もその日記に多く記され、園芸にとって重要な史料である番付を、懇意な伝中の植木屋・岡誠五郎から譲り受け、前述の『植物図説雑纂』などに貼付して後世に遺してくれている（平野恵二〇〇八）。

また、実際に園芸へ従事している人物への聞き取りが、思わぬヒントになる。かつて筆者は、温室について単著を上梓したが（平野恵二〇一〇b）、最初のきっかけは、雑花園文庫主の小笠原左衛門尉亮軒氏への聞き取りであった。文化十五年刊、岩崎灌園『草木育種』（図9）に描かれた和風温室の技術について、昭和のビニール・ハウスが普及するまでは図9のような唐むろを使って、キュウリ・ナスなどを促成栽培していたとのことであった。話を聞いているうちに、技術史として調べてみようと興味を持ったのが単著執筆のきっかけである。

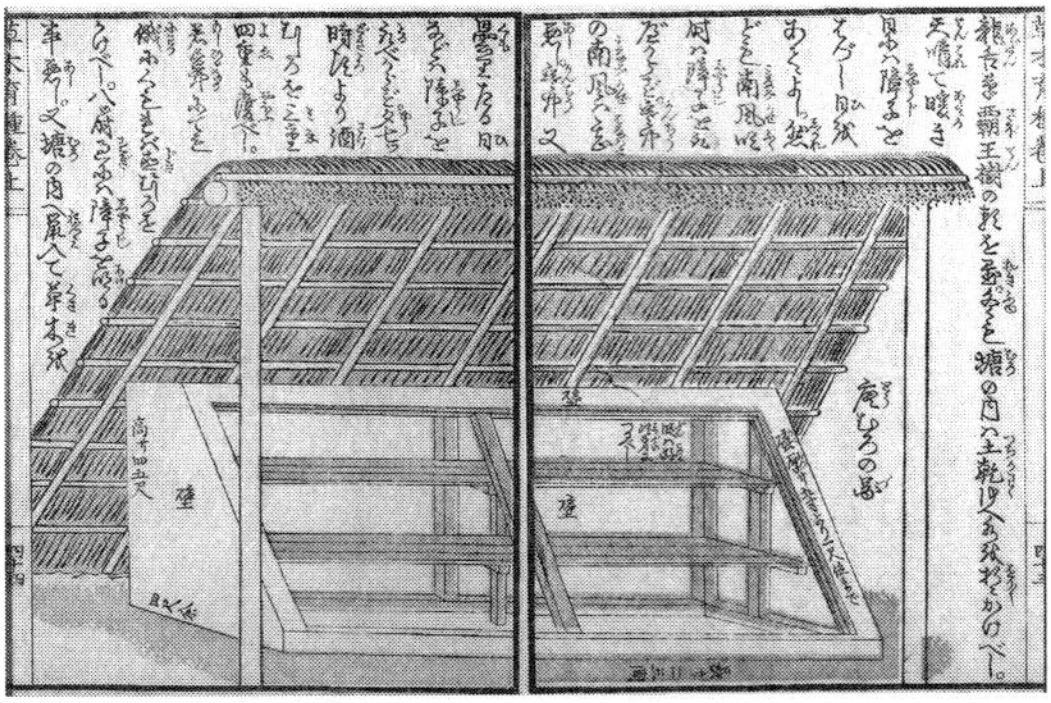
図9　『草木育種』の唐むろ（台東区立中央図書館蔵）

このほか、国立歴史民俗博物館では、「季節の伝統植物」を冠して桜草、変化朝顔、菊、サザンカの特別企画展示を毎年行っている。筆者は長年このプロジェクトに関わっているおかげで、植物研究者の意見に接することができ恩恵を受けている（国立歴史民俗博物館二〇一五、平野恵二〇一七b）。

7　江戸遺跡と江戸園芸

最後に江戸遺跡と園芸文化史の関係性について、文献史学の視点から私見

図10　千駄木遺跡の版築構造（2007年筆者撮影）

を述べたい。

学芸員という職業柄、いわゆる「平物」と呼ばれる、和本や浮世絵などの展示のほかに、「立体物」を展示しないと説得力に欠けるという問題が常にある。とくに近世園芸文化では、植木鉢の実物の展示欲に駆られるが、完品で由来がはっきりとした近世の植木鉢はなかなか見つからない。こうした意味で、発掘品の植木鉢は、完品ではないがその地点で発見されたという理由で圧倒的に資料的価値が高い。博物館に勤めているからこそ遺物の情報を知り得て、植木屋の発掘現場に立ち会うことができたのが文京区千駄木三丁目南遺跡である。

文献資料や絵画資料により、当該地域は浅草花屋敷を開園した植木屋・森田六三郎の庭であることが事前にわかっており、「植木屋の庭」という視点から本地点の遺構を検討した結果、埋められた上半分欠損の水瓶が水遣りに使われた点を確認した。また植木鉢を保温するための地下室遺構を塞ぐ形で固められた版築構造物が土蔵の基礎であり、安政二年（一八五五）に起きた安政大地震によって禁止された穴蔵（地下室）を捨ててその真上に土蔵を建築した証拠であるとした。かつ発掘地点の歴史を検討した結果、明治以降の森田六三郎の没落を文献資料から明らかにした（平野恵二〇〇七c・二〇一〇b）。

千駄木遺跡は、植木屋の庭という前提がもたらした新知見であり、文献と考古資料がうまく合致した例である。このような地域史より狭い概念の、江戸遺跡における「地点史」研究は、様々な遺物・遺構を組上に載せることで、文献史学では考え得なかった切り口を与え、新事実をもたらしてくれたといえる。

注

『金生樹譜別録』は、同じ「金生樹譜」を冠する『万年青譜』や『松葉蘭譜』が、それぞれ天保四年（一八三三）序、天保七年跋があるため、同じ天保頃の刊行とされているが、筆者所蔵本および甲南女子大学所蔵本には奥付が付され、そこに「文政十三庚寅八月」の刊記がある。平野恵（二〇〇七c）参照。

〔参考文献〕

磯野直秀　二〇〇三「伊藤圭介編著『植物図説雑纂』について」『参考書誌研究』五九号　国立国会図書館
磯野直秀　二〇一二『日本博物誌総合年表』平凡社
岩淵令治　二〇〇四『江戸武家地の研究』塙書房
太田記念美術館　二〇〇九『江戸園芸花尽し』太田記念美術館
太田由佳　二〇一〇「松岡恕庵から小野蘭山―その歴史的転化の一端―」『小野蘭山』八坂書房
小野蘭山没後二百年記念誌編集委員会編　二〇一〇『小野蘭山』八坂書房
国立歴史民俗博物館　一九九九『伝統の朝顔』国立歴史民俗博物館
国立歴史民俗博物館　二〇〇〇a『伝統の朝顔Ⅱ　芽生えから開花まで』国立歴史民俗博物館
国立歴史民俗博物館　二〇〇〇b『伝統の朝顔Ⅲ　作り手の世界』国立歴史民俗博物館
国立歴史民俗博物館　二〇〇二『季節の伝統植物』国立歴史民俗博物館
国立歴史民俗博物館　二〇〇八『〝朝顔図譜〟をよむ～『あさかほ叢』～』国立歴史民俗博物館
国立歴史民俗博物館　二〇〇九『冬の華サザンカ』国立歴史民俗博物館
国立歴史民俗博物館　二〇一五『伝統の古典菊』国立歴史民俗博物館
さいたま市大宮盆栽美術館　二〇一二『ウキヨヱ盆栽園――盆栽デ、明治ヲアソブ』さいたま市大宮盆栽美術館
さいたま市大宮盆栽美術館　二〇一五『盆栽につもる雪――『鉢木』物語の世界』さいたま市大宮盆栽美術館

さいたま市大宮盆栽美術館　二〇一七　『三代目尾上菊五郎改メ、植木屋松五郎!?——千両役者は盆栽狂』さいたま市大宮盆栽美術館
武田科学振興財団杏雨書屋　二〇一一　『江戸時代後半期の本草学—小野蘭山—』武田科学振興財団杏雨書屋
武田科学振興財団杏雨書屋　二〇二二　『天保の本草学—赭鞭会に見る学びのかたち—』武田科学振興財団杏雨書屋
武田科学振興財団杏雨書屋　二〇二四　『近世の薬品会・物産会』武田科学振興財団杏雨書屋
たばこと塩の博物館　二〇一九　『江戸の園芸熱　浮世絵に見る庶民の草花愛』たばこと塩の博物館
東京都江戸東京博物館　二〇一三　『花開く江戸の園芸』東京都江戸東京博物館
内藤記念くすり博物館　二〇一二　『江戸のくすりハンター小野蘭山—採薬を重視した本草学者がめざしたもの—』内藤記念くすり博物館
西尾市岩瀬文庫　二〇一〇　『平安読書室——山本亡羊とその息子たちへ』西尾市岩瀬文庫
西山松之助・服部幸雄編　一九七七　『日本庶民文化史料集成十三巻　芸能記録2　宴遊日記』三一書房
仁田坂英二　二〇一四　『変化朝顔図鑑　アサガオとは思えない珍花奇葉の世界』化学同人
日本随筆大成編輯部編　二〇〇七　「半日閑話」『日本随筆大成』第一期第八巻　吉川弘文館
練馬区立石神井ふるさと文化館　二〇一一　『江戸時代の百科事始—本草学者小野蘭山の世界—』練馬区立石神井ふるさと文化館
樋口雄彦　二〇一四　「幕臣博物学者鶴田清次とその資料」『研究報告』国立歴史民俗博物館
日野原健司・平野恵　二〇一三　『浮世絵でめぐる江戸の花——見て楽しむ園芸文化』誠文堂新光社
平野　恵　二〇〇六a　『十九世紀日本の園芸文化——江戸と東京、植木屋の周辺』思文閣出版
平野　恵　二〇〇六b　「浅井家資料目録　古文書編」『文京ふるさと歴史館年報』八号　文京区
平野　恵　二〇〇七a　「浅井家資料目録　綴り・昭和期資料　冊子類編」『文京ふるさと歴史館年報』九号　文京区
平野　恵　二〇〇七b　「浅井家蔵書から見た明治年間における東京団子坂の植木屋の特色」『文京ふるさと歴史館年報』九号　文京区
平野　恵　二〇〇七c　「文献資料に見る団子坂植木屋・森田六三郎の庭」『東京都文京区千駄木三丁目南遺跡第2地点』東洋大学・共和開発
平野　恵　二〇〇八　「植木屋の、植木屋による、植木屋のための本」『彷書月刊』彷徨舎
平野　恵　二〇〇九　「小石川植物園旧蔵『梅花図譜』について」『園芸文化』六号　恵泉女学園大学園芸文化研究所

平野　恵　二〇一〇a　『ものと人間の文化史　温室』法政大学出版局

平野　恵　二〇一〇b　「小野蘭山が園芸文化に果たした役割―植物図譜を中心として―」『小野蘭山』八坂書房

平野　恵　二〇一四　「京都本草学者の園芸～水野皓山の日記から～」『園芸文化』一〇号　恵泉女学園大学園芸文化研究所

平野　恵　二〇一七a　『園芸の達人　本草学者・岩崎灌園』（ブックレット〈書物をひらく〉）平凡社

平野　恵　二〇一七b　「伝統の古典菊」『人と植物の文化史――くらしの植物苑がみせるもの』国立歴史民俗博物館

平野　恵　二〇二〇　「洋学者・柴田収蔵と江戸の本屋」『医学・科学・博物　東アジア古典籍の世界』勉誠社

平野　恵　二〇二三a　「文芸作品からたどる地域性と生活文化―曲亭馬琴の作品を中心に―」『生活文化史』七八号　日本生活文化史学会

平野　恵　二〇二三b　「交差する学芸――緒鞭会の本草と園芸（杏雨書屋第四十五回研究会講演録　天保の本草学　緒鞭会に見る学びのかたち）」『杏雨』二六号　武田科学振興財団杏雨書屋

平野　恵　二〇二三c　「江戸のガーデニング――近世における変化朝顔流行の諸相」『江戸の実用書　ペット・園芸・くらしの本』ぺりかん社

平野　恵　二〇二四a　「園芸書における異版・検印の研究―朝顔・松葉蘭の図譜を例に―」『杏雨』二七号　武田科学振興財団杏雨書屋

平野　恵　二〇二五　「菊細工番付再々考」『研究報告』第二五一集　国立歴史民俗博物館　予定

平野　満　二〇〇一　「近世学藝の世界―『人物志』出板の背景―」『明治大学人文科学研究所紀要』第四九冊　明治大学人文科学研究所

平野　満　二〇一〇a　「小野蘭山の本草学と衆芳軒における門人指導」『小野蘭山』八坂書房

平野　満　二〇一〇b　「新出史料紹介『衆芳軒規格』（安永三年八月）」『小野蘭山没後二百年記念事業報告書　衆芳』小野蘭山没後二百年記念誌編集委員会

文京ふるさと歴史館　二〇〇二　『菊人形今昔』文京区教育委員会

松田　清　二〇二四　「大黒屋光太夫筆ロシア文字福寿と福寿草流行について」『神田外語大学日本研究所紀要』一六号　神田外語大学日本研究所

江戸後期に制作された植物図

——園芸的観点からの一試論——

田中純子

はじめに

人間をとりまく自然への眼差しは、その環境で生きる以上当然太古のいにしえからあったであろうが、その関心がやがて自然にある物を絵に表したり、文字で記録したりするようになり、名前をつけたり仲間分けをしたりするようになっていく。日本におけるこうした自然界にある動物・植物・鉱物を記録する営みを研究するには、その資料が比較的多く現存する江戸期以降が主な対象となる。この時期には多種多様な自然物を図示して記録した「博物図譜」といわれる図譜がつくられた。本稿は、そのなかでも植物図譜あるいは植物図を話題として取り上げ、図に描かれた植物について園芸的な観点で捉えてみようとする一試論である。

はじめにごく簡単に、博物図譜編纂の背景となる江戸期から明治期にかけての本草学・博物学の発展に言及しておく。江戸初期に明朝の李時珍（一五一八—九三）の著した『本草綱目』が導入され、その影響により日本において本草学が盛んに研究されるようになる。書物に記された中国に生（成）育する自然物について、それらが日本のどれに該当するのかということがもともとは研究の主眼であったが、やがて日本に固有な自然物についても目が向けられるようになる。その嚆矢が貝原益軒（一六三〇—一七一四）著『大和本草』である。江戸後期になると、小野蘭山（一七二九—一八一〇）が植物の観察や採集を重視し多くの門人を指導して活躍し、蘭山によって日本の本草学は集大成された。また、オランダとの限られた貿易を通してヨーロッパの書物や外国産の動植物が移入され、幕末の開国前後からその動きは加速されて、日本の本草学は関心の範囲を広げ博物学的様相を帯びてくる。

やがて明治維新を迎え、政治体制の変革のなか、欧米の書物が翻訳され近代的な科学の導入が積極的に図られるようになった。明治初期にこうした役割を果たすべく自然物の調査および展示がなされる公的な一機関として博物局・博物館[1]が設置され、全国の有用な産物の情報を収集しそれらの展示・洋書の翻訳と出版・教育掛図などの刊行を通じて教育的・啓蒙的な役割が果たされた。また、学制により教育・研究機関として大学が設置され、各学問分野の確立と基礎を踏まえた専門化・多様化が進んでいく。植物学で言えば、その黎明期にあって、本草学の綱目に則っていた分類を改め、西洋の分類方式を基準として個々の植物について学名を附与しその拠り所となる植物の外形的な特徴を記述するという記載分類学が行われ、日本の植物相が徐々に解明されていった。また、殖産興業の政策により農業・林業・水産業などの諸産業の発展も見られた。

本草学は人間の健康を維持するための薬として役立つ自然物を講究する学問である。主たる研究対象は植物であり、その名称・産地・効用はもちろん形状も知ることが肝要であった。採取の際に誤った植物を採って毒のあるものを口にすることがないようにするため、個々の植物がどのような姿であるのかを正しく伝える必要があった。したがって言葉で表すだけではなく、図解すると分かりやすくなることから、文章と図からなる図譜（図説集）が制作されるようになった。また、自然物そのものに対する関心が高まり、発見したり入手したりしたものを写生して記録することが行われた。

江戸期における植物図譜の代表作としては、岩崎灌園（一七八〇—一八四二）著『本草図譜』（全九十五冊、稿本は文政期に完成）と飯沼慾斎（一七八三—一八六五）著『草木図説』（前篇の草部二十巻、一八五六—六二年）が挙げられる。前者は『本草綱目』の方式に基づいて分類し、二千点に及ぶ植物図とその解説を収載する。後者は、従来の『本草綱目』の分類を採らず西洋から導入されたリンネの分類に則って植物を配列したものである。伊藤圭介(2)（一八〇三—一九〇一）編『泰西本草名疏』(3)などに拠って学名を表記したことはそれまでになかった意欲的な試みであり、日本の植物図鑑の先駆けと言われる所以である。

一　江戸期の園芸文化

江戸期には実用性を重視する本草学における植物への関心と並行して、植物を植えて花を愛で、斑入りや形の変化などを楽しむといった園芸文化が花開き、園芸書も多数著作された。江戸期の基本的な園芸書として重要なものは、まず『花壇綱目』である。日本における最初の園芸専門書とされる同書は、寛文四年（一六六四）に水野元勝が著し延宝九年（一六八一）に刊行され、その後再版された。内容は園芸植物の図と和歌、解説などと多岐にわたる。もう一つは、一七世紀末から一八世紀前半にかけて出版された『花壇地錦抄』にはじまる「地錦抄シリーズ」である。著者は、江戸染井の植木屋伊藤伊兵衛を名のる三之丞（?—一七一九）と政武（一六六七—一七三九）の親子。園芸植物の種類や栽培方法を扱った内容で、このシリーズは江戸期のベストセラーとなった。さらに、植物の絵を中心にして余白に説明を加えた図譜『草花絵前集』なども二人によって編集された。

　こうした園芸書だけではなく、「変わりもの」に注目しそれらを育て品評する趣味、すなわち「奇品」を愛好する文化に関する出版物も相次いだ。「奇品」とは葉などに斑が入った植物や、色合い・形状が著しく変化した植物を指し、それらを記録した図説集や一枚物が生み出された。代表的な図説集は江戸青山の植木屋金太（増田繁亭、一七九一—一八六二）編『（草木）奇品家雅見』（全三冊、一八二七年）と旗本水野忠暁（一七六七—一八三四）著『草木錦葉集』（全七冊、一八二九年）である。前者では斑入り植物を含む形状の特異な植物が五百点余り収載され、所有者の名前や住所、逸話などが記述される。図は大岡雲峰とその弟子関根雲停（後述）による。後者は斑入り植物の図と解説からなり、栽培に関する記述もある。植物図は雲停筆で、千点余りが載る。他に、アサガオ・ハナショウブ・ナデシコ・ハス・ツツジ・サクラなど様々な植物について園芸品種が作出され、それらを写生したモノグラフの図譜がつくられた。例えば、三百品種以上のツツジとサツキを図説したきり嶋屋伊兵衛（伊藤伊兵衛三之丞）著『錦繍枕』（一六九二年）、九十以上のハスの品種を描いた松平定信（一七五八—一八二九）編纂『清香画譜』（文化年間、原本は現存せず転写本が伝わる）、ハナショウブの育成に情熱を注いだ松平定朝（菖翁、一七七三—一八五六）著『花菖蒲培養録』（一八五三年）などである。

　鮮やかな多色刷で仕上げられた一枚物については、ナンテン（南天）・オモト（万年青）・セッコク（長生蘭ないし草）・フウラン（風蘭、富貴蘭）・マツバランなどを写生した図が現存している。先に挙げた雲峰が描いた『南天奇品写生五木』（一八二一年）や、水野忠暁と雲停のコンビによる『小おもと名寄』（一八三一年）などを見ると、様々な形状を示す奇品のおもしろさに見入ってしまう。その上、そこに描かれた植木鉢の色合いや柄が実に鮮やかである。こうした江戸園芸の貴重な資料をコレクションされる小笠原左衛門尉亮軒氏は、江戸中期に陶磁器生産地で生産が盛んとなり植木鉢の生産も増大した結果、「植物そのものを鉢植えとし室内に取り込み、身近でじっくり観賞することができるようになり、園芸の楽しみ方に大きな変革」がもたらされた、つまり「小型化、変わり葉、奇体など、植物の細部の変化を楽しむ、花壇や庭植えとは異なった視点での園芸、いわゆる「珍草奇木」の観賞という日本独特の園芸の急速な発展である」と指摘された（小笠原二〇二〇）。

二　植物図譜や植物図に見られる園芸植物

1　馬場克昌とユリ図譜

以上見てきたような本草学者による植物図鑑的な図譜、植木屋・園芸家による園芸専門書および「変わりもの」を描いた図説集や一枚物の他に、江戸期には数多の着色図を収載した豪華な図譜が作られた。担い手は博物学的な関心をもった藩主や旗本である。対象となる自然物は鳥類、魚類、貝類、哺乳類および植物など多岐にわたり、大名らがそれらを絵師に写生させ図譜として仕立てたものである。先述した松平定信のハスやサクラの図譜もその一例である。

本項では、馬場克昌（一七八五―一八六八）の百合図譜（『資生圃百合図』と一般的に呼ばれる、以下この名称を用いる）を簡単に紹介したい（田中純子二〇一九）。克昌は旗本で二千石。通称大助、字仲達、号資生・資生圃・紫欄。安政四年（一八五七）に西丸御留守居となる。本草学に熱心で、とくに草木好きな克昌は、江戸で活動していた本草研究会「赭鞭会」のメンバーであった。著書として、江戸後期に渡来した植物を図説した『遠西舶上画譜』や『魚譜』『虫譜』などが東京国立博物館（以下、東博）に収蔵される。また、岩崎灌園を師と仰いだ克昌には、『本草図譜』に基づきながら自分が栽培・観察した植物の図や自身の所見などを記録した『群英類聚図譜』（嘉永三年〈一八五〇〉の序と同五年の自序、七十八冊、武田科学振興財団杏雨書屋蔵、以下杏雨書屋）という図説集もある。

さて、『資生圃百合図』の原本がフランスで見つかり、里帰りして東京大学総合研究博物館や神奈川県立博物館で展示されたことがある。また、現在の所蔵者であるクリスチャン・ポラック氏著『百合と巨筒、見出された図像と書簡集』（在日フランス商工会議所、二〇一三年）などの文献でその原本が紹介された。その美しいユリの絵に関心が集まる一方で、この写本の図と、伊藤圭介著『植物図説雑纂』(4)に載る、克昌の名が記されたユリの図との類似性も指摘されたが、詳細な研究はなされないままであった。筆者は、『本草図譜』の写本（東博蔵）に掲載されるユリの図は、克昌が実物を見て灌園の図を改めたことを意味する「真写資生改出」印が多く押されており(5)、その印があるユリの図は『資生圃百合図』や『植物図説雑纂』に見られるユリの図と同一の構図であることに気がついた。そこで『資生圃百合図』をポラック氏に閲覧させていただき、それに収載される各図について名称などの情報をリスト化した。『本草図譜』と『植物図説雑纂』についても同様に該当する図の情報を収集し三資料の情報を照らし合わせ、制作者・制作年など制作状況の解明を試みた。この作業の過程で、『群英類聚図譜』に『資生圃百合図』とほぼ同一の図があることおよび同図譜にはそれ以外の種々のユリ図が収載されていることも分かり、その結果、『資生圃百合図』は克昌の編纂であり、克昌はこれに収載される図を『群英類聚図譜』にも載せ、『本草図譜』の図と差し替えたこと、圭介は明治初期に『資生圃百合図』の旧蔵者からそれを見せてもらい模写したことが明らかになった。さらに『資生圃百合図』を模写した『雑花園文庫蔵百合図巻』の存在も知ることとなった。同図巻には「嘉永六癸丑年七月」（一八五三年）という模写の年月の記入があり、『資生圃百合図』の制作年の手掛かりともなった。

この調査を通じて、『雑花園文庫蔵百合図巻』をはじめとする様々なユリの図譜を小笠原左衛門尉亮軒氏のコレクション「雑花園文庫」で見せていただいた。従来、江戸期の園芸文化においてユリは主役となることはなく、スカシユリについては多くの栽培品種があったことが知られている他は、全体的に見てユリは変化を楽しむよりはそのままの形状で受け入れられていたとされてきた。しかしながら、克昌の図に描かれたユリの種類の多様さやユリを対象とした図譜の存在は、スカシユリはもちろんのこと、様々なユリの変化（あるいは作出）を楽しんでいたことが推察される。

2 関根雲停とキキョウの図

江戸期に編纂された植物図譜について各図の情報をリスト化する作業を行っていると、様々な園芸品種を描いた図と出会う。本項では江戸後期に活躍した絵師関根雲停が描いた植物図（ここで述べる図は、先述の刊行されたものではなく、肉筆の図）に見られる園芸植物―キキョウを取り上げ、併せて前節で登場した克昌の『群英類聚図譜』に収載される同種の図にも言及する。まずは、雲停と現存する資料の紹介からはじめたい。

関根雲停（一八〇四―七七）の描いた図は、江戸期の花鳥画のように花や鳥を組み合わせて描くのではなく一個体を一図にしたもので、描く対象は魚類・鳥類・哺乳類・昆虫類・甲殻類および植物などであった。どのような種類の生物が存在するのか、その外形的な特徴を図示するという記録に重点が置かれた図である。それらの動物図は、東博蔵の『博物館図譜』と呼ばれる、博物局で作成された図譜シリーズに貼り込まれている。雲停が誰の命を受けてこうした動物図を写生したのかという制作背景は明らかではないが、現時点では馬場克昌が雲停に命じて描かせた図が含まれることが判明している。雲停の図は、彼の目が捉えたままに手が速やかに動いて対象物を一気に描きあげたような筆致に特徴があり、動きのあるユニークな絵として注目されてきた。

雲停の描いた植物図については、植物学者牧野富太郎（一八六二―一九五七）が旧蔵し、現在は高知県立牧野植物園

（以下、牧野植物園）と練馬区立牧野記念庭園（以下、牧野記念庭園）に収蔵される。東博にも若干数の植物図がある。雲停の植物図には「雲停」印が押されたものがあり、その図を手掛かりに押印のない図も、雲停独特の筆致が見られることから雲停作と判断できる。また、杏雨書屋が所蔵する前田利保の手択本（主な内容は植物に関するもので、江戸近郊でなされた採集行なども含む）とされる資料には、雲停による図、あるいはそれを模写したと思われる図が含まれる。

前田利保（一八〇〇―五九）は第十代富山藩主で、和歌や能など学芸分野に秀で本草学にも関心があり、いわゆる「博物大名」の一人とされる。克昌と同様に「赭鞭会」の中心的なメンバーであった。号は益斎・万香亭・自知春館・恋花圃・弁物舎・清薫など。本草に関する著書としては『本草通串』・『本草通串証図』などがある。雲停をとくに重く用いたということは、雲停が亡くなった翌年に田中芳男（一八三八―一九一六）[6]が著した雲停の略伝に記される（田中芳男一八七八）。また、「赭鞭会」の記録によれば、雲停が同会で議論された物品の写生を担当していたとある（平野満一九九六）。

利保の著書『本草通串』（嘉永年間、九十四巻五十六冊）は、串を通すようにあらゆる書物を通覧することを目指して、和漢の本草書から抜粋した文を編纂したものである。それらに図がなかったので、植物の着色図を収載し簡単な説明を添えた『本草通串証図』（嘉永六年の序、五巻五冊）を刊行した。甘草にはじまって全部で百八十二図を収録する。どちらの出版物も未完とされる。『本草通串証図』では個々の図に制作した画家の名前が記入されているが、牧野旧蔵の雲停の植物図をもとにアレンジした絵が同書には見出される。おそらく弘化年間に利保は江戸にあって屋敷に設けた花壇で雲停ら絵師に写生を命じ、嘉永元年の帰藩に際して利保は雲停の図を持ち帰り、それらを参考にして『本草通串証図』に載るいくつかの図は制作されたと推測される（田中純子二〇一七）。

さて、牧野旧蔵の雲停による植物図を調査すると、様々な園芸品種を描いた図が含まれ、そのなかでもとりわけ珍

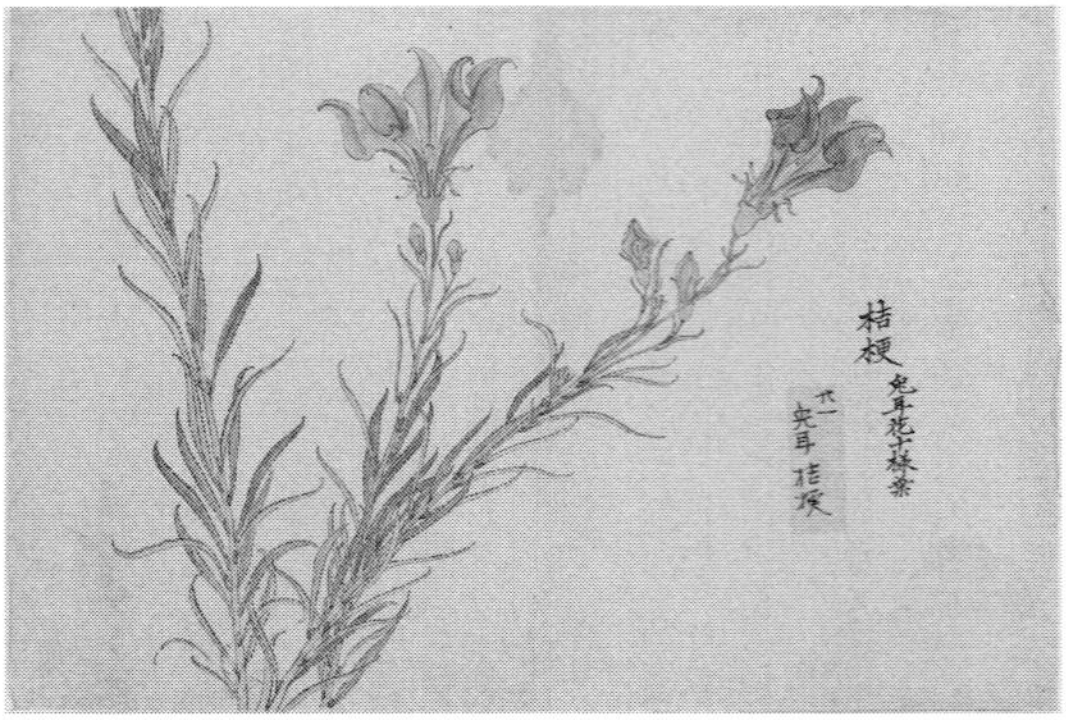

図１　桔梗　兎耳花十様葉（関根雲停筆，高知県立牧野植物園蔵）

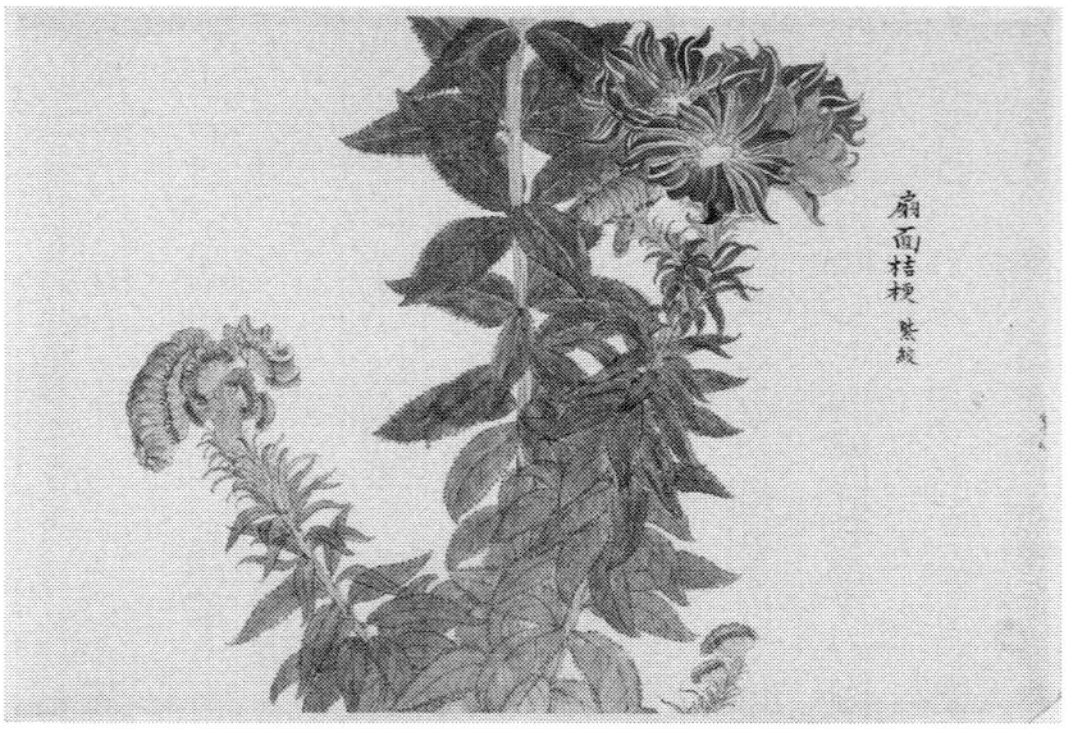

図２　扇面桔梗　紫紋（関根雲停筆，高知県立牧野植物園蔵）

しい形状をもつキキョウの図が目を惹く。全部で九点描かれたキキョウについて、通常と見られる「桔梗　単弁淡紫」や八重のキキョウを描いた図の他に、花弁が緑色で鬚のようにうねっている「桔梗　青花」、五枚の花弁が深く切れ込み外側に丸まりウサギの耳を思わせるような形状をした「桔梗　兎耳花十様葉」（十様葉は不明、非常に細い葉が描かれる、図1）、扇を広げたような姿の花で花弁は紋である「扇面桔梗　紫紋」（図2）、白花に紫の紋がある「紋唐子桔梗　花戸称」（おしべが花弁化しているので唐子と呼んだものか。花戸は植木屋）などの図がある。こんな花がかつてあったのかと驚くような姿である。これらのうち七図については『本草通串証図』に、茎の本数を減らすなど画面のサイズに合わせた改変はあるが、雲停をもとに作られたと考えられる図を見出すことができる。上記の「桔梗　青花」は「青花鬚弁桔梗」に、「桔梗　兎耳花十様葉」は「兎耳桔梗」に名称が変わっている。「扇面桔梗　紫紋」・「紋唐子桔梗　花戸称」は見つからなかった。同書では植物名に「桔梗」がつく図が十六点あって、図に「諸国花戸ニアリ」あるいは「花戸培養スルモノ」という但し書きが添えられるものは園芸品種であることが分かる。「青花鬖弁桔梗」はその一例であり、他に淡紅色、黄色の花をもつ品種、丸みを帯びた花弁で平たく咲く品種「紋桔梗」（紫花と白花）、矮性品種などが挙げられる。中には「花戸稀ニ培養スルモノ」という稀少な品種であることを示す図があり、それが先述の「兎耳桔梗」、縮れた葉をもつ品種「淡紅縮葉桔梗」や「蔓性桔梗」である。「花戸」で栽培される品種の他は、「諸国山野ニ生スル」や「越中深山」・「越中立山」などの産地名が書かれる。

続いて馬場克昌の『群英類聚図譜』に収載されるキキョウを紹介する。同書では「桔梗」という見出しのもと、生態や形状の説明がなされる。この説明に対応して青色の花と葉をつけた茎および薬用になる根が描かれ、これによりキキョウの通常タイプが示される。「白花」と「絞」と書かれたそれぞれの花の図が添えられる。続いて、「一種」として十九点のキキョウが列挙される。花の色では鼠色・黄色など通常と異なる色が見られる。八重品については、「牡丹桔梗」と名づけられた品種がある。花が大きく淡紫色、享保の頃に種樹家が珍重したが近頃は非常に稀になったという。八重では他に白花・薄鼠色・淡紅花があり、白花で花弁中央に青紫色の筋が通る品種も描かれる。形状の変化としては、先述の雲停が描いた兎の耳のような品種が図示される。本書では「耳咲」という名称で扱われ、「兎耳ギ、ヤウ」とする後世の鉛筆書きも見られた。「矮生白花千弁」と名づけられた八重咲の矮性品種があって、この図にも「耳咲」と同様な筆跡で「チヤボギ、ヤウ」と書き込まれる。また、「花形袋の如く青花紫色を帯ふ」と書かれたキキョウも図示され、花が袋の形状をして緑色、花弁の先端が紫色を帯びている。このキキョウは、花戸から「宝来山」と称されていたということで、キキョウにも雅名を付して楽しんでいた様子が推測される。「紋桔梗」として紫花・白花・淡紅色・「鹿児（筆者注：鹿子）絞」の花が見られる。「縮緬葉」と称する品種があって、上記二品種と同様に「ウヅギ、ヤウ」という後世の書き込みがある。『群英類聚図譜』にも様々なキキョウの園芸品種が描かれていることが明らかとなった。

3 『緑漪軒植物図』

牧野旧蔵の植物図は前項で見てきた雲停の図以外にも種々の由来をもつと思われる図が含まれる。本項では、それらのうち版心に「緑漪軒蔵」と刷られた黒枠付き用紙の図（図3）を取り上げ、そこに描かれた園芸植物を紹介したい。この「緑漪軒」という号をもつ人物は、江戸幕府の医官である久志本常珍《くしもとつねよし》（生年不詳—一八七六）である。国立国会図書館に所蔵される栗本丹洲(7)（一七五六—一八三四）著『千蟲譜』（文化八年〈一八一一〉の序、三巻）は「緑漪軒蔵」の用紙を使った写本で、巻二の裏見返しにある森立之(8)（一八〇七—八五）の記述から、久志本常珍が通称左京、号緑漪軒、また占恒室とも称したと分かる。この記述は、往時、常珍より題簽を書いてほしいと頼まれた立之が、その後同写本を所蔵した圭介に、見返しに一文を書くよう頼まれたものとされる。絵を模写した服部雪斎（後述）の一筆もある。

「緑漪軒蔵」の用紙は、第二節第1項で述べた東博蔵の『本草図譜』、『目八譜』（後述）や『緑漪軒動物図』の写本にも使われている。『緑漪軒動物図』は、丹洲や本草学者後藤梨春（一六九七—一七七一）の魚譜の写しが大部分を占めるが、五冊目はカエル・ヘビ・昆虫・鳥類・タヌキ・オウムガイといった様々な生物を描いた図から成り、中にはマガタマの図もある。模写と見られる図が多いが、嘉永六年・七年および安政二年と記された写生図も数点含まれる。こうした写本の存在から、常珍は江戸後期に博物学的な関心をもち、当時主要な博物図譜類の模写に積極的な人物であったと推察される。『千蟲譜』・『緑漪軒動物図』および牧野旧蔵「緑漪軒蔵」の用紙に書かれる文字はクセがあり共通したものであることから、所蔵者常珍の自筆ではないかと見られる。

牧野旧蔵「緑漪軒蔵」の用紙は、雲停の植物図と同様に牧野植物園と牧野記念庭園に分かれて収蔵される。また、両園の収蔵資料中に、黒枠および版心はないが「緑漪軒蔵」の用紙に書かれたものと同じ文字の記された植物図があることに気がついた。これらの用紙は「緑漪軒蔵」の用紙の枠内と同じ大きさで、枠より外側の余白がないのである。したがって、所蔵者である牧野が台紙に貼って植物の情報を書き込むために、枠外の余白を切り落としたものと想像された。というのは、牧野植物園の収蔵分は黒枠があってもなくても、台紙に貼られて牧野の書き込みが見られるが、牧野記念庭園分は台紙に貼られたものはなく、用紙のままの状態であるからである。両形状の用紙を併せて、共通の文字が見られる点数はおよそ五十六点である。さらに、後述するように「緑漪軒蔵」の用紙は、東博蔵の『植物集説』（六十一冊）にも綴じられている。つまりかつて常珍によってまとめられた植物図が没後他の所蔵となり、ばらけたことにより元来の姿が分からなくなってしまったのである。本稿では、後世に附されたタイトルである『緑漪軒動物図』にならい、『緑漪軒植物図』と仮称して、そこに描かれた園芸植物を見ていきたい。

図３　ユキモチソウ（服部雪斎筆，個人蔵）

『緑漪軒植物図』では各植物が描かれた傍らに、常珍と見られる筆跡で文字が書き込まれる。文字情報は植物名・写生や開花の時期・産地名などで、すべての図にそれらの情報がそろって書かれているわけではない。誰々からその植物をもらったというような記述もある。そうした文字情報のうち「園中開花」と書かれた図があって、それらは常珍の屋敷の庭で開花した植物を描いた図であると考えられる。どのような植物が植えられていたのか、見てみよう。すなわちハナノキ・キンサンジコ・烏頭桔梗・アナナス（パイナップル、図４）・「フ

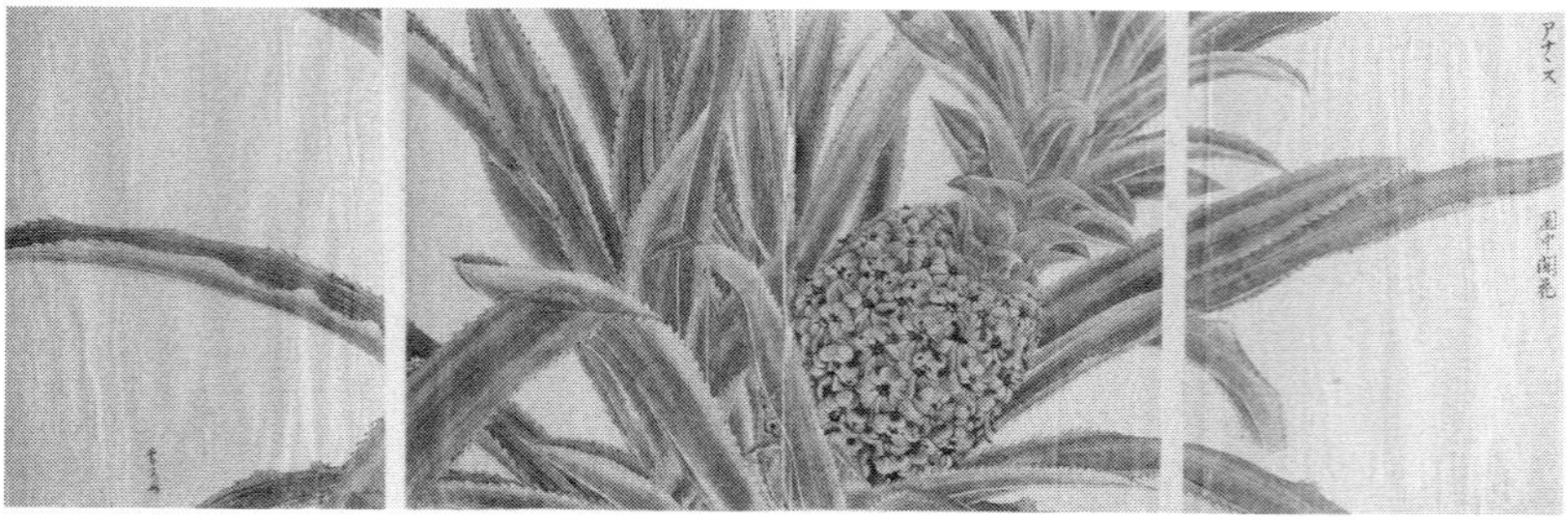

図4　アナナス（服部雪斎筆，高知県立牧野植物園蔵）

図5　ヤツシロギキョウ（服部雪斎筆，個人蔵）

クジュソウ　青花」・「フクジュソウ　白花」・ヤツシロギキョウ（ヤツシロソウ、図5）・琉球忍冬・コネソノキ（コネソ、オトコヨウゾメ）・「鬼督郵一種　カウモリソウ」・延胡索・ゲイランス・縮砂である。

上記のうち烏頭桔梗とフクジュソウは国産の園芸品種である。烏頭桔梗の図には「烏頭」ではなく「渦」と指摘する牧野の書き込みがある。これに関しては「ウヅ桔梗」という牧野の記事がある（牧野一九四〇）。それによれば、渦桔梗はキキョウの「変わりもの」で、矮小、葉が縮んで縁には不整の尖鋸歯があり、花は小形で紅を帯びた淡紫色であるという。牧野は、烏頭桔梗の烏頭は間違いであると述べ、『本草通串証図』に収載される「淡紅縮葉桔梗」（既述）を同一の種類と見なしている。「渦」と呼ばれる理由はとくに書かれておらず、縮緬状で不揃いの鋸歯をもつ葉のつく様を渦が巻いているように見立てたのであろうか。同記事には、この烏頭桔梗の図が掲載される。フクジュソウについては、「青花」・「白花」の他に「極白花」・「ダンサキ」（段咲き）・「イギリス」[9]と同一の筆跡で書かれた図もある。また、書き込みも押印もないフクジュソウの図が三点あって、これら三図と先の五図を比較すると構図や描法に相違が見られないことから、八図は、「青花」にある「雪」印により、雪斎（後述）が描いた一連のフクジュソウと考える。

また、上記のなかで外国産の植物は次のものである。キンサンジコは二図あって、そのうち一図は三枚の用紙に花と蕾および葉形を連続的に描いたものである。二図にはそれぞれ「嘉永甲寅仲夏　園中開花」（仲夏は陰暦五月）、「乙卯仲夏　園中開花」と書かれ、嘉永七年と翌年に園中で開花したと分かる。アナナスの図はパイナップルの果実・冠芽・葉を三枚の用紙にわたって描いたものである。パイナップルの偉容を見せる構図と果実のごつごつした肌触りが感じられるぐらい緻密な描画力が見事としか言いようのない出来である。このアナナスと同一の図が「草木譜」（一巻一帖、杏雨書屋蔵）に見出せる。ゲイランスの図は「安政乙卯季春園中開花」（季春は陰暦三月）・「蛮産」と記されることから、外国産のこの植物を入手し庭に植えたところ安政二年に開花したと考えられる。ゲイランスと同年つまり「乙卯仲夏開花」と書かれたゲイロエテスの図がある。この植物もゲイランスと同じころ渡来し庭に播いたのではないか。どちらもマメ科の植物と見られ、ゲイロエテスはその名に添えて「胡枝子一種」と書かれるので、ハギの仲間と考えたことが分かる。縮砂はその原図と見られる、雲停が安政三年に描画した図が牧野植物園に収蔵される。

ここで「園中開花」の語はないが『緑漪軒植物図』に描かれた外国産植物に言及しておく。「安政乙卯種従尾陽来所産未詳」・「尾州」と書かれた大センナリの図がある。安政二年に種子が尾張から来たもので、おそらくこれも庭に播いて開花した様子を絵にしたのであろう。産地が分からないともあるが、オオセンナリは南アメリカ原産のナス科の植物で、ホオズキのような形状の実がつく。また、植物名の記入がないが、付箋に「嘉永年間舶来有金合歓此物同種ニシテ無刺白花大葉黄花ノ者ニ比スレバ葉軟弱　安政乙卯秋月京師ヨリ花戸長太郎方ニ贈来ル季秋開花」（季秋は陰暦九月）と書かれた図がある。付箋中にある「金合歓」つまりキンゴウカンは黄花であるが、この図で描かれるのは付箋にあるように白花である。これはギンゴウカン（銀合歓）と見られ、前者が嘉永五年、後者が翌年渡来している（磯野二〇〇七）。付箋によれば、安政二年京都から「花戸長太郎」（内山長太郎であろう）に贈られてきて開花したということである。常珍は分けてもらって庭に植えたのであろうか。こうした渡来植物に関して、そのルートに言及した図がある。それはカボチャの図であり、「嘉永甲寅春亜墨利加合衆国齎来種子結実者暮秋写」（暮秋は陰暦九月）と書き込まれる。嘉永七年に、アメリカからもたらされた種子を播いて実がなったのである。これは一例に過ぎないが、常珍の立場を考慮するとペリーの来航時に日本にもたらされた様々な種子を常珍が得て栽培した可能性は高い。常珍は、万延元年（一八六〇）に幕府がアメリカに派遣した使節団が持ち帰った植物などを雲停や雪斎（後述）に描かせ、それらの図が牧野の旧蔵資料に含まれる（田中純子二〇一三）。

「園中開花」の語句がある図のうち注目したい植物はハナノキである。図には「安政乙卯春分前五日発生蕾者　緑漪軒園中」と記入され、安政二年、常珍の園中にあるハナノキに蕾が出来たと理解されるが、その図は雌花を描いている。「全開花」という書き込みもあるが、そこに図示されたのは実の図である。ハナノキは雌雄異株で、台紙上の牧野による書き込みにも「雌本」とある。ハナノキは岐阜・長野両県南部および愛知県北東部の三県県境一帯に自生する日本固有種である（大橋他編二〇一六）。分布が限定されるこの樹木を常珍は自分の庭に植えていたことになる。ハナノキに関しては、『草木図説』後編木部（未刊）の巻十および伊藤圭介編『日本産物志　近江部（上）』（一八七三年）に説明文と図が収録され、美濃や信濃に自生があると記述されたが、その後しばらく自生地が見つからなかった。ようやく明治四十五年（一九一二）に岐阜県恵那郡坂本村（現、中津川市）で自生が発見されたという経緯がある（小泉一九一二）。常珍がどうやってこの樹を入手したのか、興味がもたれる。

『緑漪軒植物図』において「園中」という語はないが、図に「開花」と書かれるので園中にあった植物と見られるものは、ユキモチソウ（図3）・コケリンドウ・ドウダンツツジ・「芍薬　一天四海」・ズイナである。コケリンドウの図には「安政乙卯仲春開花」（仲春は陰暦二月）、「武陽石神井三宝寺産」と記されることから、石神井辺で採集し庭に移植したものが安政二年に開花したということになろう。

『緑漪軒植物図』の園芸品種を描いた図としては、他にスイセン・ツバキ・サザンカ・ツツジがある。スイセンについては、「イト咲水仙」という名称で、花弁が非常に細くなった「変わりもの」が描かれる。ツバキでは「称紅蝦夷錦　花戸」（図6）、「称白唐子　花戸通名」、「山茶　称太郎冠者　花戸名」などの記入があり、品種名は花戸が用いていた呼び名を記録したものである。他に「雪」が押印されるが記入のない白花のツバキの図もあって、一連のものと思われる。サザンカも花戸による名称が記され、「茶梅秘伝花鏡　雪山　花戸名　サザンクワ」、「茶梅　称銀龍　花戸通名」とある。ツバキやサザンカの園芸品種について園中にあったと断定はできないが、少なくとも花戸から情報を入手していたと言えよう。ツツジは「躑躅　白花段咲」、「躑躅　一種」という書き込みがある。

図6　称紅蝦夷錦　花戸（服部雪斎筆，個人蔵）

以上、『緑漪軒植物図』を園芸的な観点から検討した結果、常珍の庭には国産および外国産の園芸品種あり、移植した自生種ありと様々な種類の植物が植栽されていた状況が判明した。

さて、『緑漪軒植物図』の描き手に言及する。「雪」（大・小ある）、「雪斎」、「雪斎写」という判子が押された図が四十一点ある。この人物は服部雪斎（一八〇七―没年不詳）で、雪斎が常珍に頼まれてこれらの図を制作したのである。雪斎は江戸後期から明治前期にかけて活動し、関根雲停と並び称される画家である。江戸期には、幕府の医官や旗本の依頼で動植鉱物の図を制作した。代表作として知られるものは、森立之選『半魚譜』(一八五九年自序)や『華鳥譜』(一八六一年自序)および武蔵石寿編『目八譜』(貝譜、一八四五年前田利保序)に収載される図である。いずれも写本として伝わり、『目八譜』は国立国会図書館にあるものが原本で雪斎を含む複数の筆によるとされ、東博にあるものが雪斎による転写本である。雪斎の図を収載する江戸期の出版物としては、万花園主人撰『朝顔三十六花撰』(一八五四年)や井口望之編『本草綱目啓蒙図譜』(一八四九年に藩版として刊行、二巻のうち前巻を雪斎が担当)などがある。

明治維新となり、大学南校(江戸幕府から引き継いだ洋学校の改称)および文部省に設置された博物局で雇われる。同局は、教育目的から『動物図』や『教草』といった一枚物を出版した。前者は、明治五—十二年に刊行された、ヤマドリ・オットセイ・ハリネズミなどを図示し説明文も添えた木版色刷図(全二十四点)で、雪斎と中島仰山(一八三二—一九一四)が描いている。後者は稲米・養蚕・藍・煙草・製茶・製紙・豆腐など農村で生産される製品の原料・道具・製法などを図解した一枚刷(全三十点)で、明治七年秋頃までに刊行されたが火事により焼失、同九年に再版された。描き手は複数からなるが、その一人が雪斎である。その他、文部省小学掛図『博物図』(一八七三—七八年)や田中芳男らが編纂した『有用植物図説』(全七冊、一八九一年)も担当している。

雪斎による肉筆図は、上記の他、未刊に終わった様々な編纂物に現存している。東博に収蔵される先述の『博物館図譜』[(10)]、大形の紙に野菜や果樹を実物大で描いた『農作物・果樹類図』などに雪斎の図が見られる。また、国立国会図書館にも雪斎を示す判子が押された図を含む図譜が収蔵され、『植物図説雑纂』にも雪斎作の図が散見される。現存する雪斎の資料は植物をはじめ鳥類・魚類・貝類・鉱物と幅広く、とくに貝や岩石などの表面に輝きのあるものを再現することに雪斎は秀でていた。また、牧野富太郎旧蔵の植物図には、「緑漪軒蔵」の用紙に描いた図以外にも雪斎の図が多数含まれている。おそらくどちらも、これから述べる『植物集説』から分かれ出た資料と思われる。『植物集説』由来の植物図について牧野の入手経路は不明であるが、懇意にしていた田中芳男から譲られた可能性が考えられる。

最後に、『植物集説』に触れておく。本資料は、田中主導のもと博物局で編纂が進められた『博物館図譜』の植物編にあたるものと考えられ、個々の植物に関する図と解説文からなる植物図説集である。図の用紙は黒枠つきで、解説文は版心に「植物集説」「大学南校」「博覧会事務局」と刷られた用紙が用いられる。四千図以上を収載するが、解説文は限られる。中には「緑漪軒蔵」の用紙のように江戸期に制作されたと見られる図も綴じ込まれる。

『植物集説』に含まれる「緑漪軒蔵」の用紙には、コウホネ・タヌキモ・ヒルムシロ・ミズアオイといった水生植物およびアオサ・イギスといった海藻など七十以上の植物を図示したもので、名称や解説を伴う図もある。海藻などに附着する小型の甲殻類ワレカラやイツマデガイの図もある。湿地に咲くカキツバタ（アヤメも含む）に関しては園芸品種を描いた図が収載される。また、ハスの葉・根（レンコン）・種々の品種の花などを描いた図が多く見られるが、それらは第一節で先述した松平定信編纂の『清香画譜』を模写ないし転写したものであろう。これらの図の制作時期については手掛かりとして、「安政乙卯季春立夏前五日写」と記された赤松・黒松の図がある。

『緑漪軒植物図』については、東博所蔵分も牧野旧蔵分も併せて調査することが今後の課題と考える。というのは、本稿では牧野旧蔵分について常珍の園中で開花した植物および園中にあったと見られる植物を取り上げたが、図数では東博所蔵分の方が多い（ただし「園中開花」と記された図はない）からである。つまり、全体的に見て水生植物を描いた図が多数を占めるので、まずはそれらの図について詳細な調査を行う必要がある。陰影に富んだ雪斎の写生図に比べて水生植物の図は絵が平板で模写と思われる。ハスは先述したように『清香画譜』を原図としているにしても、その他の原図は何であるのか。すなわち水生植物をテーマとした図譜が当時存在したのかどうか、存在したならばそれは珍しいと思われ、水生植物の何に関心をもったのかなどが検討課題となろう。次に、『緑漪軒植物図』に記入された年号は安政二年が十八例で、嘉永七年が三例あって、ある時期に集中している。これらの図は雪斎の押印のあるものが大半を占める。嘉永末・安政初期に、常珍が雪斎をして写生させた背景に何があるのであろうか。考えられる事柄は、すでに指摘したようにペリーの来航によってアメリカの植物が日本にもたらされたことであるが、他の要因もあるのではないか。前田利保の『奇品写生』や馬場克昌の『遠西船上画譜』などに同様な植物が描かれるので、それぞれの情報を収集し比較検討したい。三点目として、植物の遺り取りを通じた交流関係も明らかにしたい。例えば、『緑漪軒植物図』の一つ、大葉仙茅《オオキンバイザサ》は図に「資生子馬場氏被恵」とあり、常珍が馬場克昌からもらった植物である。『遠西船上画譜』にも同じ植物の図が収載され、嘉永二年に長崎の知人が携え来て贈られた旨が記される。大葉仙茅は渡来植物である。また、安政二年に描かれたツツジの図には「飯室楽圃子被恵」と書かれることから、飯室庄左衛門[11]（一七八九―一八五八?）が常珍に分与した植物であると分かる。常珍と克昌の交流、あるいは庄左衛門ら「赭鞭会」のメンバーとの情報交換はいかなるものであったのか、常珍が同会のメンバーであったかどうかなど課題は尽きない。

おわりに

以上、江戸期に編纂された植物図譜に見られる園芸植物を話題としてきたが、図譜の調査のむずかしさと必要性を述べて、本稿のまとめとしたい。

江戸期の図譜類は、現在博物館・美術館や公立の図書館などに収蔵されている。当時出版された書籍類は、その社会あるいは後世に何らかのインパクトを与えたものとしてその意義や影響について研究されてきたが、図譜類はほとんどが稿本、つまり未刊のままで現在に伝わるものである。それらは、単体の絵画と異なり、多数の図を綴じ込んだりあるいは台紙に貼りつけ折帖に仕立てたりする形状のものが一般的である。そのため各図について、形状が取り扱いにくいということもあって、制作年・制作者・産地など各図に書き込まれた情報をリスト化するような作業はほとんどなされてこなかった。また、本稿で紹介した関根雲停の動植物図や『緑漪軒植物図』のように本来の姿が失われ後世の資料に貼り込まれたり複数の機関に分かれて収蔵されたりする資料については、異なる機関の資料を比較検討しなければ全体像が見えてこない。そもそもどこに何があるのかを探っていかなければならない。したがって図譜類に収載される各図の詳細な調査を行い、他の機関で収蔵される資料にも当たり、全容を把握しかつ制作者や制作状況を解明していくことがまずは取り組むべき課題であると考える。そうした基礎的な作業を果たしてこそ、当時の学問や文化の再評価あるいは日本の自然誌の考察に至るのではないだろうか。

注

(1) 博物局は明治政府下の文部省に明治四年(一八七一)設置され、明治六年開催のウィーン万国博覧会準備のために設けられた博覧会事務局と合併されて博物館となり、内務省・農商務省と所管が替わり、その後宮内省に移管され帝国博物館となった。明治三十三年に東京帝室博物館と改称、昭和二十七年(一九五二)に東京国立博物館となり現在に至る。

(2) 伊藤圭介は尾張の医者・本草学者。号は錦窠。シーボルトの指導を受け『泰西本草名疏』(注(3)参照)を著し、植物に関する学名や訳語など西洋の植物学導入に貢献した。幕末の蕃書調所、明治政府下文部省に出仕。その後小石川植物園に勤務し東京大学教授となった。日本最初の理学博士。

(3) 『泰西本草名疏』は、チュンベリーの『日本植物誌』に載る日本の植物の学名について和名と漢名を当てた著書で、リンネの

「二十四綱」を図入りで紹介した。

（4）『植物図説雑纂』は個々の植物について圭介自身の原稿と原図、印葉図および様々な文献から採録した引用文や植物図などを植物名のイロハ順に収録した二百五十四冊からなる編纂物であるが、公刊されることはなかった。

（5）「真写資生改出」印については、『群英類聚図譜』の凡例に説明が載る。それによれば、灌園の図は精細であるが写される際に真の姿を失ったものが多いので自分が実物を見たものについては灌園の図を改め、その旨を記した印を捺したとある。したがって、東博蔵の『本草図譜』にある同印は、灌園の図を自分が実見した植物の図と差し替えたことを示すために押された印である。

（6）田中芳男は、飯田の出身で圭介に師事して博物学・物産学を修め、圭介に従って江戸に赴き蕃書調所に出仕、幕末のパリ万国博覧会に昆虫標本を携え参加した。維新後は明治政府に仕え、博物局の中心人物として活躍した。日本における博物学の発展および博物館・動物園の設立に尽力、農業・水産業・林業の発展にも貢献した。

（7）栗本丹洲は、幕府の医官。名は昌臧《まさよし》、通称は瑞見（四代）、丹洲は号。日本最初の虫の図譜とされる『千虫譜』・通称『栗氏魚譜』など様々な図譜を編纂。

（8）森立之は福山藩医、幕府医学館講師。古典的な医書の校勘に従事し出版に尽力した。

（9）「イギリス」の図は花弁が開いていない状態を示すが、江戸期に編纂されたフクジュソウの図譜では「イギリス」と称して細い花弁を持つ品種が描かれる（東京都江戸東京博物館二〇一三）。

（10）雪斎が描画した単体の花鳥画が東博やニューオーリンズ美術館に収蔵される。

（11）飯室庄左衛門は、名は昌栩《まさのぶ》、庄左衛門は通称、号は楽圃・千草堂。「虫譜図説」、「草花図譜」（「草花譜」）などの著書がある。「赭鞭会」のメンバー。

〔参考引用文献〕

「朝日科学」編　一九九一　『殿様生物学の系譜』朝日新聞出版

朝日新聞社編　一九八八　『江戸の動植物図：知られざる真写の世界』朝日新聞社

磯野直秀　二〇〇三　「伊藤圭介編著『植物図説雑纂』について」『参考書誌研究』第五九号

磯野直秀　二〇〇七　「明治前園芸植物渡来年表」『慶應義塾大学日吉紀要・自然科学』第四二号

磯野直秀　二〇一二『日本博物誌総合年表』平凡社
大橋広好他編　二〇一六『改訂新版 日本の野生植物3』平凡社
小笠原左衛門尉亮軒　二〇二〇『大江戸花競べ～四季のいろどり～』雑花園文庫
小泉源一　一九一二「はなのきニ就テ」『植物学雑誌』第二六巻第三〇八号
公益財団法人武田科学振興財団・杏雨書屋　二〇一九『第七十回杏雨書屋特別展示会「杏雨書屋の植物図譜」』公益財団法人武田科学振興財団
田中純子　二〇一三「久志本常珍旧蔵植物図について」『東京国立博物館研究誌 MUSEUM』第六四七号　東京国立博物館
田中純子　二〇一七「関根雲停の植物画と前田利保―植物画の制作状況の検討―」『杏雨』第二〇号　武田科学振興財団杏雨書屋
田中純子　二〇一九「『資生圃百合図』――馬場克昌のユリ図譜」『杏雨』第二二号　武田科学振興財団杏雨書屋
田中芳男　一八七八「関根雲停翁小伝」『博物館雑誌』第一号
東京都江戸東京博物館　二〇一三『江戸東京博物館開館二十周年記念特別展　花開く江戸の園芸』図録　東京都江戸東京博物館
平野　恵　二〇〇六『十九世紀日本の園芸文化：江戸と東京、植木屋の周辺』思文閣出版
平野　満　一九九六「天保期の本草研究会「赭鞭会」―前史と成立事情および活動の実態―」『駿台史学』第九八号
平凡社編　一九九四『彩色江戸博物学集成』平凡社
牧野富太郎　一九四〇「園芸植物瑣談（其十七）」『実際園芸』第二六巻第五号
邑田仁・米倉浩司編　二〇一七『新分類牧野日本植物図鑑』北隆館

〔謝辞〕
本稿の執筆は二〇二〇年度武田科学振興財団・杏雨書屋研究奨励の交付によること、また、資料の閲覧および図の掲載については杏雨書屋、高知県立牧野植物園、牧野一淳氏にお世話になったことをここに記し感謝の意を表する。

尾張藩江戸藩邸と園芸

……山本英二

はじめに

本稿では、尾張藩江戸藩邸における園芸について論じてみたい。尾張藩は名古屋藩ともいわれ、慶長五年（一六〇〇）の関ヶ原の戦い後の論功行賞により徳川家康の四男松平忠吉が配置された清洲藩五二万石を前身とする。松平忠吉が慶長十二年に後継者のないまま死去したため、代わって甲府から家康の九男義利（のちの義直）が転じ、名古屋城を居城として明治維新まで一六代にわたって子孫らが世襲した。尾張徳川家（尾張藩）は、紀伊徳川家（和歌山藩）・水戸徳川家（水戸藩）とならんで「御三家」（三家）と称された。尾張藩の領地は最大で六一万九五〇〇石、三家のなかでも最大の領地を有する三家筆頭の家柄である。尾張藩の江戸藩邸と園芸については、一九九一年、当時の大蔵省印刷局市谷倉庫増築事業に伴い緊急発掘調査が実施された市谷本村町遺跡（尾張藩徳川家上屋敷跡）の調査報告書によってその詳細が判明している。(1) さらに尾張藩の園芸に関しては、白根孝胤による大名庭園に関する一連の研究があり、進捗をみせている。(2) 本稿では、その後に得た新知見を加えて、尾張藩江戸藩邸と園芸、花壇について分析してみたい。

一 『江戸御小納戸日記』と尾張藩小納戸役所

本稿で主に使用する史料は、財団法人徳川黎明会徳川林政史研究所所蔵『御小納戸日記』である。『御小納戸日記』とは、尾張藩の小納戸役所によって記録された日記のことで、国元の尾張で記された『尾州御小納戸日記』と江戸の藩邸で記された『江戸御小納戸日記』がある。今回使用するのは、後者の『江戸御小納戸日記』である。尾張藩の『江戸御小納戸日記』は、元文四（一七三九）～安政二年（一八五五）まで断続的に全七四冊（現在は分冊されて二六七冊）が残されている。(3)『江戸御小納戸日記』は尾張藩主が江戸に在府している期間の日記であり、通常は参勤交代の関係で隔年ごと（江戸に参府する三月から帰国する翌年の四月まで）に記される。かわりに藩主が国元に滞在しているときには『尾州御小納戸日記』が記され、江戸在府中は『尾州御留守日記』がつけられている。藩主の中には参勤交代をせずに江戸に常駐しているものがあり、あるいは藩主のかわりに世子が参勤交代することもあったから、宝暦末年から文化末年については『江戸御小納戸日記』がほぼ毎年書き続けられており、江戸の各尾張藩邸の動向を知ることができる。『江戸御小納戸日記』は、表紙・中表紙と小口の部分に内容年代と「尾州定置　重帳」との文言が墨書され、江戸の市ヶ谷屋敷にではなく、国元で重要な帳簿として厳重に保管されていた形跡がある。しかも日記は、小納戸の役人が毎日書き留めたものを各年ごとに合綴したのではなく、後日数名の小納戸あるいは右筆が改めて書き直したようであり、時々朱筆で誤字などの訂正がなされている。このほか、『江戸御日記寄』と呼ばれる『江戸御小納戸日記』を記事内容別にまとめ直した史料があり、現在では欠本となっている年次の『江戸御小納戸日記』を補ってくれる。(4)本稿では、『江戸御日記寄』についても一部参照しながら分析をおこなった。

最初に小納戸とは、一般に主君の側近くにあって、日常生活全般について差配・奉仕した役職のことである。江戸幕府の場合、奥向きにあって将軍に近侍し、身辺日常の雑務に従事した。また御膳番・肝煎・御蔵番・御髪月代・御庭方・御馬方・御鷹方・大筒方などを管掌していた(5)。しかし幕府と諸藩を含め小納戸に関する専論はこれまで存在せず、その職掌の詳細はいまもって不明である。そこでまず尾張藩の小納戸の職務について確認しておく必要がある。

尾張藩の小納戸役所は、寛政七年（一七九五）十一月段階で「御囲金御用懸」「御直封物御用懸」「戸山御土蔵御用懸」「御庭御用懸」「御薬園御用懸」「御道具御用懸」「御書物御用懸」「御絵御掛物御屏風御用懸」「御腰物御用懸」「御鷹御用懸」などを各四～六名が複数兼務で担当していた(6)。寛政十一年六月十八日には、小納戸が御膳番と奥御番を兼帯することになり、「御膳番」「奥御番」「御小納戸」「御錠口番」の「勤向」＝勤務内容が明文化されている(7)。表1によると、小納戸には二四の勤め向きがあり、このうち①言上や書上の取扱、②連枝様方の御錠口内の案内、③井上壱岐守（正紀。下総高岡藩一万石・八代尾張藩主宗勝一〇男の井上筑後守正国の養嗣子）参上の節の接見、④公儀御医師衆参上の節の取扱、⑤方々様からの使者の取扱、⑥奥向きの輩の下着・発足時の御目見、⑦御庭の御〆向きおよび封所と御大切物の封印、⑧藩主出御の際の御箱下り御具合の取り計らい、⑨奥向きへの差し上げ物の披露、⑩聖聴院様（従姫。九代藩主宗睦の養嗣子徳川治行の簾中）御出の節の御供、⑪表御座之間における御能の節の御固め、以上一一の勤め向きは「御小納戸頭取打込」とされている。このほか、⑫御庭の神社と寺院への名代、⑬弾正大弼様（松平勝当。宗勝六男。美濃高須藩三万石）・品姫様（宗勝六女。常陸府中藩二万石・松平頼勇室）・純姫様（宗睦養女。出羽米沢一五万石・上杉治広室）の御近火の節の使者、⑭御召服着用の取扱、⑮御慶事・御誕生日の御祝いの品の年寄・御用列への下賜の使者、⑯御弓場初の「録」（記録）、⑰御客の節の披露の品出し引き、⑱奥御礼事の太刀・馬代献上の際の引取、⑲御褥の取扱、⑳連枝様方の御刀の取扱、㉑御寝所の御間拵と御床の取扱、㉒御座之間の御掃除、㉓「両山」（東叡山寛永寺・三縁山増

表1　尾張藩御小納戸勤向

御小納戸勤向
① 一、言上書上類取扱候事、
② 一、御連枝様方御出之節、御錠口内御案内可仕事、
③ 一、井上壱岐守殿参上　御逢之節、取扱候事、
④ 一、公儀御医師衆参上之節、取扱候事、
⑤ 一、御方々様ゟ御使、都而取扱候事、
⑥ 一、奥向之輩下着・発足等ニ付、　御目見被仰付候節、取扱候事、
⑦ 一、御庭御〆向、封所幷御大切物之外封印可仕事、
⑧ 一、出御之節、御箱下り御具合等取計候事、
⑨ 一、奥向江所々ゟ差上物披露可仕事、
⑩ 一、聖聰院様御出之節、御供可仕事、
⑪ 一、於表御座之間、御能被　仰付候節、御固メ相勤候事、
是迄之ケ条御小納戸頭取打込相勤候事、
⑫ 一、御庭神社幷御寺方　御名代相勤候事、
⑬ 一、火災之節、　弾正大弼様・品姫様・純姫様御近火之節、御使相勤候事、
⑭ 一、御召服被為　召候節、取扱候事、
⑮ 一、御慶事幷御誕生日御祝之品、御年寄・御用列江被下候節、御使相勤候事、
⑯ 一、御弓場初之節、録取扱候事、
⑰ 一、御客之節、披露之御品出引取扱候事、
⑱ 一、於奥御礼事有之、太刀・馬代差出候節、右引候儀等取扱候事、
⑲ 一、御褥取扱候事、
⑳ 一、御連枝様方御刀取扱候事、
㉑ 一、御寝所御間拵・御床等、取扱候事、
㉒ 一、御座之間向御掃除取扱候事、
㉓ 一、両山江御参詣之節、御先番相勤候事、
㉔ 一、一橋様・民部卿様・紀州様御出之節、御長柄・御草履・御下駄等取扱候事、

出典：徳川林政史研究所所蔵「尾張徳川家文書」尾2-131『江戸御小納戸日記』寛政11年6月18日条.

上寺）参詣の御先番、㉔一橋様（三卿一橋二代徳川治済）・民部卿様（三卿一橋三代徳川斉敦。治済五男）・紀州様（紀伊徳川治宝）御出の節の御長柄・御草履・御下駄などの取扱を管掌していた。

寛政十一年は、前年四月十三日に尾張藩九代藩主宗睦の養子として三卿一橋徳川治国の嫡男愷千代が決定し、一一代将軍徳川家斉長女淑姫の尾張家「御入輿」＝愷千代との婚姻も内定している。もともと淑姫は、宗睦の世子治行（実は高須松平義敏の長男）の嫡男五郎太との縁組が寛政二年八月二十八日に決まっており、同五年六月三日には結納も取り交わされていた。しかし五郎太が寛政六年九月三日に逝去（享年十四）したため、改めて愷千代と淑姫の婚姻が整えられたのである。

そして同年十一月四日に愷千代は市ヶ谷の上屋敷に引き移り、翌寛政十一年六月十八日には三か年の「御入用」による「御支払」と当年分の拝借金返納延期が認められている。愷千代は、同年九月十一日、将軍家斉と対顔して元服、斉朝と名乗り、従三位中将に叙任し、淑姫は十二月十五日に入輿している。ところが十二月二十四日、三九年間の長きにわたり藩主を務めた宗睦が逝去（享年六十七）している。[8] 小納戸の勤め向きの取り決めは、こうした藩の事情を反映したものと考えられる。

二　尾張藩小納戸役所と花壇

尾張藩の小納戸役所は、「御花壇」「御花畑」「御菜園」などの藩邸内の空間の維持・管理を担当しており、『御小納戸日記』には随所に花壇や園芸、植木などに関する様々な記述を確認することができる。このうち花壇については、市谷本村町遺跡（尾張藩徳川家上屋敷跡）から二三基の溝状遺構が検出されており、文献調査の結果、「市ヶ谷屋敷平面図」（寸法七四×九六センチ）に描かれた南北約一〇間×東西約三〇間の花壇の一部であることが判明した。[9] 「市ヶ谷屋敷平面図」の作成年代は明和五年（一七六八）の西側添地拝領直前のものと推定できる。その根拠は、御殿内部の大奥と中奥の境界部分に「慶之助様御座之間」との記載があることによる。慶之助は、九代藩主宗睦の第二子として宝暦六年（一七五六）十一月二十五日に市ヶ谷屋敷で出生、明和八年二月十九日には元服して松平兵部大輔睦篤と名乗っている。よって本絵図は宝暦六年から明和五年の間のものである。あるいは宗睦の嫡男である世子の左近衛中将治休の名前がみえないことと、西側添地の拝領が明和五年当時別居していた治休の市ヶ谷屋敷同居を目的とすることから推測すると、治休が元服した明和二年までさかのぼることもありうる。

尾張藩の花壇は、市ヶ谷屋敷の回遊式山水庭園の楽々園の北端部分に位置していた。一八世紀半ば、庭園部分の管理は、小納戸が担当したが、小納戸の一部は御庭足軽頭を兼任しており、その配下に御庭足軽小頭、御庭足軽がいた。そのほか庭園管理役人には、御庭之者頭と御庭之者、御庭中間があった。御庭中間は苗字をもたない奉公人であり、いずれも尾張国元から雇用されたものたちであった。御庭中間には江戸定詰中間と呼ばれる江戸常駐の中間があり、定員が二〇名であったことから廿人者中間とも呼ばれていた。この江戸定詰中間のうちの二名が花壇管理専門の中間、つまり花壇懸り中間である。表2は、『江戸御小納戸日記』にみえる尾張藩市ヶ谷屋敷「花壇」関係記事を年表にしたものである（以下では『日記』と略記する）。『日記』における花壇記事の初見は、寛保二年（一七四二）六月十八日条にみえる次の記載である。

一、御花壇懸り御中間林蔵・箕右衛門、毎日御花壇へ懸り、極暑之節衣類汗ニ罷成、罷帰候節なと甚難儀仕候旨、いか様ニても不苦候間、木綿半てん壱ツ充被下置候様仕度由、追々願候付、御耳ニも立被下置候様申渡之、

これによると花壇懸り中間の林蔵・箕右衛門の両人が、毎日の花壇勤務の際、極暑の時節には衣類が汗になって難儀するので、木綿製の半纏を下されるよう願い出た。それが藩主のお耳に達し、半纏の下付が許可されたというものである。この記事から、花壇が単なる庭園の構成物ではなく、藩主の嗜好を反映するものだったことがわかる。花壇懸り中間は、花壇御用に精を出したことによる褒美として、一年おきに褒美銀一〇匁を与えられるのが恒例となっていた。『日記』延享元年（一七四四）三月十六日条をみてみよう。

一、御花壇懸り御中間箕右衛門・林蔵、両人共御花壇御用出精相勤、御預ケ之草花共も宜取扱候付、為御褒美銀拾匁充被下置候旨被　仰出、御庭之者頭へ申渡候、

花壇懸り中間は、藩主の大切な草花を預かる身である。だから藩主が国元の滞在を終えて江戸の藩邸に戻って来る

表２　尾張藩市ヶ谷屋敷「花壇」関係年表

元号（西暦）	月　日	事　　　　項
寛保２年（1742）	６月18日	花壇懸り中間林蔵・箕右衛門，極暑につき木綿半纏１つ宛下賜を願い，許可される．
	11月11日	もみち２本・花せうふ５株，尾張国元「御花壇」へ送付．
	11月21日	花せうふ５株，国元へ送付．
	11月26日	花せうふ５株，国元へ送付．
	12月11日	花せうふ５株，国元へ送付．
３年（1743）	１月21日	花せうふ・のへし・小菊の種，尾州薬園へ種蒔きのため送付．
延享元年（1744）	３月16日	花壇懸り中間林蔵・箕右衛門，花壇御用出精につき褒美銀10匁宛下し置かれる．
３年（1746）	４月22日	花壇懸り中間林蔵・箕右衛門，花壇御用出精につき褒美銀10匁宛下し置かれる．
宝暦２年（1752）	４月４日	花壇懸り中間林蔵・箕右衛門，花壇御用出精につき褒美銀10匁宛下し置かれる．
３年（1753）	２月６日	種物23種，尾州薬園へ種蒔きを命じる，同じく種物10種，市ヶ谷御庭に種蒔きを命じる．
	３月９日	駿河桃種・朝鮮ざくろの実御庭御花壇へ種蒔きを命じる．
	３月27日	小杜若・浅黄杜若・黄杜若・しるいし，都合鉢物５鉢花壇へおろす．
	４月２日	酒井雅楽頭より進上の土佐水木１石台・四手こふし１石台，日雇頭勘兵衛献上の梅薄紅１石台，花壇へおろす．
	４月３日	金柑１鉢鉢のまま，蜜柑１石台，花壇へおろす．
４年（1754）	３月20日	花壇懸り中間２人，花壇御用出精につき褒美銀10匁宛下し置かれる．
	５月３日	源氏車なてしこ１鉢，姫百合１鉢，もはや花納まりにつき花壇へ植えさせる．尾州より来たる寒たて１鉢御庭のうちへ植えさせる．
	６月26日	尾州よりおときり草油１壺献上．
	８月18日	花壇のさんさしの実熟し候につき摘み取る．
６年（1756）	12月９日	御庭之者頭大海儀左衛門，御植木等の儀も巧者に取扱につき切米２石加増，しめて10石となる．
８年（1758）	４月18日	花壇懸り中間２人，花壇御用出精につき褒美銀10匁宛下し置かれる．
	５月１日	花壇懸り中間２人，お仕着せ代銀10匁宛拝領．
	９月25日	花壇霜覆い入用菰100枚下賜．
	10月９日	遠山十郎左衛門より新花之菊花到来．
	10月11日	清水院殿三回忌につき生花１桶霊前へ備える．
	12月30日	数寄屋御庭の植木枯れ候間，数寄屋茶道梶門悦・御庭足軽馬場半七，毎度所々見分下直買上につき褒美銀200疋宛下さる．
９年（1759）	３月19日	紀州家より御庭のうちへ桜花１桶献上．
12年（1762）	３月３日	御庭方へお預けの鉢植の梅開花につき献上．
	３月18日	御座之間御庭の金桂お花畑へ植え替え．
	④月19日	花壇懸り中間２人，花壇御用出精につき褒美銀10匁宛下し置か

		れる.
宝暦12年(1762)	9月30日	両少将様，対顔のついでに御庭の菊拝見.
	12月25日	花壇懸り中間2人，恒例の褒美銀5匁宛下し置かれる.
明和元年(1764)	5月27日	紅梅の実，梅干に仰せ付けられる.
	7月9日	花壇の茄子ご覧に入れる.
	10月2日	御庭花畑の蜂谷柿ご覧に入れる.
5年(1768)	6月1日	花壇懸り中間2人，花壇御用出精につき褒美銀10匁宛下し置かれる.
	7月20日	市ヶ谷屋敷添地に粟生え大分雀付き候につき，捕えのうえ御鷹方へ回す.
6年(1769)	2月29日	添地産の末川蕪・勢州日野菜・よめ菜・土筆水菜・沖打の赤目菜2本到来.
9年(1772)	6月25日	永井主水より夏菊花献上される.
	7月2日	当年産人参実8,192粒結実につき花壇に植えるかいなか，国元より伺い来る.
	11月21日	御庭方より当年製艾出来につき，預かり置く.
安永3年(1774)	4月6日	源次郎様より御庭の白蒲英1籠献上.
5年(1776)	4月22日	下野国大桑村より不老木・紫蘭・石殻・日光蘭・しのふ，都合5品届けられ，御庭方で預かる.
6年(1777)	2月6日	中将様お摘み取りの梅1枝，戸山屋敷の作園物とともに奥へ廻す.
	3月6日	人見弥右衛門花壇及び垣等の損繕のことを申し達す.
7年(1778)	6月13日	御座之間御庭の梅，梅干に相成候につき，賄頭へ渡す.
	6月25日	今日吉辰につき，添地新御殿棟上式執行.
	8月15日	添地新御殿の鳴弦・安鎮の祈禱執行.
	11月10日	弾正大弼様へ梅の間の蜜柑枝折り・当殿中御座之間の唐蜜柑枝折り差し上げる.
9年(1780)	11月19日	御庭之者頭，唐蜜柑献上.
10年(1781)	3月6日	落花生植えつける.
天明3年(1783)	3月28日	落花生種お部屋へ廻す.
寛政2年(1790)	9月28日	市ケ谷本殿棟上式・地鎮祭執行.
	10月4日	駿河清見寺より献上の東照宮御手棲の柿の核，花壇へ棲せる.
3年(1791)	6月4日	摂津守様より御庭の梅1台献上.
5年(1793)	1月22日	御庭足軽頭を側物頭に，御庭足軽を側組同心にそれぞれ改称する.
	6月14日	定詰中間甚平，花壇懸り申し付けられる.
	9月4日	成瀬隼人正・鈴木伊予守・山村三郎左衛門より植木献上.
	10月14日	御庭内に植木蔵できる.
6年(1794)	⑪月8日	御庭にて甘蔗作り終了する.
7年(1795)	9月19日	四ツ谷下屋敷守近藤与八，市ケ谷屋敷御庭花畑懸り申し付けられる.
	11月3日	薬園懸り中間弥兵衛，四ツ谷屋敷へ今日引っ越し.
	12月5日	御庭にて砂糖2鉢できあがり，献上.
8年(1796)	1月23日	花畑手入近藤与八，以来小納戸頭取支配に組み込まれる.
	2月18日	御庭者頭兼風呂屋之者頭川村助右衛門他3名，御庭預兼御庭中

元号(西暦)	月　日	事　　　　　項
		間頭に仰せ付けられる.
	10月４日	御庭にて蜂蜜２升できあがり，薬御用として渡す.
寛政13年(1801)	１月晦日	植木懸り露地之者，御守殿から金200疋を下される.
享和３年(1803)	１月10日	御庭畑作りの御庭掃除之者，お抱え人足引き上げの件を大寄合に申し達す.
４年(1804)	３月13日	今朝，公方様，御守殿にお立ち寄り，硯箱・へゴ植石台をお手ずから与える.
	３月14日	昨日漱芳において公方様お目留まりの婦入朝鮮五葉松１鉢・ふじ松１鉢・羅漢槇２株，今朝御守殿へまわす.
	４月23日	御庭の御茶屋向き萱御門，木戸御垣類鴈木，漱芳植木台の日覆簾，松力木などの修理代金の負担方法について，小納戸と作事方との間で談判する.
	６月11日	西御殿風呂屋口・内膳内上女中通廊下の取り壊しの件，同心小頭に申し談ず.
文化４年(1807)	８月17日	麹町御殿取り壊し跡地を，年貢地として畑作利用することについて側用人に申し達す.
６年(1809)	１月３日	屋敷近辺の町人，年頭お目見えの節，石台付きの植木献上する.
７年(1810)	９月２日	斉朝，御成先より一橋治済へ蘭１鉢，一橋斉敦へチャホ檜葉１鉢，乗蓮院へ金柑１鉢，初茸・栗・柿１台，以上植木類御出入染井植木屋を通じ献上する.
	３月６日	高田植木屋より鉢物献上.
	４月４日	成瀬浄翁より野むら楓１鉢・明月楓１鉢・葉蘭５株献上.
８年(1811)	４月７日	成瀬浄翁より一ツ葉１鉢・谷わたり２鉢献上.
文政元年(1818)	８月３日	露地之者与三郎，植木懸りを引き揚げられ定詰奥陸尺へ転役，定詰御庭掃除之者重吉，露地之者植木懸りを仰せ付けられる.
	10月25日	成瀬浄翁より寒牡丹３鉢・交御肴献上.
	12月２日	成瀬浄翁より鉢物２ツ・交御肴１鉢献上.
	12月23日	乗蓮院様へ御成先でお買上の紅梅の鉢植１ツ・白実南天１本，菜園物１台とともに進ぜられる.
	12月23日	成瀬浄翁より梅鉢物１鉢・御肴入１箱献上.
６年(1823)	１月21日	渋谷山三郎，西御殿御住居向取り建て御用骨折りにつき縞１反下される.

注：マル付数字は閏月を示す.

三月から六月にかけて褒美が下されるのである。花壇関係の記事が豊富に見いだせるのは寛保・延享・宝暦年間のことで、当時の藩主は八代宗勝である。古い『日記』が残存しない制約があるとはいえ、花壇が庭園内部の主要な箇所に設定されていることからも、宗勝の草花栽培・花壇趣味については特筆していいだろう。それでは尾張藩邸の花壇には一体何が植えてあったのだろうか。『日記』寛保二年十一月十一日条には次の記事がある。

一、もみち弐本唐楓・業平、花せうふ五かふ、右之通、今日立之町便為差登候、もみちハ百種之内へ植、花せうふハ当夏被 仰付候御花壇之真中ニ五かふ植、此以後追々被遣候花せうふハ、右五かふ之左右ニ植候様ニ可仕旨、半右衛門方へ申遣候様ニと之御事ニ而、右之段申遣候、

この記事は、市ヶ谷邸の花壇から国元へ紅葉と花菖蒲を移植した記事である。この移植は、藩主直々の命令である。しかも花菖蒲は花壇の真ん中に五株ずつ植えよ、そしてこれから後も送るから順々に左右へ植えるようにといった具合で、なかなか細かい指示が出されている。いかに当時の藩主宗勝が草花に関心を持っていたかがうかがえる。また『日記』寛保三年正月二十一日条には、次の記載がある。

一、花せうふ・のべし・小菊之種、尾州御薬薗ニ蒔セ置候様ニと之御事ニ付、今日之町便為差登、右之趣、半右方へ申遣候、

これによると、花菖蒲、のべし（トロロアオイ）、小菊の種が尾州の御薬園に蒔かれている。御薬園に蒔かれたのは薬用のためだからではない。初期の花壇は、庭園・薬園・菜園の機能が未分離なのが常態だったのである。(10)『日記』をみると、藩邸内には実に多種多様な草花が栽培されていることがわかる。『日記』宝暦三年二月六日条から一瞥してみよう。

一、左之種物弐十三種、尾州御薬園江種蒔セ候様ニと被仰付候付、今日便り桜山平左衛門方へ差登候、

一、しほり咲分ケ椿の種三拾八　　一、妙法豆拾ヲ
一、飛入朝かほ種六百九十九　　一、石大とうからし弐袋
一、ほうじゅ壱袋　　一、さくろ壱袋
一、天上まもり一袋　　一、しなのさかり壱袋
一、たかのつめ壱袋　　一、ほうつき壱袋
一、やつなり壱袋　　一、さつま壱袋
一、しなのぐミ壱袋　　一、しゐの実壱袋
一、あづき壱袋　　一、ゐのミきんかん壱袋
一、千のやさき壱袋　　一、きんかんほうつき壱袋
一、九やう壱袋　　一、さんごじゅ壱袋
一、黄ほうじゅ壱袋　　一、かき壱袋
一、たむら壱袋　　一、

〆弐拾三種

一、左之種物拾種、此元御庭ニ蒔セ候様ニ与之御事ニ付、御庭之者頭七郎江相渡ス、
一、西王母八ツ一包　　一、桃之種九(ツ・脱)一包
一、桃之種六ツ一包　　一、ざくろ種一包
一、松之実壱包　　一、白なんてん一包
一、桜ぼけ壱包　　一、桜之御間南御庭　ひあふぎ一包

一、しぼり桔梗壱包　　一、妙法豆五ツ一包

ここに記載されるのは、尾張国名古屋城内の御薬園や御庭、それに市ヶ谷上屋敷邸内に蒔かれる様々な植物類の種子が列記されている。このほかにも『日記』にみえる草花類を挙げると、もみぢ、花せうふ、のべし、小菊、駿河桃種、朝鮮ざくろ、小杜若、浅黄杜若、しるいし、土佐水木、四手こふし、梅薄紅、金柑、蜜柑、源氏車なてしこ、姫百合、寒たて、おときり草、さんさしの実、菊花、桜花、金桂、紅梅の実、茄子、蜂谷柿、夏菊花、人参、艾、白蒲英、不老木、紫蘭、石殻、日光蘭、しのふ、唐蜜柑、落花生、東照宮御手棲の柿の核、甘藷、砂糖、蜂蜜、蘭、チヤホ檜葉、野むら楓、明月楓、葉蘭、一ツ葉、谷わたり、寒牡丹、白実南天といった具合である。こうしてみると、実に多種多様というか、樹木、草花、野菜、香辛料、薬草、疏菜など今になじみの深いものもあれば、いったい何かわからないものまであり、観賞用と食用の植物類が混然としている。

三　尾張藩江戸藩邸内の植物類の用途

では、藩邸に植えられていた種々の植物類の用途はどんなものだったのだろうか。便宜的に1観賞用、2食用・薬用、3儀礼用（年忌法要・贈答品）に分類して考察してみよう。

1 観賞用

花壇は、藩主とその家族のほかは通常立ち入ることのできない御殿空間のなかの庭園の一部分を構成している。当然だが、草花の主要な用途は藩主らの観賞用である。前述のように、藩主自らが花壇のどこに何を植えるかといった

細かい指示をおこなう。花壇は楽々園の一部であるから、藩主や他の大名衆が御庭へ来訪する時には、必ず園内を回遊して花壇に立ち寄っただろう。また四季折々には花壇の草花を鉢植にして御殿の部屋飾りとして用いた。そして花が盛りを過ぎると再び花壇に戻している（『日記』宝暦三年三月二十七日、宝暦四年五月三日条）。

2 食用・薬用

草花は観賞用だけでなく、同時に果実類として食用・薬用の需要を満たしている。たとえば桃、ざくろ、梅、柿、金柑、蜜柑などは、花を楽しめるだけでなく、その果実を賞味できる。また副産物としては蜂蜜も広い意味で食用・薬用に入れていいだろう。なかには食用・薬用を専門とするものさえある。とうがらし、たかのつめは食用、朝鮮人参は薬用の代表である。ここで強調しておきたいのは、花壇における薬園機能の相対的上昇と享保期を画期とする朝鮮人参ブームである。大石学[11]によれば、享保改革期には、江戸幕府が全国の個別領主支配の違いを超えて、薬草の見分をおこない、各地の薬草の栽培技術・知識を吸収し、同時に全国各地の薬園を整備・充実して知識と技術の普及に努めたという。尾張藩の朝鮮人参栽培は、他の大名とともに享保二十年（一七三五）に幕府の指導の下に開始される。人参の栽培は花壇を薬園に転用することで進められた。本稿では、朝鮮人参の分析は主要な目的ではないので、細かい事例の提示はしない。結論だけ述べれば、『日記』にみえる朝鮮人参の記事は驚くほど多い。毎年の生産量から始まって、収穫された人参が家臣や大名に下賜・贈与されたことが逐一記録されるのである。人参は長寿をもたらす薬として珍重され、その贈答が現実に大きな関心事となったのだろう。

3 儀　礼　用（年忌法要・贈答品）

贈与行為でいえば、草花もまた贈答品である。草花の贈与行為は、大きく①藩主近親者、②大名・旗本、③家臣、④その他に分類できる。

①の藩主近親者のうち、宝暦八年（一七五八）の三回忌に生花一桶を霊前に供えた「清水院様」は、四代藩主吉通の娘三姫（宝蓮院）の生母（守崎頼母姉）、宝暦十二年九月三十日に藩主宗睦と対顔のついでに御庭の菊を拝見した「両少将様」は弟の松平勝長と松平勝当、安永三年（一七七四）四月六日、御庭の白蒲英一籠を献上した「源次郎様」は連枝高須家の松平義柄（のちの徳川治行）、安永六年二月六日に「中将様」御摘み取りの御庭の梅一枝を奥に廻した時の「中将様」は世子徳川治行、安永七年十一月十日、梅の間の蜜柑枝折りと当殿中御座之間の唐蜜柑枝折りを差し上げた「弾正大弼様」は松平勝当、寛政三年（一七九一）六月四日に御庭の梅一台を献上した「摂津守様」は高須松平義裕、文化七年（一八一〇）九月二日、一〇代藩主斉朝が御成先から金柑一鉢を染井植木屋を通じて献上した「乗蓮院様」は、藩主斉朝の生母で一橋治国の簾中彰君が該当する。これらの人々は、いずれも藩主の兄弟や子息、それに藩主やその夫人の生母、尾張藩の連枝である高須松平家の人々である。拝見したり贈られたりする草花は、その行為を含めて縁辺としての関係を象徴している。

②の大名・旗本は、酒井雅楽頭、遠山十郎左衛門、紀州家、永井主水が該当する。宝暦三年四月二日、酒井雅楽頭から進上された土佐水木一石台と四手こふし一石台が御花壇懸りに預けられている。この酒井雅楽頭は、播磨姫路藩一五万石の酒井忠恭のことで、延享元年（一七四四）九月十八日から寛延二年（一七四九）一月十五日まで老中を務めている。宝暦八年十月八日、「新花之菊花」を贈った遠山十郎左衛門は、幕府大番で二〇〇俵取りの旗本遠山忠居だろう。宝暦九年三月十九日、三家の紀州家から御庭のうちへ桜花一桶が献上されている。この時の紀州家の当主は七代宗将である。明和九年（一七七二）六月二十五日、夏菊花を献上した永井主水は旗本永井尚喜のことで、父尚尹は

五〇〇石取りで御先鉄砲頭を務めていた。役職からみて尾張徳川家の取次あるいは御用頼を務める懇意の旗本と考えられる。これらは同じ家格の大名間の対等な関係あるいは元老中・取次の旗本といった利害関係を含む贈答行為である。

③の家臣に該当するのは、成瀬隼人正（浄翁）、鈴木伊予守、山村三郎左衛門である。寛政五年九月四日に植木を献上した成瀬隼人正・鈴木伊予守・山村三郎左衛門は、年寄加判に列する上級家臣である。成瀬隼人正正典は、尾張犬山三万五〇〇〇石の付家老で、文政元年（一八一八）四〜十二月に様々な植木類を献上している成瀬浄翁と同一人物である。文化七年五月、剃髪して浄翁と称した。[12] 山村三郎左衛門は、漢学者として知られる山村蘇門良由である。幕下御付属衆と呼ばれ、木曾福島関所番と木曾谷の支配を司る山村甚兵衛家の当主でもあった。天明八年（一七八八）十二月四日に隠居、甚兵衛から三郎左衛門に改名し、三〇〇〇石を与えられて年寄役に列した。寛政五年十二月四日には諸大夫となり伊勢守と称した。[13] 鈴木伊予守もその子嘉十郎が年寄加判・三〇〇〇石取りであること、[14] 国名を名乗り諸大夫成していることから年寄加判と考えられる。彼らはいずれも付家老、幕下御付属衆、あるいは年寄加判の上級家臣ばかりである。家臣からの献上は主従関係を媒介するものであり、贈与するという行為それ自体が、贈る人間の藩内での地位の高さを象徴していると考えられる。その証拠に、彼らは家臣でありながら『日記』では「殿」の敬称を付して記載されている。

④のその他としては、日雇頭勘兵衛、下野国大桑村、駿河清見寺、高田・染井植木屋の場合がある。日雇頭勘兵衛は、寛永年間以来尾張藩邸に出入りし、年頭には御庭で独礼を許可された由緒の家柄である。それゆえの献上であろう。下野国大桑村は、尾張徳川家が日光社参の時に宿泊した本陣の所在する村であり、鉢物が届けられた安永五年には、一〇代将軍徳川家治による日光社参がおこなわれている。駿河清見寺の場合は、東照宮、すなわち徳川家康お手

棲の柿の核という特別な由緒の品が、三家である尾張徳川家に献上されたのである。高田と染井の植木屋は、植木屋だけに植木を献上している。そしてこの植木屋の登場がほかならぬ花壇の終焉に大きくかかわっているのである（後述）。

四　『江戸御小納戸日記』に登場する植物と石台・植木鉢

『江戸御小納戸日記』に登場する植物に注目すると、贈答品・献上品などとして流通する場合、必ず単位が正確に記載されている。たとえば寛保二年（一七四二）十一月十一日から十二月十一日にかけて江戸藩邸の花壇から国元へ送付された「もみち」は二本、「花せうふ」は五株といったようにである。紅葉と花菖蒲はそれぞれ「本」「株」と記されることから、花壇に地植されていたことをうかがわせる。

『日記』に登場する単位をあげると、①「本」、②「株」のほかに、③「種」、④「鉢」、⑤「石台」、⑥「台」、⑦「壺」、⑧「桶」、⑨「籠」、⑩「粒」、⑪「品」、⑫「枝」、⑬「升」、⑭「ツ」がある。①の「本」は、前述の「もみち」のほかに「沖打の赤目菜」があり、地植の植物と野菜に用いられている。②の「株」は、「花せうふ」のほかに「羅漢槇」と「葉蘭」があり、やはり地植の植物や樹木である。③の「種」は「種物」「駿河桃種」で種子として蒔かれるものに使用されている。⑩の「粒」も「人参実」に用いられることから同様の用途に由来する。⑦「壺」、⑧「桶」、⑨「籠」は、それぞれ植物が入れられている容器の形状に由来する。「壺」は尾州から献上された「おときり草油」、「桶」は紀州家から献上された「桜花」、「籠」は松平源次郎から献上された「白蒲英」で、献上された贈答品の容器の形状を示す単位である。⑪の「品」と⑭の「ツ」は品数を示すもので、⑬の「升」は御薬として使われた蜂蜜の容積単位である。⑫の「枝」は、梅と蜜柑に使われることから「枝折」を示す。

そして単位として頻繁に登場するのは④「鉢」と⑤「石台」、⑥「台」である。④の「鉢」は鉢植、すなわち植木鉢に植えられた「鉢物」に用いられている。一八世紀末以降はほとんどがこの「鉢物」となる（後述）。これに対し⑤の「石台」と⑥の「台」は、『江戸御小納戸日記』では、日記が残る一八世紀中頃から一九世紀前半に至るまで継続して登場する。「石台」・「台」とは、「長方形の浅い木箱の四すみに把手《とって》をつけた植木鉢。箱庭を作ったり、盆栽を植えたりするのに用いた」[15]ものである。辞書の説明では植木鉢と混同されているが、『日記』では植木鉢とは明確に区別されており、別の物とすべきである。天保元年（一八三〇）刊行の長生舎主人（栗原信充）『金生樹譜別録』[16]によると、石台は盆《ハチ》に分類され、「此石だい　大小　そめ付もやう　しな〳〵有」との注記があり、一九世紀前半には焼物で大きさには大小があり、側面に染付模様が施されていたことがわかる

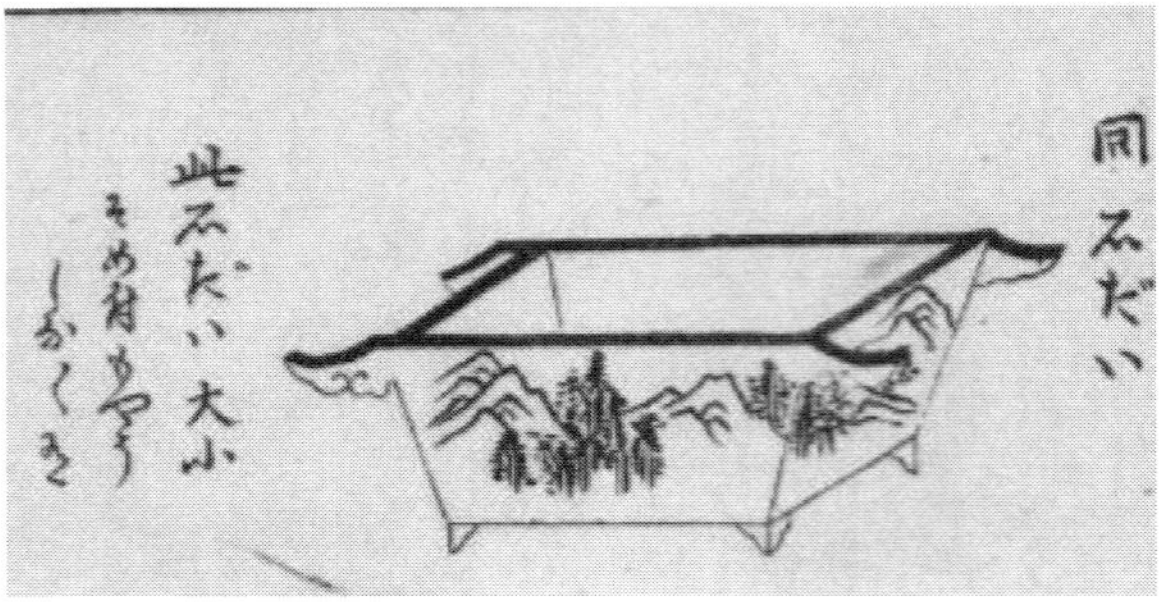

図1　石　台　図

（図1）。喜多村信節『嬉遊笑覧』巻一上・居処の「盆山」の項には、「又石台といふもの、花を植るのみにて、此石を呼ぶも、もと石を置たる故なり、これ即盆石なり」[17]とあり、名称の由来とともに花を植えるものと説明されている。このように石台は、意匠を凝らした特別なものと認識されており、そのため『日記』でも単位としてわざわざ「石台」と表記されるのだろう。文政十二年（一八二九）刊行の水野忠敬『草木錦葉集』によると、鉢植＝植木鉢が普及し始めるのは一八世紀前半、享保・元文年間のことであり、そもそも草木の培養に心を用いるようになるのは一七世

紀後半から一八世紀初頭の元禄・宝永年間に過ぎず、最初は花壇植えが大半で「たまたまある八石台植之」だったという。[18] もともと石台は、陶磁器製の植木鉢に先行するものとして使用されていたようである。

しかし『日記』で確認すると、宝暦三年（一七五三）四月二日、元老中の播磨姫路藩主酒井忠恭が進上した「土佐水木一石台」と「四手こふし一石台」、同じく日雇頭勘兵衛が進上した「梅薄紅一石台」が花壇に下ろされている。また亨和四年（一八〇四）寛政三年（一七九一）六月四日、「摂津守様」（高須松平義裕）が御庭の梅一台を献上している。また亨和四年（一八〇四）三月十三日、「公方様」＝一一代将軍徳川家斉が尾張藩市ヶ谷屋敷の淑姫（家斉長女・尾張斉朝簾中）の御守殿に立ち寄った際、硯箱と「ヘゴ植石台」をお手ずから与えている。さらに一〇代藩主徳川斉朝は、文化七年（一八一〇）九月二日、御成先から乗蓮院（斉朝生母）へ「初茸・栗・柿一石台」などをお出入りの染井植木屋を通じて献上している。文政元年十二月二十三日には、同じく斉朝は御成先で買い上げた「菜園物一台」などを乗蓮院に進上している。ほかにも文化六年正月三日、市ヶ谷屋敷近辺の町人が年頭の御目見の際に石台付きの植木を献上している。このように石台は、『日記』をみる限り、将軍の御立寄や尾張藩主の御成、あるいは元老中や連枝の献上品、尾張藩出入りの者たちからの年頭御目見のような、特別な儀式の際に、特別な身分の者たちによって使用される、植木鉢とは明確に区別された特製品であったと考えられる。

さらに大蔵省印刷局市谷倉庫増築事業に伴う緊急発掘調査が新宿区によって実施された市谷本村町遺跡（尾張藩徳川家上屋敷跡）の調査報告書によると[19]、花壇と推定された溝状遺構（図2）からは、陶磁器や土器とともに鉄製釘（頭部断面長方形）一三点と銅製飾り釘（頭部断面円形）三点など合計一三三点の釘が検出されている。報告書では釘の形状から頭釘と呼ばれるもので、部材相互の接合部に使用する合釘であり、釘を用いた木枠が花壇に使用されたのではないかと推定されている。しかし釘は溝状遺構から均等に検出されており、木枠を想起させる規則性をもった分布は確認で

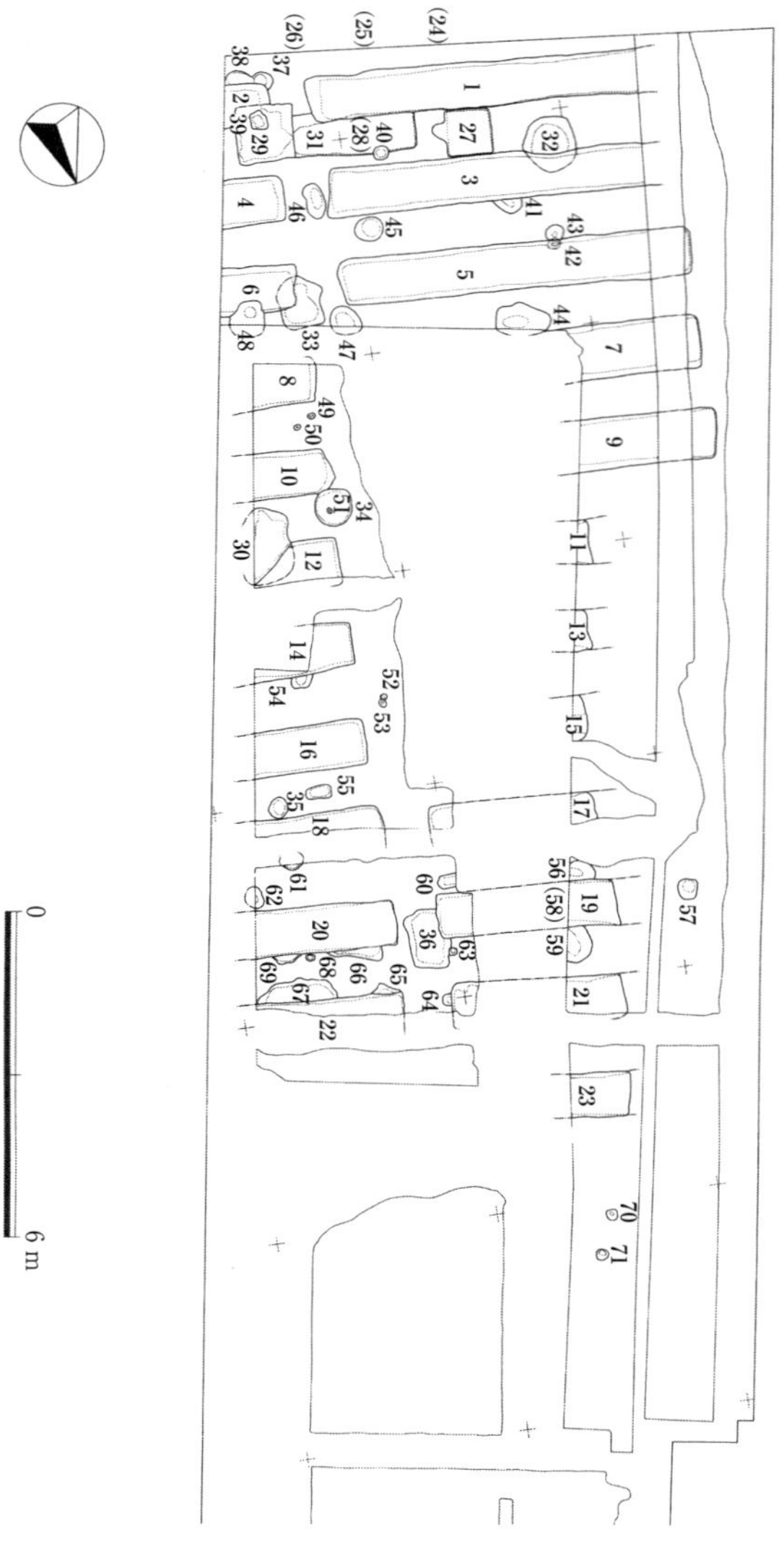

図2　花壇遺構配置図

きないことから最終的な判断は留保されている。だが改めて考えれば、花壇の木枠だけでなく、検出された陶磁器は植木鉢の破片、釘と飾り釘は木製の石台の接合部に使用されたと考えることも可能ではないだろうか。

五　花壇の廃棄・機能分化と尾張藩市ヶ谷邸の変貌

発掘調査の成果によると、花壇と推定される二三基の溝状遺構は、一八世紀末から一九世紀初頭に一斉に使われなくなったと報告されている。これを裏付けるように、『日記』の花壇記事は、寛政五年（一七九三）六月十四日、定詰中間甚平が花壇懸りに任命されたのを最後にみえなくなる。すなわち一九世紀初頭に使われなくなったとする発掘調査の知見と一八世紀末に花壇の記事が消えるという文献調査の知見がほぼ一致するのである。では花壇の廃棄は、なぜおこなわれたのか。この花壇は、天保四年（一八三三）にはすでに埋められて「玉照墩」と呼ばれる梅林へと変貌する。これに先立つ文化年間には築山、文政年間には芝生になっている。調査地点は花壇→築山→芝生→梅林へと段階的に変化していったのである。実は尾張藩市ヶ谷邸の花壇が埋められた一八世紀末期から一九世紀初頭は、江戸の園芸植物文化が最高潮に達する時であった。なぜそんなときに、尾張藩では花壇が廃棄されなくてはならなかったのだろうか。

花壇の廃棄を論ずる前に、一八世紀末期から一九世紀初頭頃の尾張藩の動向を概観しておこう。当時はちょうど九代宗睦の治世に当たる。宗睦は、享保十七年（一七三二）九月二十日、高須藩松平義淳の子として四ッ谷屋敷で誕生した。幼名を熊五郎という。父義淳は、元文四年（一七三九）七代藩主宗春が幕府から隠居謹慎を命じられたことにより八代藩主となり、宗勝と改名した。熊五郎は、父の尾張藩襲封によって世子となり、寛保二年（一七四二）元服して右兵衛督宗睦と名乗った。そして宝暦十一年（一七六一）家督を継承して九代藩主となり、寛政十一年に逝去するまで三九年の長きにわたってその地位にあった。

宗睦の治世は、立藩以来最大の二〇万両を超える負債を抱え、藩財政の立て直しが急務の時代であった。宗睦は、襲封と同時に五か年の倹約令を実施して、家政向きの経費二〇〇〇両を削減するなど冗費の節減に努めたが、明和～天明期の凶荒作・対外関係の緊迫など、内外の困難な情勢を受けて天明～寛政期にかけて政策の修正と転換を余儀なくされた。まず人見弥右衛門・津金文左衛門・樋口又兵衛らの地方巧者を登用し、藩政改革をおこなった。代官の管轄地常駐制の採用（所付代官制）、新田金と綿布役銀制度の創設、城下商人の勝手方御用達任命、庄内川の治水工事、熱田前新田の開発と収奪強化による財源拡大に努めた。そして寛政四年には米切手と呼ばれる藩札を発行して負債の償却を試みている。ほかには藩校明倫堂を創立して学問の奨励と儒学による民心統治に乗り出している。[20] こうした尾張藩財政の窮乏は、当然小納戸役人にも影響を与えている。宝暦十二年、御庭方役人の人員削減が図られて、当時一九名いた御庭中間は二人だけを残し、そのほかはすべて御小人支配に回されている（『日記』宝暦十二年七月十日条）。御庭中間のような軽輩のものたちはまず最初に整理されるのである。しかし藩の財政窮乏は慢性的なものであり、花壇の廃棄の理由を財政上の問題だけに限定するのは妥当ではない。そこで天保四年の庭園図である「楽々園図」[21]を注意深く観察してみると、たしかに花壇は庭園の東側からなくなっているものの、改めて西側に護花関と呼ばれる門が作られ、その内部に漱芳御茶屋をしつらえて、そこに草花が栽培されているのがわかる。さらに文化年間と推定される「市谷御殿絵図」[22]をみると、護花関・漱芳御茶屋の北側に隣接して植木溜が設けられているのである。すると、『日記』寛政五年十月十四日条に次の記載がある。

一、御庭内ニ御植木蔵出来致候付、今日ゟ諸色車ニ而取寄セ候、附而ハ本村御門幷南車力通用之儀、御目付方江行方八郎掛合之上相済候、尤目当等も無之付、御小納戸御用之儀、御番人江引合之上通用致筈、其段春碩江申談候、尤右御用相済次第、揚之儀右役所江申達筈候、

植木蔵は、先の植木溜にある土蔵のことだろう。この記事は、植木蔵に諸色を運び込むために、どの門を通るかを指示したものである。門の指定といい、目当無しということから藩邸外の人間の通行が想定されている。考えてみると、従来の花壇は楽々園内でも奥向きに連接した所に位置し、庭内への藩邸外の人間が恒常的に出入りしにくい構造

になっている。対照的に植木溜は東側の御本殿と西御殿のちょうど中間にあって奥向きを侵すことなく通用できるのである。出入りするのは高田・染井の植木屋である。花壇が埋められるのと前後するように登場するのが植木溜である。『日記』から花壇懸りの任命を最後に花壇記事が消えた寛政五年、まさに同じ年に植木蔵ができあがるのである。このことから、花壇が埋められたのは寛政五年と考えて差し支えなさそうである。あたかもこの頃江戸の園芸植物文化は転換期を迎えていた。一八世紀半ばを境にして、それまでの草花を花壇で育てる「地植」から「鉢物」と呼ばれる盆栽・植木へと変化するのである。しかも斑点模様などの入った奇木珍草栽培が、様々な身分・階級を巻き込んで流行現象を生み出したのである。こうした需要を満たしたのが江戸の植木屋の隆盛である。駒込・巣鴨・高田辺りには植木屋が軒を連ね、尾張藩市ヶ谷邸にほど近い四ッ谷界隈には植木のサロンが形成されたのである(23)。

こうして尾張藩の庭園維持は、花壇懸り中間のような恒常的な奉公人をかかえて管理するスタイルから、江戸周辺農村に展開する植木屋の出入りへと変化する。これは、宝暦八年、御数寄屋の植木が枯れたとき、数寄屋茶道の梶門悦と御庭足軽馬場半七が自ら植木を探していた段階とはまったく異なる。植木屋を管理するのは「露地之者」のなかの植木懸りであり、その仕事はあくまでも出入りの植木屋が納入する植木の管理である。緊縮が叫ばれる尾張藩財政からすると、植木屋の雇用に切り替えれば、多数の中間を雇う恒常的な人件費は抑制できるし、なによりも品種改良などの高度な技術をもった植木職人が庭園に彩りを添えてくれるのである。同じ頃、巨大都市に成長した江戸のヒンターランドとして江戸周辺農村が成長し、やがて関東一帯を江戸地廻り経済圏へと包摂していく。戸塚村の中村家のような尾張藩御用聞＝武家出入百姓が頻繁に登場するのも寛政年間のことである(24)。武家出入百姓の仕事には御庭の草刈りや落ち葉拾いがあった。藩邸内の様々な需要を充足するために専従の奉公人を多数雇う必要もなく、必要なときに必要なだけ人的・物的供給を確保できるような社会段階に立ち至ったことがわかる。

このように花壇はなくなったのではなく、その役割が変わったのである。さきに初期の花壇は庭園・薬園・菜園の機能が未分離だったと述べた。尾張藩江戸屋敷の花壇の機能分化が進行するのは一八世紀末期である。まず庭園空間が発展し、回遊式大名庭園が完成する。なにより戸山屋敷がその代表である。一一代将軍徳川家斉が初めて戸山屋敷を訪れたのは寛政五年のことである[25]。市ヶ谷邸では楽々園四十八景の整備が進められ、やがて花壇の位置には玉照墩と名付けられる梅林が造成される。疏菜や根菜、それに朝鮮人参が草花に混植してある花壇が、庭園の主要な一角を占めているのは、回遊式大名庭園としての美観を損なう。これも埋められた要因のひとつだろう。回遊式大名庭園として整備された楽々園には、戸山屋敷とともに将軍家斉が御成している。将軍の御成は、回遊式大名庭園の完成した象徴でもある。ちなみに享和四年（文化元年〈一八〇四〉）には家斉が御守殿に立ち寄った際、漱芳御茶屋で目に留まった婦入朝鮮五葉松一鉢・ふじ松一鉢・羅漢槇二株を御守殿に回している（『日記』享和四年三月十四日条）。家斉の植木趣味は当時の大名に共通したものだろう。この時家斉の目に留まった盆栽の婦入朝鮮五葉松は、おそらくは植木屋が品種改良したものに相違ない。このころには将軍や大名が市ヶ谷邸に来訪するときには植木を観賞するのが恒例となっていた。この家斉の御守殿御立ち寄りの時、「御庭御茶屋向萱御門幷木戸御垣類鴈木」と「漱芳御植木台日覆簾幷松力木」の修理が問題となった。この時の小納戸の返答の一節には、「漱芳御茶屋幷松濤御腰掛等ニ至迄、都而御先代之御物好ニ而被　仰付、別段ニ御金御表ゟ相渡り出来仕候」（『日記』享和四年四月二十三日条）とあり、はからずも先代の藩主宗睦の嗜好によって楽々園四十八景を整えたことが知られる。将軍を頂点に三家以下の大名たちが庭園美を競った、そんな光景が目に浮かぶ。

おわりに

以上、一八世紀から一九世紀の尾張藩江戸藩邸を事例に、江戸の園芸について検討を加えてきた。発掘当初は、これといってめぼしい遺物を伴わなかった市谷本村町遺跡の二三の溝状遺構は、発掘調査と文献調査の結果、尾張藩市ヶ谷屋敷の庭園にあった花壇の一部であったことが判明した。花壇を通じて明らかになったのは、江戸の草花栽培の実態である。しかしそれだけではなく、大名屋敷における朝鮮人参栽培、地植の花壇から鉢植の植木鉢への展開、回遊式大名庭園の整備、様々な盆栽需要を支えた江戸の植木屋、などである。また報告書作成段階では分析できなかった小納戸役所とその機能についても尾張藩を事例に明らかにすることができた。新たな知見としては、植木鉢だけではなく高級な特製品としての石台の重要性についても指摘することができた。今後一層の江戸の園芸についての研究発展に寄与できればと念願しつつ、本稿を閉じることにしたい。

注

（1）山本英二「文献・絵図史料からみた市谷本村町遺跡」（大蔵省印刷局新宿区市谷本村町遺跡調査団『尾張徳川家上屋敷跡』、一九九三年）。

（2）①白根孝胤「近世後期における尾張家の植栽空間と大名庭園」（徳川林政史研究所『研究紀要』第四四号、二〇一〇年）、②同「尾張家における御薬園・御菜園の利用と実態」（徳川林政史研究所『研究紀要』第四七号、二〇一三年）、③同「名古屋城庭園の植栽空間と徳川斉朝」（徳川林政史研究所『研究紀要』第四八号、二〇一四年）、④同「尾張藩主の「御延気」と江戸の植木屋」（岸野俊彦編『尾張藩社会の総合研究七』、清文堂出版、二〇二〇年）。

（3）「尾張徳川家文書目録（五）」（徳川林政史研究所『研究紀要』第四三号、二〇〇九年）尾二―九七～一七〇。なお、このなかには嘉永六年（一八五三）三月〜同七年三月分の『江戸御留守日記』を含めてある。
（4）「尾張徳川家文書目録（五）」（徳川林政史研究所『研究紀要』第四三号、二〇〇九年）尾三―一八〜二六。
（5）北原章男「小納戸」（『国史大辞典』第五巻、吉川弘文館、一九八五年）。
（6）前掲注（2）白根②論文二頁参照。
（7）徳川林政史研究所所蔵「尾張徳川家文書」尾二―一三一・『江戸御小納戸日記』寛政十一年六月十八日条。
（8）名古屋市蓬左文庫『名古屋叢書三編第一巻　尾張徳川家系譜』（名古屋市教育委員会、一九八八年）。
（9）徳川林政史研究所所蔵「市ヶ谷屋敷平面図」。
（10）上田三平『改訂増補日本薬園史の研究』（渡辺書店、一九七二年、初出は一九三〇年）、大石学「日本近世国家の薬草事業」（『歴史学研究』第六三九号、一九九二年）。
（11）大石学「日本近世国家の薬草事業」（『歴史学研究』第六三九号、一九九二年）。
（12）徳川林政史研究所所蔵『藩士名寄』。
（13）徳川林政史研究所所蔵『藩士名寄』。
（14）徳川林政史研究所所蔵『藩士名寄』。
（15）『日本国語大辞典　第二版』（小学館、二〇〇一年）。
（16）長生舎主人（栗原信充）『金生樹譜別録』（https://alc.chiba-u.jp/c-arc/mirador/?manifest=https://IIIF.ll.chiba-u.jp/mmd/manifest/225/2666.json）千葉大学学術リソースコレクション。
（17）喜多村信節『嬉遊笑覧』巻一上・居処「盆山」（日本随筆大成編輯部『日本随筆大成　新装版〈別巻七〉嬉遊笑覧一』、吉川弘文館、一九九六年）。
（18）市川寛明「商品植木鉢の成立と江戸の園芸市場」（江戸遺跡研究会『江戸遺跡研究会第三五回大会　江戸の園芸　発表要旨集』、江戸遺跡研究会、二〇二三年）。
（19）大蔵省印刷局新宿区市谷本村町遺跡調査団『尾張徳川家上屋敷跡』（一九九三年）。
（20）所三男「藩政改革と明治維新（尾張藩）」（林董一編『新編　尾張藩家臣団の研究』、国書刊行会、一九八九年。初出は『社会経済史学』第二二巻第五・六号、一九五七年）。

(21) 徳川林政史研究所所蔵「楽々園図」。
(22) 徳川林政史研究所所蔵「市谷御殿絵図」。
(23) 菊池勇夫「江戸における草木奇品の流行について」(豊島区立郷土資料館『生活と文化』第二号、一九八六年)。
(24) 村井文彦「尾張藩御用聞中村甚右衛門」(『史苑』第四六巻第一・二号、一九八七年)。
(25) 小寺武久『尾張藩江戸下屋敷の謎』(中公新書、一九八九年)。

商品植木鉢の成立と江戸の園芸市場

……市川寛明

はじめに――商品植木鉢とは何か

江戸時代の園芸書や錦絵をみていると、植木鉢が実に多くの機能をもっていたことに気づく。主なものを列挙すると、①生活を様々に飾る装飾機能、②異なる植物を並列することでより詳細な比較を可能にする比較機能、③より適切に生育環境のもと栽培する栽培管理機能、④商品としての植物を運ぶ商品運搬機能、などが考えられる。いずれも園芸文化の発達における植木鉢の果たした役割は大きく、植木鉢がどのように普及していったのか、その社会的な背景を含めた考察の必要性を痛感する。植木鉢に関する考察を行わんとするとき、様々なアプローチの仕方があろうが、本稿では歴史的なアプローチを試みたい。しかし植木鉢がいつ成立したのか、その成立の始期を考察するのは困難がともなう。なぜなら植木鉢一般がもつ超歴史的な性格に起因するからではないだろうか。植木鉢の構造は極めて簡易で、素朴なものであれば比較的簡単に自作することができるため、製作が容易で、かつ一定の需要がありさえすれば、いかなる時代にも存在していたことが容易に想定される。王侯貴族が御抱の職人にオーダーした工芸品的な植木鉢はいつの時代でもつくられうるし、少なくとも本稿が分析の対象とする近世期よりも以前の室町時代成立といわれる能「鉢木」に松・梅・桜の鉢植えが登場することから、植木鉢が江戸時以前から存在していることは確実視されている。したがって植木鉢一般を分析対象とする限り、その歴史は園芸の歴史とともに古く、近世を大きく遡ることは確実で、それを分析する方法論を提起することはできない。そこで植木鉢一般ではなく、分析の対象を限定し商品植木鉢を分析の対象としたい。

この場合の商品植木鉢とは何か、本稿では次のように定義したい。まず植木鉢を生産目的別に分類すると以下の二つに分類することができる。⑴誂物植木鉢：自ら使用することを目的に製造した植木鉢で、権力者がお抱えの職人につくらせたオーダーメイドの工芸的で多様な形状をした一品。⑵商品植木鉢：当初より販売することを目的に生産された定型的なレディーメイドの植木鉢。これ以外に生産目的別の分類とは別カテゴリーながら、この両者にあてはまらない植木鉢として⑶転用植木鉢がある。これは植物栽培を目的として生産されたものではないが、後に加工することで植木鉢として使用することになったもの。本稿では商品植木鉢の成立時期を、その背景となる経済社会とのかかわりにおいて考察することを課題とする。

この三つの植木鉢のうち商品植木鉢の成立史こそ解明すべき意義があると筆者が考えるのは次の理由からである。これまで園芸文化の展開についての代表的な見解の一つに菊池勇夫による次の説がある。「江戸における種樹界の動向をみると、一八世紀半ばをほぼ境として、それまでの花壇・地植を中心とするものから、「盆栽《はちもの》」へと園芸植物文化が大きく転換を遂げてい」き、その転換の過程は同時に「武家階級にとどまらない都市民衆への広が」（菊池一九八六）りをみせるという変化がともなっていたとする。また「元禄・享保期頃までは、江戸の大名・武家屋敷あるいは寺院などの庭園と結びついた花木のブームであり、いわば支配階級に独占されていた花・植木の文化であった」とし

「鉢物・奇品流行が化政期高揚したということは、いわゆる化政文化がその根底で民衆の文化的欲求に支えられていたという時代状況・文化状況と関連させてとらうべきことを示している」とも指摘している。菊池が指摘するように近世後期の園芸文化の特質は「盆栽」すなわち植木鉢の果たした役割が大きかった。現在でもこの学説は有効性を失っていないと考えるが[1]、現在の地点からいえば、地植えの園芸と鉢植えの園芸の特質を対比的に配置する図式的な二分法に陥っているようにも思われる。筆者は、近世日本の園芸が、奇品園芸と庶民園芸という二つの異なるスタイルの園芸文化が併存している点に特質があると指摘したことがある（市川二〇一三）。奇品園芸とは、独自の審美基準をもって奇品の栽培を競う園芸文化であり『草木奇品家雅見』や『草木錦葉集』に代表される。これに対して庶民園芸とは、現代の園芸に近い明快な美しさ、栽培の楽しみによる庶民の園芸文化のことで錦絵に代表される。近世後期の園芸文化の特質を、この二つの異なる文化が併存しており、いずれも植木鉢が重要な役割を演じている。このような二重の構成をもつ点に近世後期の園芸文化の特質が存在すると構想する筆者の立場からすれば、菊池の理解は、やや園芸文化の転換を描くうえで単線的で文政期の園芸文化の複層的な全体像を捉えてはいないように思われる。元禄・享保期における近世前期の花壇・地植の園芸は、やがて庶民園芸と奇品園芸という二つの特徴的な文化へと分岐・発展していくのであるが、これまでの研究史では、かかる発展過程において商品植木鉢がいつ、どのように普及していったのかという観点が欠如していた。近世前期の花壇・地植えを中心とした園芸文化のなかから、「盆栽」＝植木鉢を駆使した園芸文化が発展したが、その過程は商品植木鉢を駆使した園芸の成立史としても描かれる必要があるのではないか。商品植木鉢の成立史の解明が必要な所以である。

一　植木鉢の諸類型と商品植木鉢

1　『草木錦葉集』『草木奇品家雅見』にみる植木鉢の濫觴

まず文献史学の側からこれまでの植木鉢研究をみてみたい。文政期に成立した斑入り植物についての図版集『草木錦葉集』および『草木奇品家雅見』は、植木鉢の成立を語るときに必ず引用されてきた基本史料である。

史料1　水野忠暁『草木錦葉集』文政十二年（一八二九）

○鉢植　附り布入の濫觴をしるす

染井の野夫三之丞といへる者〔略〕地錦抄といふ、六冊の草𠦜を作り、草木の培養に心を用ひしるし置たるハ、元禄宝永の頃の事也、其後同所の野夫伊兵衛其書を増補して正画を加へ、植作り方を再工夫したれど皆花壇植の事にて、たまたまあるハ石台植之、其頃迠ハ、鉢植いまだひらけず○又近来岩崎常正といふ人著したる草木育種の二巻に養ひかた委しくあれど、是も鉢植の事而已にあらず[2]

染井の植木屋伊藤伊兵衛が『花壇地錦抄』を著した元禄期は花壇植が主流であり、「鉢植いまだひらけず」とある。これを読むと元禄期には鉢植え栽培がまだ存在していなかったかのように読むこともできるが、このタイトルが「鉢植　附り布入の濫觴をしるす」となっているように、斑入りの奇品植物の濫觴とのかかわりで鉢植えの果たした役割について述べようと意図した叙述になっている。これに続く後段を読むとその本旨はより明確化される。

史料2　水野忠暁『草木錦葉集』文政十二年

鉢植の事ハ享保の末、元文の頃神木原十太〔略〕山角等の仁〔略〕草木を器に植、其頃より奇品を少しヅヽ翫ひたるよし、其後永嶋といふ人専ら種々の欠陶又ハ麁器〔今の兜鉢半胴鉢など也、今におゐて鉢植を半胴植といふ也〕抔へ植、夫より鉢植追々開けたり、溏土にハ其以前より鉢有たり、其頃も渡り焼の鉢、稀にありたるよし永嶋又ハ金王栄伝などの物語也、鉢植の初りたるハ至て近来の事也、花だんへ植る事ハいつの頃より初りたるか、其濫觴を知らず(3)

「草木を器に植」ることによって「其頃より奇品を少しヅ、翫ひたるよし」、すなわち次第に奇品を栽培することができるようになったという植木鉢の効用が語られている。したがって「鉢植いまだひらけず」とは鉢植え栽培がなかった、あるいは植木鉢はなかった、という意味ではなく、鉢植えを使って奇品を栽培する道は拓けていなかったと解釈すべきであろう。この栽培技術上の進化については『草木奇品家雅見』にも「永島先生ハ東都四谷に住して享保の頃の人也、天資花木を好ミ奇品を愛す、其始花壇植木とて区を別、地に植しを、後器に栽て壺木と呼」とあり、草木を器に植え替えることによって奇品の栽培に成功した。浜崎大の研究によれば、永島某とは「本格的に奇品を愛好した最初の人」で、四谷に居を構えた五〇〇石取りの旗本永島次郎太郎墨林《すみもと》のことと推測されるという（浜崎二〇一二）。浜崎が「奇品中興の祖」と位置づけている永島は、斑入り植物を好む武家、商人からなる永島連を主催し、奇品園芸の歴史にその名を刻んだ。その永島は、尾張の陶工に命じて白鍔・黒鍔とよばれる植木鉢をつくり、その縁付きの形状の弁利により後世まで使われたとあり、奇品栽培のために誂物植木鉢の製造上の工夫の結果、白鍔・黒鍔という定型が生まれたとある。

これまでの研究では「鉢植の初りたるハ至て近来の事也」あるいは「鉢植いまだひらけず」という記述を根拠に、植木鉢の成立を享保～元文期に求めるのが一般的であった。近世日本の園芸文化研究を主導されている平野恵も同じ史料を引用して植木鉢の普及期を「享保期以降としてよいだろう」と推測している（平野二〇一九）。しかし、『草木錦葉集』『草木奇品家雅見』で言わんとするところは、植木鉢を栽培に使用することで様々な奇品植物が育つようになった栽培上の工夫の始期であり、植木鉢自体の始期ではない。何故ならば『草木錦葉集』『草木奇品家雅見』に登場する植木鉢は、奇品の栽培家がオーダーメイドでつくった誂物植木鉢であり、誂物植木鉢の成立は既述のように江戸時代以前の存在を否定できず、一八世紀中期に始期を求めることはできない。

ではオーダーメイドの植木鉢ではなく、レディーメイドの商品植木鉢の始期かといえばそれも適切ではない。何故ならば永島のような奇品栽培家の発注によってもたらされる需要は極めて小規模で、植木鉢を商品化する力とはなりえないからである。商品植木鉢の成立は、個人の発注によっては説明しえず、園芸をめぐる市場のメカニズムとの関係で説明されなければならない。これまで参照されてきた『草木錦葉集』『草木奇品家雅見』の記述は、少なくとも商品植木鉢の始期の十分な根拠たりえない。

2　近世考古学の成果と商品植木鉢の成立下限

すでに述べたように植木鉢について最も体系的な研究成果をあげているのは近世考古学である。そこで本稿の問題関心にそくして商品植木鉢の成立に関する研究成果を整理しておきたい。

(1) 土製植木鉢の出土時期

江戸遺跡から出土する植木鉢には、土製、陶製、磁製の三種類があったが、商品植木鉢の成立時期を模索する本稿の問題関心からすれば土製植木鉢の動向が注目される。なぜならば土製植木鉢は、生産と流通の両面において陶製植木鉢よりもコストを安くすることが可能であり、最大の購買層である江戸の庶民層に訴求する力をもっているからである。振売商人の事例で考えてみると、振売商人が運搬した園芸植物の多くは土製植木鉢に植えられて運搬され、土製植木鉢のままに飾られ、栽培された。

運搬器具であり同時に装飾具であったのが土製の商品植木鉢であったが、多様な役割を果たしていた土製植木鉢の実態をよく物語るのが次に掲げる『絵本江戸風俗往来』の一節である。『絵本江戸風俗往来』は、明治期の出版であるが、その実態は江戸時代とかわらない江戸風俗を活写している点で参考になる。

史料3　菊池貴一郎著『絵本江戸風俗往来』

植木屋「うえーき花ァ、うえ木やァ、うえーきァ、うえーき」と呼ぶは、金盞花が季の売物にて花盛り、この外遊蝶花すみれ・延命菊などいうやさしき土鉢仕立の草花、見るより老少の男女買わまほしく馳せ出でて求め、肱かけの小窓口などへ並べ置きて楽しむ。寸地の余地なき町住居の花園は、この土鉢の草花なり(4)

鉢植え状態で運搬された園芸植物は、植木鉢と一体化して商品となっており、人件費を除外すると、販売された園芸植物の原価は花と植木鉢の価格から構成されていたはずである。朝顔を事例とすれば「この鉢仕立の朝顔は、入谷・浅草辺の古き土溝の土をとり、よく枯らしたるを鉢にいれて、種を蒔き付けて花を咲かしむるとかや。されば花に価なくして、土と鉢の価をもって商うときさぬ(5)」とあり、鉢植えの朝顔の価格は、花と土と植木鉢の価格から構成され、なかでも花の価格は安く、土と植木鉢の価格がその多くの部分を占めていたという。このように園芸植物の販売のために使われた植木鉢は商品そのものであったことは明白である。したがって植木鉢の価格は、商品化した園芸植物の売価に直結することは不可避であり、商品植木鉢は何よりも安価な「土鉢」、すなわち土製植木鉢が最適であったと考えられる。

そこで土製植木鉢の成立時期について近世考古学の研究成果を参照したい。

まず江戸期における植木屋の集中地帯であった染井で長期にわたって発掘調査に携わった成田涼子は「江戸在地系

土器の瓦質植木鉢が出現し、大量に流通するようになる」のは「一八世紀末あるいは一九世紀初頭」と指摘する（成田二〇一五）。これに対して、小川望は、専用植木鉢の始期と登場の順序については「一八世紀前葉の出現当初には、火鉢、擂鉢、あるいは半胴甕など、土器に限らず何らかの容器の底面中央が焼成後に穿孔された転用器であった。一八世紀中葉以降専用器として土製のものが出現する」（小川二〇〇一）とし、一八世紀前葉の植木屋遺構から転用器が出現しはじめ、一八世紀中葉以降に初めて土製の専用器が出現しはじめるとする。また堀内秀樹は「江戸で出土する植木鉢は、磁製、陶製、土製がある、陶製が一七七〇年頃と最も早く出現し、やや遅れて土製、磁製は一九世紀に入ってから増加」（堀内二〇〇二）すると指摘している。このように土製植木鉢の出土時期については若干の違いがあるが、一八世紀中期以降か一九世紀以降か、二つに見解が分かれているといえよう。

（2）植木鉢の類型論

次に成田が示す植木鉢の類型論についてみてみたい。成田の研究によれば植木鉢の類型に関しては以下の三つに整理される。⑴定型的な大量生産品、⑵「1点もの」の専用器、⑶転用品、という三類型である。この考古学的な分類は、遺跡から出土した植木鉢の形態分類であり、筆者が先に提示した生産目的別の三類型とは、分類の発想がまったく異なるが、結果的には同じ分類になっている点に注目したい。すなわち⑴定型的な大量生産品はレディーメイドの商品植木鉢に、⑵「1点もの」の専用器はオーダーメイドの誂物植木鉢に、⑶転用品は転用植木鉢に、それぞれ対応している。⑴定型的な大量生産品が商品植木鉢と同義になるロジックは次のようである。商品植木鉢の生産者は、客からのオーダーを請けることがない。すべて生産者側が仕様を決めることになる。生産者は獲得する利益を最大化するために、定型化することで少しでも多くの製品を安価に生産しようとする結果、定型的な大量生産品を製造することになる。商品植木鉢はまさに定型的な製品を大量に生産するところから始まったのである。これに対して⑵「1点もの」の専用器は、生産者が植木鉢を製作するために、生産者に製作の具体的な指示を与えてつくるオーダーメイドの植木鉢であり、永島が尾張の陶工に命じてできた白鍔・黒鍔が「1点もの」の専用器の典例である。

(3) 小括

以上の考察から商品植木鉢について以下のように整理しうると考える。一八世紀中期、一部の栽培家たちは、地植えの植物を鉢植えにすることで、奇品を効率よく栽培することができるようになる。奇品栽培家が、栽培管理に適した陶製植木鉢をオーダーして入手しようとしたのは、ひとえに奇品の栽培を企図したものであった。こうした奇品家がオーダーメイドした植木鉢は、その需要規模の限界によって商品植木鉢の登場を準備するものではなかった。奇品栽培の工夫のなかで、容器を植木鉢に転用する試行が繰り返され、そのなかで白鍔・黒鍔といった定型の商品植木鉢が誕生していくが、それは商品植木鉢成立史の本流とはなりえなかった。商品植木鉢成立の本流は、定型的で大量生産されたレディーメイドの土製植木鉢の登場によって説明されなければならないが、近世考古学の研究成果が示す土製植木鉢は、一八世紀中期～一九世紀頃に出現するようになった。商品植木鉢の成立時期は、考古学的な出現時期よりも先行するため、おおむね一八世紀中期頃と推定することができよう。商品植木鉢の成立は土製植木鉢生産の開始期でもあるが、生産の開始よりも消費需要が先行したはずである。商品植木鉢は、最大の消費者である江戸の庶民階層に植木鉢を使った園芸の習慣が広がったことで巨大な消費需要がうまれ、そこに商機を見出した土製器の生産に携わる職人たちが、生産を開始することで一八世紀中期に成立してきたとみなすことができる。

二　園芸市場の成熟と商品植木鉢の成立

1　「武江染井翻紅軒霧島之図」の位置づけをめぐって

「武江染井翻紅軒霧島之図」（以下、「翻紅軒図」）は、翻紅軒を号した染井の植木屋伊藤伊兵衛政武が自らの庭を浮世絵師近藤清春に描かせた墨摺の一枚絵で、なかには手彩色を施したものも現存している。この「翻紅軒図」については秋山伸一によって詳細な分析が行われており（秋山二〇一三・二〇一四・二〇一五）、実証面でこれに付け加えるべき史実はないが、「翻紅軒図」の作成年代、制作意図を手がかりに、商品植木鉢の成立について論じたい。[6]

(1)　制作年代

「翻紅軒図」の制作年代については、絵師近藤清春の作画期や唐楓の拝領時期、政武（〜一七五七）の活躍時期などから「享保期末年頃」と理解されてきた。「翻紅軒図」の成立年代についての定説を一新したのが秋山であった。秋山は、元文元年（一七三六）六月に幕府から朝鮮人参の種を拝領して栽培を命じられたことを記した『享保撰要類集』の記述を根拠に、その成立時期を元文二年以降とし、さらに「翻紅軒図」に描かれた朝鮮人参が開花していたことを根拠に、その下限を寛保期と推定した（秋山二〇一四）。これによって制作年代の享保期末年説は完全に否定されることとなった。

朝鮮人参の種を下賜された牛込牡丹屋彦右衛門、赤羽植木屋小右衛門、染井植木屋伊兵衛は、いずれも当時著名な植木屋であったが、翻紅軒の主・植木屋伊兵衛は「三拾本程宛生出申候所、追々きへ申候、只今十三本有之、葉は三葉ニ而御座候、此以降生出可申も難計奉存候」とあり、伊兵衛はその後も栽培に失敗した可能性が高い。これに対して栽培に成功したのは彦右衛門だけであったようで「牡丹屋彦右衛門、去辰年被下候朝鮮人参之実、当年生立外々と違格別宜候」とあり、その後、牡丹屋彦右衛門だけに一〇〇粒の種が追加貸与されたとある。

しかし「翻紅軒図」には開花した朝鮮人参が描かれている。これは秋山も可能性を指摘しているように絵画上のフィクションであったと理解するのが妥当ではないだろうか。となると朝鮮人参はまだ栽培中の段階である元文二年頃の可能性が高くなるが、この点は今後の研究の進展に俟ちたい。

(2) 制作意図

かつて「翻紅軒図」を分析した菊池は、この作品について次のように指摘している。「庭内には見物人と思われる人物が描かれている。おそらく自由に園内に入って植溜を見物し、気に入った品を買って帰るのであろう。人物のなかには二本差の武家の者や、その従者と思われる者の姿がひときわ目をひく。また杖をついた隠居風の老人も多い。これから判断すれば、伊兵衛の顧客の中心は武家層ということを示している。（略）したがって庭園を保有できる大名・武家や富裕町人層相手の商売にならざるをえない」。菊池は、「翻紅軒図」に描かれた人物を園芸植物の購入者として理解し、伊藤伊兵衛が自らの庭園で植木販売をしていたことを指摘している。これは、「翻紅軒図」は、伊藤伊兵衛が浮世絵師近藤清春に描かせた宣伝ビラであるという理解に基づいている。

それに対して秋山は「翻紅軒図」は「キリシマツツジで満たされる三月後半に刊行された花見遊覧客向けの「案内チラシ」（秋山二〇一三）であったとする。そのうえで伊兵衛をして集客を図らしめた動機について「〝案内チラシ〟に留まらず、伊藤伊兵衛政武が当時の植木屋経営の具体像と水準を示し、それを後世に伝えていくため、自身の庭空間の現状を当該期の有名絵師に描き遺させたもの」という理解を示している。そのうえで「再度「武江染井翻紅軒霧島図」を眺めてみると、植物の配置をエリアごとに区切ってそれぞれに簡単な説明が加えられるなど、庭空間全体を見物客にとって解りやすいものにしようとしていることが窺える。先に引用したように三之丞および自身の思いを実現するために、政武は自らの庭空間を使って、各植物に品種名を明記し、見物客に正確な植物名を認識してもらおうと試みたのかもしれない」（秋山二〇一五）と自説を展開している。

（3）大名出入りの庭師からの自立と花商への転換

このように菊池と秋山では、制作の目的について見解に相違がみられた。営利よりも知識伝達を重視する秋山の見解は、茶屋のような収益の仕組みが園内に描かれていない点をふまえたものであろう。「翻紅軒図」は集客を意図していたのは明らかであるが、なぜ集客しようとしていたのか、その目的を判断するポイントは、どのように収益をあげようとしていたのか、収益の仕組みをどのように理解するのかである。確かに龍虎の形造り、将軍の腰掛など江戸に住む園芸愛好家を自らの庭に誘致する仕組みに満ちていながら、多くの場合に収益の要としての役割を果たしていた茶屋が描かれていない。例えば団子坂の植木屋宇兵衛が経営していた花屋敷でも「谷中俗ニ団子坂植木屋宇平治方江当春梅林、花盛之頃見物人賑ひ近辺茶屋向相応ニ客有之、土地之潤ひ相成候由」(7)とるように、園内で茶屋を経営して収益を確保していた。

茶屋が存在しない「翻紅軒図」で、その代替となっていた収益手段は果たして存在するのであろうか。そこで参照したいのが幕末の元治元年（一八六四）に版行された大判錦絵「江戸名勝図会　染井」である。ここには植木屋のビジネスモデルが次のように描かれている。「染井むらハ植木屋多く種々の植木を造り是を鉢に植えて商ふ、此地は霧嶋つつじの名所にて其紅艶を愛する輩ここえ群遊す」、すなわち錦絵という美しい視覚メディアによってキリシマツツジの美しさを宣伝して人々を集めて、栽培した植木を植木鉢に植えて販売するというビジネスモデルを確立していたことがわかる。伊兵衛は茶屋ではなく植木鉢に植えた植物を販売して収益を確保していたのではないだろうか。こうしたビジネスモデルが成り立つためには安価な植木鉢、すなわち商品植木鉢が大量に必要になるが、「翻紅軒図」には「いろいろ鉢木」三か所、「草花鉢植」一か所、「草花品々鉢植」一か所、「薬草二百余品鉢植」一か所と大量の植木鉢とそこに植えられた多用な植物が描かれている。これら大量の鉢植え植物は、園内の装飾のために並べられたのであろうが、それだけでなく陳列販売されていたのであり、「翻紅軒図」は園内の園芸植物の販売を促進するためのコマーシャルペーパーであったと理解するのが最も自然ではないか。そして何より近世考古学の成果によって明らかにされたように、この時期が土製植木鉢＝商品植木鉢の成立時期にあたり、近世考古学の成果と矛盾しないばかりか、時期的な一致は植木鉢が販売のための容器であったことを強く推測せしめる。

「翻紅軒図」が示す植木屋伊兵衛の生業は、園芸植物という商品を生産し、植木鉢に植えて販売する商人であった。もちろんこうしたビジネスモデルは江戸時代初期にはなかった。江戸に幕府がひらかれる以前、植木屋伊兵衛の先祖は純粋な百姓であったはずであるが、それが江戸の周辺農村に大名の下屋敷が進出するようになった一七世紀前期に、染井の百姓の一部は大名の下屋敷等に出入りする植木職人へと発展していったのであり、そのなかの一人が植木屋伊兵衛であった。大名出入りの植木職人へと発展を遂げた者の一部は、さらに園芸植物を栽培して販売する商人へと発展したと思われる。このようにしてみると伊藤伊兵衛は、(イ)周辺農村の百姓の段階、(ロ)大名屋敷出入りの植木職人の段階（一家への出入りから次第に出入り先を増やし、やがて専業の庭師へと発展する者が出現）、(ハ)園芸植物の生産・販売商人の段階（大名家への出入りは不明）、という三段階のステップを追って発展してきたのであり、「翻紅軒図」は錦絵による宣伝によって人々を誘致し、そこで鉢植え植物を販売する第三ステップの経営形態になっていたことを示す証左として位置づけられる。それは、生産と販売によって大名屋敷への出入り関係に依存していた段階からの経済的な自立を果たしたことを意味し、それを可能にしたのが、江戸市中における園芸植物への需要の増加であり、運搬器具・栽培器具としての安価な土製植木鉢の普及であった。

「翻紅軒図」が示す元文～寛保期の植木屋伊兵衛の庭園には、もはや大名屋敷出入りの植木職人であったことを示す名残はなにも描かれていない。実際には大名家への出入り庭師を続けていたことを否定するものではないが、大名家に依存する出入職人の段階から、販売用の植物を生産し、それを植木鉢に植えて販売する、経済的に自立した商人の段階に移行していたことを示すものではなかったか。その買い手は、江戸市中から歩いて来園する武士から庶民まで様々な階層の人々、あるいは江戸市中に鉢植え植物を売り歩く振売商人もいたであろう。こうした実態は、近世日本の園芸文化の時代認識にも変更を迫るものである。何故ならば、伊藤伊兵衛三之丞が活躍した元禄期と伊藤伊兵衛政武（一六七六～一七五七）が活躍した享保期を一括して同じ段階として理解することは、元禄～享保間における植木屋としての伊藤家の発展段階が十分に考慮されていないように思われるからである。元禄と享保を花・庭木中心の時代として一括すること自体に無理があるが、さらに元禄と享保を同じ花木・庭木の時代として一括したうえで、文政期の『草木錦葉集』『草木奇品家雅見』の時代とを対比する菊池の二分法的理解は、学説としての明快さのメリットとは裏腹に、元禄から享保までの変化を無視する単純化が懸念される。『花壇地錦抄』の元禄期と「翻紅軒図」が制作された元文～寛保期は明らかに別の段階として位置づけられる必要がある。植木屋伊兵衛の経営形態は、(イ)周辺農村の百姓であった段階、(ロ)大名屋敷出入りの植木職人の段階、(ハ)園芸植物の生産・販売商人の段階、この三段階を経て発展していったのであり、「翻紅軒図」は第三段階へと発展していたことを象徴する資料として位置づけられるのではないか。菊池も「〝いろいろ鉢木〟が描かれており、鉢物への傾斜が窺われる」（菊池一九八六）と指摘しており、「翻紅軒図」に前期と後期の過渡的な性格をもった作品との理解も示している。伊藤伊兵衛政武の時代も後期になると、植木鉢が重要な役割を果たす奇品園芸と庶民園芸の二重構成をもつ段階へと発展していくための移行期であったと位置づけられよう。

2　茅場町植木市の変容――縁日の植木市の隆盛と振売商人の増加

江戸の寺社境内で開催された縁日には多くの人々が集まり、その人出を目当てに露店を構える商人も多かった。なかでも園芸植物を売る植木市は、多くの錦絵によって描かれている。縁日の植木市は、街々を売り歩く振売の植木商人に次ぐ、生活に密着した園芸植物を購入する機会であり、園芸植物の需要と供給の重要な結節点であり、市場であった。

天保九年（一八三八）に成立した『東都歳事記』には、「縁日毎に夕方より商人多く、又盆植《はちうえ》の草木庭木等を售ふ事夥し、故に坂本町の辺を植木店といふ、都て近来盆種の草木、世に行われて縁日毎に商ふ内にも当所を首とす」とあり、江戸市中の縁日のなかでもその隆盛ぶりがうかがえる。注目すべきは、こうした植木市では「盆植」、すなわち園芸植物が植木鉢に植えられた形で販売されていた点である。

次に掲げる「植木屋差置候事」は、植木市発展の筋道を知るうえで実に興味深い内容を含んでいる。

史料4　植木屋差置候事　宝暦七年（一七五七）「坂本町旧記」

一、植木屋共は享保年中頃は御拝借地ニ借宅仕、拾軒程も有之候処、元文元年頃は、植木屋段々借地を上ケ、漸々二、三軒ニ相成候、延享年中より処々より大勢植木持参、往来ニて商売仕候処ニ、宝暦六年子四月春、御屋敷と植木屋致口論、町内を騒せ世話相懸申候故、行事幷年番は不及申、致迷惑候処ニ、其折節又候道御奉行松平権兵衛様御道懸り被成、外ニ松二、三本差置有之を御咎ニ逢、行事御叱を請申候、依之御拝借地年番長右衛門殿、市郎兵衛殿、右植木屋共八日・十二日ニ参候て往来噪敷、町内之世話甚迷惑仕候ニ付、此度幸ニ植木屋共参候事差留可申由、惣家主不残相談之上、御拝借地は勿論、川岸通往来ニも、此上は急度差置申間敷候旨相究、然処ニ、植木屋罷出候事被相留、殊之外及難儀候由、名主殿え罷越、何卒是迄之通植木屋とも被差置被下候様ニ、名主殿え相頼申候得共、名主殿ニも町内之世話多き事ニ候得は、一向難成由被仰、取上不申候、然処ニ翌年三月町内ニ居候植木屋平兵衛、伊兵衛、仁兵衛抱六右衛門、右之者共、書役又七を以年番両人と申候は、八日・十二日前度より御拝借地え参渡世仕来候処、去年春口論ニ付、植木屋共不残罷出候義御差留被成候段、御尤ニ御座候ニ付、植木屋共我々共を以、達て御詫を仕呉候様ニ度々相願申候間、依之此已来随分喧嘩口論無之様ニ相慎、御町内え御苦労ニ不相成様ニ惣植木屋とも相慎可申由申候、依之私共加判仕、御町内え一札差出可申由達て相詫申候ニ付、町内相談之上、右之者共相詫候ニ付、可差出と存候得共、是迄何も町内え余徳も無之故、此度は町内世話為諸入用、植木屋一人前より拾六銭ツヽ取立可差出と致相談候手、右世話諸入用銭高一ヶ月ニ両日分三貫文余に相見え、都合十二ヶ月分共、晴雨共ニ平均凡四十貫文余も有之候得共、右世話諸用銭取立候ハヽ、此上共ニ我慢等申、町内ニて申事も相用申間敷候間、所詮取立候義は不宜候間、是迄之通壱銭も不請上は、植木屋共喧嘩口論其外物噪敷事有之候共、町内存分を申、取静候事ニ候、此上之所、右四人之者共一札を差入、達て相詫申候故、丑四月より前々之通植木売差置申候、

右一札は会処又七方ニて取置有之候、以上

宝暦七年丑五月(8)

ここでの概要を整理すると次のようになる。

①「享保年中頃には」坂本町内に地借(借宅)していた植木屋は「拾軒程も」存在していた。

②「元文元年頃」には、町内の植木屋が「段々借地を上ケ、漸々二、三軒」にまで激減していた。

③それとは反対に「延享年中より処々より大勢植木持参、往来ニて商売」する植木屋が増えていった。

④宝暦六年には、植木持参の「植木屋共」が一斉に集う「八日・十二日」は坂本町の「往来」は喧噪し、「迷惑」するため坂本町の家主全員で相談のうえ町内への「植木屋共参候事差留」することにした。

⑤困窮した植木屋は詫びを入れ、これまで町に対して何の利益「余徳」をもたらさなかったのを改め、今後は「植木屋一人前より拾六銭ツ、取立」て町内の収入とすることになった。

⑥茅場町の縁日に集まった振売の植木屋の規模は、一日あたり一〇〇人規模に達した（約四〇貫文＝一〇四人×一六文×二回〈毎月八日と一二日〉×一二か月）。

江戸市内に住む植木屋の業態は、⑴富裕商人や武家に出入りする植木職人、⑵販売用の店舗をもつ植木屋、⑶販売用の店舗をもたず振売する植木屋、の三つのタイプがあったと考えられる。享保年間の坂本町に居た一〇軒程度の植木屋は「植木屋段々借地を上ケ」とあることから借地に時前の家屋を建てた地借であったことから⑵のタイプと考えられる。この推定は町内の植木屋が激減し振売（「植木持参」）の植木屋が増加したとある史料の記述と矛盾しない。したがって享保年間にあった店舗を構えて植物を販売していた植木屋は、元文期に急激に減少し、町内の往来を臨時の売り場とする振売商人が延享期以降急激に増えていったことになる。

坂本町に店舗を構えた植木商人は、月に二日の縁日に、「盆植」＝植木鉢に植えられた園芸植物を坂本町の路上を売り場とする振売商人の増加によって次第に駆逐され、元文年中には坂本町からその大半が撤退し、残り二〜三軒にまで激減してしまった。こうした新旧の商人交代劇は歴史上幾度となく繰り返されてきたのであるが、その社会が武力の行使がない平和状態であった場合、その原因は生産性の違いに求めるのが一般的である。この場合生産性の相違をもたらす要因は、第一に地代負担の有無である。地代負担がない振売商人はその分経費を圧縮でき利益率は上がる。

しかし、地代負担がないが販売できる日は月に二日しかない。販売日数の不足は、茅場町薬師堂以外の、御府内各所の縁日に振売販売することでカバーしていたと推測される。多くの寺院が存在していた江戸では、ほぼ毎日どこかの寺院で縁日がひらかれていたので冬季を除けば稼ぎ場には事欠かなかった。この時期、江戸中に散在している寺社の縁日に開催された植木市が普及していったことも振売商人の優位をもたらす要因となったのではないだろうか。『東都歳事記』に「縁日毎に夕方より商人多く、又盆植の草木庭木等を售ふ事夥し」とあるような、一〇〇人規模に及ぶ植木の振売商人が縁日に集まって植木市をなすといった実態は、元文～延享年間にその起源を求めることができ、こうした振売商人の増加は運搬器具としての植木鉢の需要を飛躍的に増加させ、庶民の園芸欲求を満たす栽培器具として商品植木鉢の成立をもたらす要因の一つとなったのである。

3　寛政期における園芸市場の発展

商品植木鉢を成立せしめる根本的な力は、植木鉢を用いて生活を飾り、栽培を楽しむ庶民の園芸文化の普及がもたらす膨大な需要と、それを満たすために近郊農村から江戸市中を結ぶ流通の運搬器具としての需要であった。こうした膨大な需要に対応する膨大な生産力は、文久三年（一八六三）の染井を訪れたフォーチュンによって次のように描写されている。「私は世界のどこへ行っても、こんなに大規模に、売物の植物を栽培しているのを見たことがない。植木屋はそれぞれ、三、四エーカーの地域を占め、鉢植えや露地植えのいずれも、数千の植物がよく管理されている」（ロバート・フォーチュン『幕末日本探訪記』講談社学術文庫）。すなわち染井の植木屋は、世界最大の園芸植物の生産地帯であった。江戸の近郊に広がった園芸植物の広大な生産地帯は、いつ頃成立したのであろうか。

次に掲げるのは、寛政期に成立した古河古松軒「四神地名録」のうち、篠原村（現、葛飾区四ツ木四丁目付近）についての記述である。

史料5　「四神地名録　篠原村」

さて此近郷は菊を第一とし、牡若・あやめ・花菖蒲、いろ〳〵の草花かぎりもなき事にて、花園をめぐることく目をよろこばせし事也、京大坂の在々にも、諸州へ下す植木屋も有る事ながら、なべてかくのことく広大なるにはあらず、此度南方より数十里江戸をとりまきし村々に、専菜物を初とし〔上方にて青物といふ也〕植木・草花を作りて江戸へ出す事おびたゝしき事也、按に江戸の繁栄して大ひなる事は、諸人の察しよりも広き事に思ひ侍りぬ(9)

まず確認したいのは、キク・カキツバタ・アヤメ・ハナショウブなど、日々膨大な量の植物が生産されていたこと、それらの栽培風景は、「翻紅軒」がそうであったように、さながら花園のようであったことである。さらにいえば江戸という消費地に出荷される園芸植物の多量性であり、その多量性は人知では掌握できない量であり、そうした全体像の大きさに対する不可知性の認識こそ、規模の巨大性を示す根拠となっている。庶民園芸の浸透によって成立した旺盛な園芸需要は、植木鉢の商品化を推し進める力の根源であったから、この寛政期は商品植木鉢の成立の文献資料上の下限として位置づけられる。

同じく寛政期には、江東デルタ地帯で生産された園芸植物の量が増大すると、中間点である両国に花の売買をする市場が生産している点が注目される。

史料6　寛政六年（一七九四）「両国橋東西広小路書留」（国立国会図書館所蔵）

毎朝六半時ゟ五時頃迄近在所々ゟ草花持寄市有之候処、右商人共儀荷籠道幅御傍示石ゟ往来江出張不申候様為仕候得共、草花荷物多候節出張候様ニ罷成(10)

これによれば、東両国には毎朝草花の市が成立していた。草花の市場の成立は、消費量・流通量の増加によって生産者自身が小売商人であった段階から生産者と小売商人の分離と、さらにその先にある、小売と仲買の分離をも意味している。東両国における草花市、市場の成立は商品流通の発展を示すメルクマールである。幕末に来日したフォーチュンが見出した江戸近郊における膨大な生産地の広がりは、先の篠原村の事例と草花市場の存在とを合わせて考えると、すでに寛政期には成立していた可能性が高い。そして何より、こうした膨大な鉢植えの植物の商品流通は、そこに用いられる運搬具としての植木鉢を商品化せしめる需要の存在を示す重要な証拠であった。篠原村、両国の花市場、これらの事例が示すのは、商品植木鉢の成立を示唆する経済発展の指標であり、おそくとも一八世紀末には確実に商品植木鉢が成立していたことを示す証左として位置づけられる。

おわりに

日本橋坂本町においてみられた鉢植え植物の振売商人の急増が、多くの店舗持ちの植木屋を駆逐していった元文〜延享期は、染井の植木屋伊藤伊兵衛が、集客のための宣伝広告として浮世絵師近藤清春に「翻紅軒図」を描かせ、植物を植木鉢に仕立てて販売しようとしていた時期でもあった。「翻紅軒図」は、大名出入りの植木職人から園芸植物を販売する園芸商人へと転換していたことを示すものであったと位置づけられる。小売業者と生産者にみられたこうした変化が商品植木鉢を成立させる原動力となったが、より根底的には、花卉を植木鉢で栽培し、住居を植木鉢で飾る楽しみを知った江戸の庶民がつくりだす花卉需要の成立が商品植木鉢を成立せしめたのである。したがって本稿が課題として設定した商品植木鉢は一八世紀中期に成立したと結論づけられる。

一八世紀中期における専用器としての土製の植木鉢が出現するという近世考古学の成果は、因果関係ぬきのある種の結果であるが、この時期的な一致は決して偶然ではなく、商品植木鉢が広汎に生産・流通するようになった結果もたらされたものであったと理解されよう。その一方で、文政期に『草木錦葉集』『草木奇品家雅見』を根拠に提起された植木鉢の始期とも一致しているが、それぞれの結果をもたらすロジックがまったく異なるが故に、あくまでも結果論的な一致に過ぎなかった。元文～延享期を含む一八世紀中期における運搬器具、栽培器具、装飾器具としての商品植木鉢の旺盛な需要こそ、今戸をはじめとする植木鉢生産者の生産意欲を刺激し、販売目的に植木鉢を生産しようとする動機となって商品植木鉢を成立せしめた。一八世紀中期以降、植木鉢を用いた庶民の園芸文化の全盛期に向かって発展を続けていく一方、植木鉢を用いた栽培管理によって奇品栽培も発展し、庶民園芸と奇品園芸の二重構成を特徴とする近世後期の園芸文化の特質を形成していったのである。

注

(1) より厳密に言えば地植えの園芸がなくなるわけではないので、転換ではなく鉢植えの園芸の占める割合が地植えの園芸を圧倒するようになったと表現した方が実態に即している。
(2) 「草木錦葉集」(江戸東京博物館編『史料で読む江戸の園芸文化』江戸東京博物館、二〇一六年、以下『史料で読む』、一三四頁)。
(3) 「草木錦葉集」(『史料で読む』一三五頁)。
(4) 菊池貴一郎『絵本江戸風俗往来』(『史料で読む』一三八頁)。
(5) 菊池貴一郎『絵本江戸風俗往来』(『史料で読む』一四一頁)。
(6) 天保五年(一八三四)に成立した曲亭馬琴の『近世物之本江戸作者部類』(岩波文庫)には、「近藤助五郎清春」について次のようにある。「享保より宝暦の比まで行れし画工にて戯作をも兼たる也。享保中、象の来つる折の赤本もこの清春の自作自画也。赤本の作多くありしが、今ハ世に得がたくなりぬ」。また昭和六年(一九三一)に渡辺版画店から刊行された『浮世絵師伝』には「近藤氏、俗称助五郎、鳥居風の画を描き、兼ねて文字の版下をも書す(中略)彼が享保年かの作には、『猿蟹合戦』・『鼠花見』・

『聖徳太子』などの赤本、及び其他に金平本の挿画もあり、また一枚絵中には大判墨絵の或る双六、細判漆絵の『東海道五拾三次』(横絵六枚揃)などあり。彼が作画の特徴は、すべて童心を失はざる点にありて、しかも細画によく人物の動作を現したり。其が没年は明かならざれども、享保末頃に挿画せし以降、他に何等画蹟をとどめざるを以て、爾後数年ならずして世を去りしものかと思はる」(井上編一九三一)とある。

(7)「老中阿部伊勢守宛町奉行上申書」(『史料で読む』四四頁)。

(8)「坂本町旧記」(『史料で読む』一三八~一三九頁)。

(9)「四神地名録」(『史料で読む』一四四頁)。

(10)「両国橋東西広小路書留」(『史料で読む』一四六頁)。

〔参考文献〕

秋山伸一　二〇一三「江戸北郊における植木屋の庭空間――伊藤伊兵衛家『武江染井翻紅軒霧島之図』の検証」菊池勇夫編著『地方史・民衆史の継承』芙蓉書房

秋山伸一　二〇一四「『武江染井翻紅軒霧島之図』の成立年代について」豊島区立郷土資料館研究紀要『生活と文化』第二三号

秋山伸一　二〇一五「植木屋の庭空間をあるく」『東京都江戸東京博物館調査報告書第二九集　江戸の園芸文化』江戸東京博物館

市川寛明　二〇一三「江戸における園芸の普及と園芸市場の形成」江戸東京博物館特別展図録『花開く江戸の園芸』江戸東京博物館

市川寛明　二〇一四「江戸における園芸の普及と園芸市場の形成」『東京都江戸東京博物館調査報告書　第二九集　江戸の園芸文化』

井上和雄編　一九三一『浮世絵師伝』渡辺版画店、国立国会図書館デジタルアーカイブ版

小川　望　二〇〇一「各種の器具2　植木鉢」江戸遺跡研究会『図説 近世考古学研究事典』吉川弘文館

菊池勇夫　一九八六「江戸における草木奇品の流行について」豊島区立郷土資料館研究紀要『生活と文化』第二号、豊島区立郷土資料館

成田涼子　二〇一五「江戸遺跡出土植木鉢の類型とその変遷についての予察――豊島区出土資料を中心として」『東京都江戸東京博物館調査報告書第二九集　江戸の園芸文化』江戸東京博物館

浜崎　大　二〇一二『江戸奇品解題』幻冬舎ルネッサンス
平野　恵　二〇一九「植木鉢の普及と園芸文化」『江戸の園芸熱』たばこと塩の博物館
堀内秀樹　二〇〇一「品種と分類７　植木鉢」江戸遺跡研究会『図説　近世考古学研究事典』吉川弘文館

「江戸の花―さくらそう―」展示図録 抄

……鳥居恒夫

一　江戸の営みとともにあった桜草

1　桜草とは

サクラソウ（以下「桜草」とも表記、学名：Primula sieboldii）は、山麓や川岸などの湿性の野原に生える多年草で、春の光を受けて芽生え、数枚の葉の中心から花茎を立て、その頂に薄紅色の花をつける（図1）。属名プリムラには「最初」の意味があり、雪解けとともに咲き出すヨーロッパ産の種から名付けられた。種小名シーボルディは桜草をはじめてヨーロッパに導入したP・F・V・シーボルトにちなむ。

日本に分布するサクラソウ属は、三つの系統に属する一四種が知られている。その代表種がサクラソウで、北海道・本州・九州に分布し、四国と沖縄には分布しない。東北地方から関東・中部にわたる火山の裾野に多くの自生地がある。国外では朝鮮半島から中国東北部、内モンゴル東部、シベリア南部に分布が広がっている。

桜草は基本的には種子から繁殖するが、多年草なので複数の芽をつくって株を増やす。この増え方は、種子を介さ

図1　伊藤篤太郎『大日本植物図彙』サクラソウ図（国立国会図書館）

ずに栄養器官から遺伝的に同一な次世代をつくるため、「栄養繁殖」と呼ばれる。自生地の群落を観察したとき、どの株の花も同じなのは、その群落が栄養繁殖でできたためで、江戸時代にできた園芸品種が今も同じ花を咲かせるのは、この性質を活かし何世代にもわたって株を増やしていることによる。

2　江戸近郊に大群生地ができた理由

慶長八年（一六〇三）に征夷大将軍となった徳川家康は、江戸幕府を開くとすぐに全国の諸大名に天下普請を命じ、江戸城本丸を中心とした江戸市街地の建設工事に着手した。天下普請は家康以降の歴代将軍に受け継がれ、埋め立てによる市街地建設などとともに、河川の舟運整備と治水対策が進められた。

利根川の支流のひとつである荒川は、「荒ぶる川」の名の通り、洪水のたびに河道を変えていた。江戸時代の初めは、現在の元荒川の川筋を通り、越谷市・吉川市付近で古利根川と合流していた。寛永六年（一六二九）に、この流れを久下（熊谷市）で締め切り、既存河川を経由して入間川へとつなぐ「荒川の瀬替え」が行われた。この瀬替えには、治水対策、舟運整備、農業用水の取水や新田開発など、複数の目的があった。

瀬替えの後、流域に秩父山地が加えられて水量（流量）が増えたために荒川の舟運利用が促進された一方で、下流域に洪水被害が頻繁に発生するようになった。この洪水の際に、利根川や荒川の上流域から荒川の下流域へと桜草の種子や根茎が流れ着くようになったと考えられている。

江戸の市街地を荒川の洪水から守るため、幕府は天下普請の一環として元和六年（一六二〇）に日本堤を築造させ、日本堤と隅田堤が接する箇所では、荒川の河道に漏斗状の狭窄部をつくり、洪水時の流水を留めて上流側の遊水地帯に一時的に氾濫させることで、下流側の水害軽減を図った。日本堤は浅草聖天町付近から北西にのび、三ノ輪付近で上野の台地から連なる微高地に接続していた。堤の上は見通しのよい街道で、堤の南側には明暦の大火の後に人形町から遊郭（新吉原）が移転したため、「吉原土手」、「かよい馴れたる土手八丁」などと呼ばれた。

荒川左岸の隅田堤、荒川堤、熊谷堤と連なる連続堤は、一六世紀後期から築造が始まり、一七世紀中頃には原型が整って、元禄～享保年間（一六八八～一七三六）に完成したといわれている。荒川左岸の連続堤に対し、右岸では武蔵野台地の高台が同等の役割を果たした。日本堤の上流側につくられた遊水地帯には広大な氾濫原が形成され、近隣の人々はそこに繁茂するヨシやオギなどを刈り取って利用し、早春には野焼きを行うようになった。この氾濫原に上流から桜草の種子や根茎が流れ着き、本来の自生地とは異なる低地の気候に適応して、夏はヨシなどの陰で休眠し、野焼き後の明るい春の草原で開花するようになった。

このように、江戸の営みが荒川沿岸の環境を変えていくなかで、桜草が大群生地を形成する特殊な環境が整えられていったと考えられる。

3　江戸の人々に愛されてきた桜草

文政一〇年（一八二七）刊行の『江戸名所花暦』には、荒川沿岸の桜草名所について記されており、このころには尾久の原から上流の野新田の原（現在の足立区新田）へと桜草名所の中心が移っていたこと、荒川で獲れた白魚に摘み

図2　長谷川雪旦『江戸名所花暦』「尾久の原　桜草」（文政10年〈1827〉，国立国会図書館）

取った桜草を添え、紅白の土産として持ち帰ったことなどがわかる。

挿絵（図2）からも、桜草の咲く野原の情景と桜草狩りに興じた人々の様子がわかり、蛇行する川筋に沿い白帆を上げて進む高瀬舟や、舟上で四手網を操り白魚をとる漁師たちが遠景に描かれ、桜草の咲く野辺では、敷物を敷いて酒宴に興じ、桜草を摘み、ときには株ごと掘り取って遊ぶ人々が生き生きと描かれている。さらに桜草の名所の筆頭に「巣鴨」の地名をあげ、「巣鴨　庚申塚左右この辺植木屋又は農家にても作れるなり。こは生業となすゆえなり」としているが、巣鴨から駒込にかけては江戸時代を通じて植木屋が集住していた土地であり、道の左右に植木屋が軒を並べ、春ともなれば売り物の桜草が咲き連なって、街道を行き交う人々の目を楽しませたと想像される。

『江戸名所花暦』から約二〇年を経て、弘化三年（一八四六）に刊行された『江戸都近郊名勝一覧』では、「戸田川渡し」を桜草の名所と紹介している。「戸田川渡し」は現在の戸田橋付近に当たり、当時は中山道が荒川を横断する場所で、この下流側には浮間ヶ原、上流側には戸田ヶ原があった。

『江戸府内絵本風俗往来上編巻之参』（菊池貴一郎、明治三八年〈一九〇五〉）には桜草売りの記載があり、担い売りを生業とする商人たちは、春になると荒川沿岸の群生地から桜草を掘り取って鉢に植え、「台輪」と呼ばれる竹で吊るした荷台に載せて江戸の町を売り歩き、その売り声は江戸の街に春を告げる風物詩として親しまれていた。

『狂歌四季人物』には、広重が描く真に迫った桜草売りの絵に狂歌六首が添えられている（図3）。

①よそほひし蝶々髷《まげ》の少女等に　跡したはるるさくら草売
②あらき風いたつる戸田のさくら草　むしろを花にかこひてぞうる
③さくら草売るもあすかへ残さじと　元直になげるかはらけの鉢
④春をつげし風替るなと其人を　こちへと招く桜草売
⑤南風もしらぬ嵐とおもふらん　はやねぎらるる桜草うり

図3　歌川広重の「桜草売」図（メトロポリタン美術館）

⑥桜草戸田の渡りゆ請売りに　江戸をうねりて流れ商ひ

また桜草を詠んだ江戸時代の川柳も数多く残されている。

「戸田の草掘て四文が朝さくら」は、桜草の一鉢が四文（現在の貨幣価値で一〇〇円程度）で売られていたことを示す。

「売り切って日向を帰る桜草」は、桜草鉢は野生品を掘り取っただけで、水を絶やせばすぐにしおれてしまうので売り歩く際も鉢を乾かさないよう気を使った。また振り売りにされるような安価な草花は消耗品のように扱われており、花が終われば見向きもされず、水を切らして萎れてしまうのが常で、「ひからびてすっぽり抜ける桜草」であった。

遊郭で売られた桜草鉢を詠んだ川柳もある。

「横にして格子を入れるさくら草」、「出格子の端に志村のこぼれ土」は、吉原では財布の紐が緩んだ客たちに桜草鉢がよく売れたが、出格子の中にいる遊女に届けるには鉢を横にしないと格子の間を通せず、横にすると中の土がこぼれた。「誰が花か格子にちらりさくら草」と、格子の内側を覗いてまわる素見の客にも桜草が目にとまるのであった。

一方、自生地に咲く桜草の花を観察すると、その色やかたちに違いがあることに驚かされる。標準的な薄紅色の花にも、よく見ると濃淡の違いがあり、ときには白や紫がかった色の花と出会うこともある。花の大きさにも様々な違いがあり、花冠のかたちにも細部にわたって豊かな変化がみられる。

『櫻草作傳法』（著者・成稿年不詳）に「好事の輩は遠路をいとわず、野原に足をはこび、中には替り色花もあれかしとたづねしに」とあるように、江戸時代の人々のなかには、桜草の変化性に魅了されて、珍しい花を求め、荒川沿岸の群生地を探し歩く人もいたようである。

4　大群生地のその後

荒川沿岸の桜草群生地は、明治時代の中ごろまでは江戸時代の姿のままだったが、工場立地が進み市街地が拡大するなどにより徐々に失われていった。もともと遊水地帯であった場所を開発したため、洪水時の氾濫は避けられず、深刻な水害が頻繁に発生した。明治四三年八月の水害が甚大であったことを契機として、荒川放水路の建設事業が明治四四年に始まり、昭和五年（一九三〇）に竣工した。岩淵から千住にかけて、蛇行していた川筋をショートカットする流路が開削されたため、桜草群生地の環境は激変した。さらに追い打ちをかけたのは、大正一二年（一九二三）九月一日に発生した関東大震災であった。浮間ヶ原では、地震で倒壊・焼失した住宅の再建のために、壁土用土が大量に採取されたため、桜草群生地が壊滅してしまったと伝えられている。

江戸時代の荒川沿岸に桜草の大群生地が生まれ、後にそれを失ってしまった原因は、どちらも江戸・東京の営みにあったといえる。

二　桜草の園芸文化史

1　室町〜江戸時代前期

桜草が記録に登場するのは室町時代からとされ、最古の記録は文明一〇年（一四七八）三月の『大乗院寺社雑事記』にある庭植えの桜草に関する記述であるといわれており、このころ奈良・京都の上流階級の間で栽培が行われていたことがわかるが、これより前の記録がないのは、当時の文化の中心地であった京都の近郊に自生地がなかったためと考えられる。

江戸時代前期では明暦三年（一六五七）から元禄一二年（一六九九）に作画された『草木写生』に、万治三年（一六六〇）、美濃の加納で描いたという桜草図（図4）がある。本書は図に写生年月日と写生地を

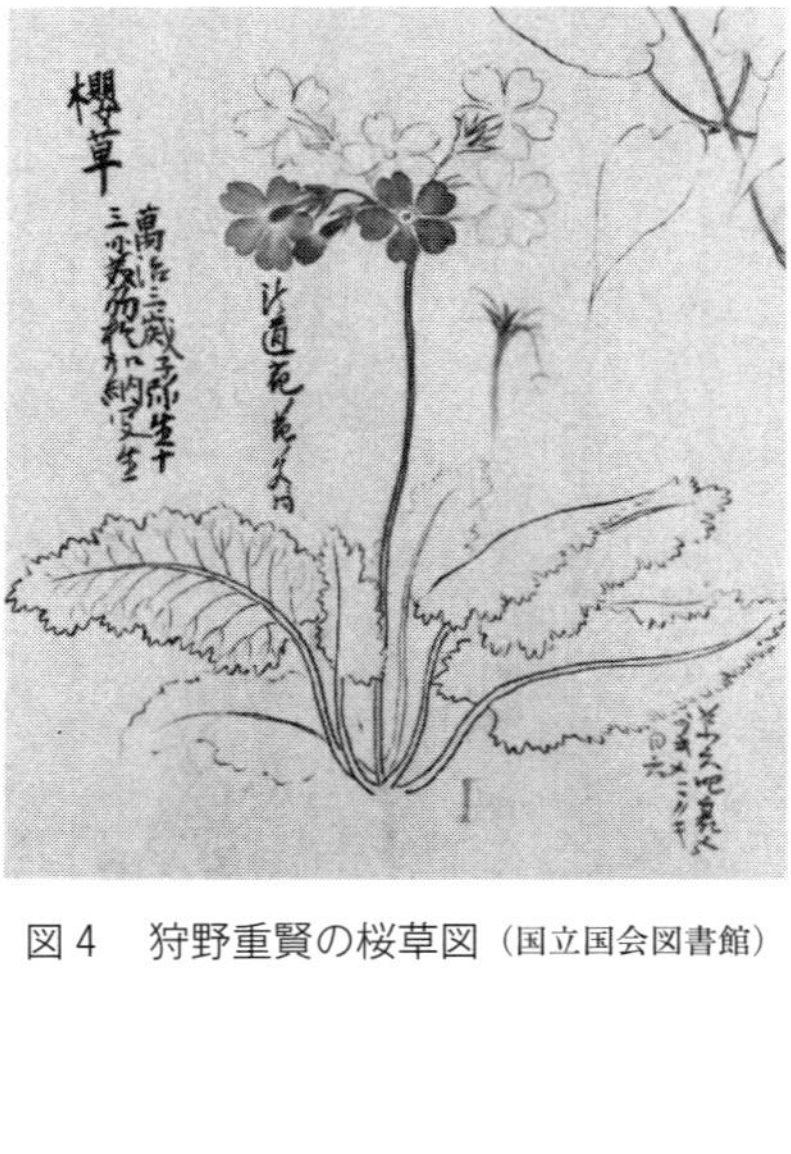

図4　狩野重賢の桜草図（国立国会図書館）

図5　『江戸図屏風』の「御花畠」（国立歴史民俗博物館）

記すことが多く、描かれたものの大半は園芸植物となっている。桜草図に写生地と記された美濃加納は、現在の岐阜県南部に位置し、かつてこの地に桜草の自生地があったと伝えられている。作者の狩野重賢の経歴は不明である。

最初期の園芸書とされる『花壇綱目』（水野元勝、寛文四年〈一六六四〉成稿、延宝九年〈一六八一〉刊行）には、「桜草　花薄色白黄あり小輪咲き三月の時分也。養土は肥土に砂を合せ用なり。肥茶から干粉にして少用て宜し。分植は春秋の時分宜し」とあり、短文ながら具体的な栽培法が記されている。

『花壇地錦抄《じきんしょう》』（伊藤伊兵衛〈三之丞〉、元禄八年）には、「花形桜に毛頭もたがわず色むらさきと雪白の二種有」と記されている。

百科事典の『頭書増補訓蒙図彙』（中村惕斎、元禄八年）には、「桜草は葉が蕪青《かぶら》のごとし。花白むらさき也」とあり、挿絵が添えられ、栽培方法やいくつかの花色の違いなどの記述があり、このころには野生品の観賞や栽培が始まっていたと考えられる。

江戸幕府初代将軍徳川家康、二代秀忠、三代家光はいずれも花好きで、様々な逸話が残されている。

初代家康は駿河の国より芥川小野寺を呼び寄せ、江戸城御花畠の御預として椿などの収集管理を命じた。二代秀忠は「花卉を殊に愛玩し給ひしゆへ各国より種々の珍品ども奉りける」（『台徳院殿御實紀附録巻五』）とあるように、花卉を好み、諸大名に珍花奇木を献上させた。参勤交代制により江戸在府を命じられた諸大名は、将軍の関心を引くため、競うように名花を収集した。また、拝領屋敷にて大規模な造園を行い、収集した草木を植えさせた。このようにして将軍の花好きが諸国の大名や旗本へと伝播していったといわれている。

国立歴史民俗博物館が所蔵する『江戸図屏風』は、江戸時代初期の江戸の景観を画題として、三代家光の事績を描き込んだものとされ、成立年代は寛永一一年(一六三四)から寛永一二年頃といわれている。この屏風の左隻一・二扇部分に江戸城「御花畠」が描かれているが、押紙に「御」の字が使われるのは将軍の事績に直接かかわる場所とされ、家光自身が訪れて花を愛でた施設であったとされる。漆喰塗りの土塀で囲われた園の右側には手まり咲きのアジサイ、ナデシコ、キク、スカシユリなどがあり、左側には空色、日の丸色、黄色、黒色など貴重なツバキが植えられ、その株元にはスミレとともに桜草が植えられている(図5)。

2 享保〜天明年間(一七一六〜八九)

荒川の瀬替えによる洪水氾濫の頻発化と日本堤と荒川左岸の連続堤築造による荒川沿岸の遊水地帯化、さらに氾濫原に繁茂するヨシなどの利用と野焼きの定着が、上流から流れ着いた桜草の生育に適した環境を整え、いつしか荒川沿岸に大群生地をもたらし、桜草園芸を育む揺籃となった。桜草園芸の開始時期は、『花壇綱目』などの記述から、一七世紀後期から末期と考えられる。

また、『櫻草作傳法』(著者・成稿年不詳)に、「人々櫻艸を翫ぶことは、享保の頃より見出し、翫ひ候ことにして、追々江戸へ取出し、詠《なが》めしことと思はれ候」とあるように、享保年間(一七一六〜三六)に普及が進んだと考えられる。

さらに、「其頃、富永喜三郎とか云ひし人、戸田にて見事の絞り花見出し、賞美され、須磨浦と名付けられ、人々、

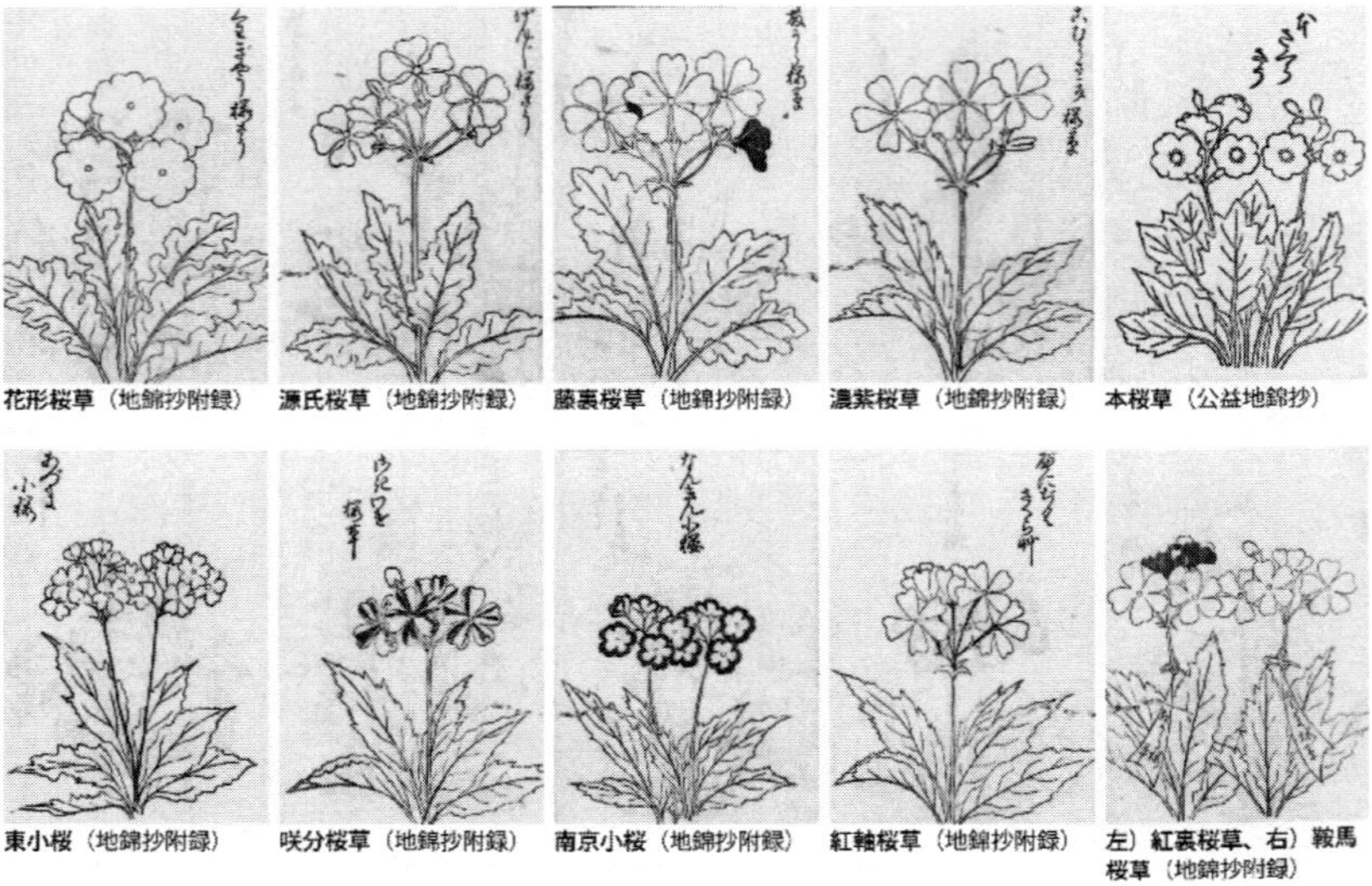

花形桜草（地錦抄附録）　源氏桜草（地錦抄附録）　藤裏桜草（地錦抄附録）　濃紫桜草（地錦抄附録）　本桜草（公益地錦抄）

東小桜（地錦抄附録）　咲分桜草（地錦抄附録）　南京小桜（地錦抄附録）　紅軸桜草（地錦抄附録）　左）紅裏桜草、右）鞍馬桜草（地錦抄附録）

図６　伊藤伊兵衛の桜草図（国立国会図書館）

名花と賞し、今以て所々に甃植してあるなり」とあり、群生地から珍しい変異を探し出すことで、いくつかの名花が生まれたことがわかる。続いて、「その後に至り、好事の人々、實を取蒔《とりまい》て、種々丹精し、花の替りを出し候事になり、實《み》蒔《まき》の替花《かわりばな》にて、南京小桜と名付けし花、初のよし、辻武助の噺しに候」とあり、追って実生による育種が行われるようになり、南京小桜を嚆矢とする名花がつくられたことがわかる。

一方、『佐具良分限』（自楽軒松峰周佳編、安永二年〈一七七三〉序）に『櫻草作傳法』の内容を裏付ける次のような初期における桜草育種の熱気が伝わって来る。「櫻艸といふ小草あり。此草は自然と原野に生して、花の春に小紫花を開く。此草にも異花、珍品あらんことを慮り、盆中に種をふせて、其花、実熟を取り、又まきかへす事、ここに年ありて、白きものと、小輪にて爪紅に染たるものとを得たり。是別、翁が長に萬草《よろず》を愛する神恵にもあらんかと、難有《ありがたき》心地して、白なるものをば大麻と名つけ、小輪にて爪紅なるものは、宛然《さながら》、我国の櫻艸と異なるさまなればとて、南京小桜と号し、和漢比して愛する事かきりなし。夫より、東都の郊外、戸田川の向なる、うちまきの原野に、異品あらんことを想識し、尋《たずね》、求《もとめ》て、初《はじめ》て濃紅《こいべに》なるものを得、此品は珍朧《ちんろう》にして、真に花、紫抜《ばつ》萃《すい》草なる物ならばとて、須磨と号《なづ》け、又、尾久の萱野《かやの》にして、桃色にして、葩《はなびら》の先、扇の根にひらけ、鐺《こじり》ありて、厚く、異形たるものを得て、其へ葩を見れば、銀杏の一葉に彷彿たりとて、花銀杏と号く。其後、盆中に種まきして、作りなせるうちより、大輪にして、白地に紅の絞りなるものを得たり。其様、野生のものと、品、異にして、草の姿も盈鶴《えいかく》として、花の儀観も、いと優美なる體《たい》なればとて、艶男と号して、秘して翫愛をり」。

伊藤伊兵衛三之丞の息子、伊藤伊兵衛政武《まさたけ》が享保四年に刊行した『公益地錦抄』では本桜草のみであったが、一四年後の享保一八年の『地錦抄附録』では一〇種に増え、図のように描き分けている（図6）。

『東都紀行』（辻雪洞、享保四年）の記述から、伊藤伊兵衛家は一七世紀初頭の慶長から寛永の頃に駒込村染井に居住しはじめ、今の染井通りの南側一帯に広大な下屋敷を構えていた藤堂家に出入りした「露除（植物の露を払い手入れをする人の意か）」であり、不要になった植木や草花を持ち帰って栽培するうちに多くの園芸植物を扱うようになったことがわかる。

3 寛政〜文化年間（一七八九〜一八一八）

松平定朝《さだとも》の『百花培養考』弘化三年（一八四六）自序に、「寛政の末に至り、漸く優なる花形現し、追々、名花、奇《き》芳《ほう》、実生の園に現し、親愛したりしが」とあり、実生選抜による桜草の育種は、寛政の末（一八〇一年）頃になってようやく満足のいく成果が得られるようになってきたことがわかる。一方で、『櫻草作傳法』では寛政〜文化年間の作出花は、平咲き、平抱え咲きが多く、狂い咲きは少なかったとある。

江戸時代後期の風俗習慣などについて書かれた随筆『嬉遊笑覧』（喜多村信節、文政一三年〈一八三〇〉）には、御徒町

図7　寒天挿しの桜草の図（東京都立中央図書館）

に住む旗本の母親が園芸を好み、安永七〜八年頃には多種の桜草を栽培し、珍しいものを贈り物としており、さらに享和（一八〇一〜〇四）の頃には、漆塗りの重箱に寒天を溶き流し、一品種ごとに花を挿して名札を添え、観賞に供したという（図7）。

同じ頃、桜草園芸を愛好する武士が集い、互いに切磋琢磨する「連」が結成された。「連」とは、文芸や園芸など趣味を同じくする人同士が身分や年齢を超えて集う小規模なコミュニティであり、世話役はいるが強力なリーダーはいない、金銭がかからない、情報を持ちより常に創造的である、適正な規模を保っている、などの特質があった。

『櫻草作傳法』によれば、実生選抜による桜草育種が天明〜寛政（一七八一〜一八〇一）の頃に流行し、とくに下谷在住の武士の間で盛んであったこと、彼らは「隠し裏」という裏紅の新花が大いに注目されたことにも後押しされ、「ひとりで楽しむのでは興趣が少ない」と申し合わせ、辻武助の企画により、文化元年（一八〇四）の春から毎年、「花闘の楽」と呼ばれる新花の品評会を開くようになったことがわかる。

また桜草連が行う新花の品評会「花闘の楽」では、出品された新花に対し、各人が札入れを行って六段の順位を付けるという査定の仕組みがあった。一人三種の新花を携え、出品者がわからないよう名札を付けずに一種ずつ出品すること、各参加者は評価の位を六段の札から選び入札すること、開札の結果は多数を占めた位としたことなど、品評会は厳格なルールに基づいて行われていたことが知られる。

図8　坂本浩然写の『桜草写真』（国立国会図書館）

このような桜草連が新花を査定する仕組みを定めたことで、品種どうしを比較し評価する審美眼が鍛えられ、桜草の育種は飛躍を遂げ、数多の名花が生み出された。

「花闘の楽」の集会は、下谷での開催が初めであったことから、連の名前を「下谷連」、後に「一番組」などと呼び、その後、下谷連から複数の連が派生した。下谷連が発足した翌年の文化二年には、築土下（現在の新宿区津久戸町）に「山の手連」が発足した。この連は、「築土連」、「二番組」とも呼ばれた。さらに文化九年には、山の手連から「小日向《こびなた》連」（別名「三番組」）が発足し、いずれの連も、下谷連の定めた掟に従いつつ、独自の集会を開催した。

4　文政年間～幕末（一八一八～六八）

この時代に成立した桜草品種の写生画が他の園芸植物に比べて少ないのは、投機的な売買が一切行われず、清廉な趣味に徹したものであったため、財政的なゆとりがなく、絵師を雇うことが難しかったからと考えられている。

医師、本草家の坂本浩然《こうねん》は『桜草勝花品』（天保六年〈一八三五〉自序）などに桜草品種の写生画をのこしている。図8の『桜草写真』は、浩然（葦渓主人）写と伝わるものである。しかし左図、中図のような園芸品種は現存せず、桜草の性質からも作出は不可能と考えられており、実物を見ないで描いた可能性もある。

このころ、斑入り植物が流行しており、文政一〇年には斑入り植物の専門書『草木奇《そうもくき》品家《ひんか》雅見《がみ》』が刊行されている。著名な画家に描かせた植物画に、その植物の来歴や作出者の出自などを書き添える構成となっており、上中下の三巻に合計五〇〇品ほどが掲載されている。著者の増田繁亭《はんてい》通称金太は青山の植木屋であった。

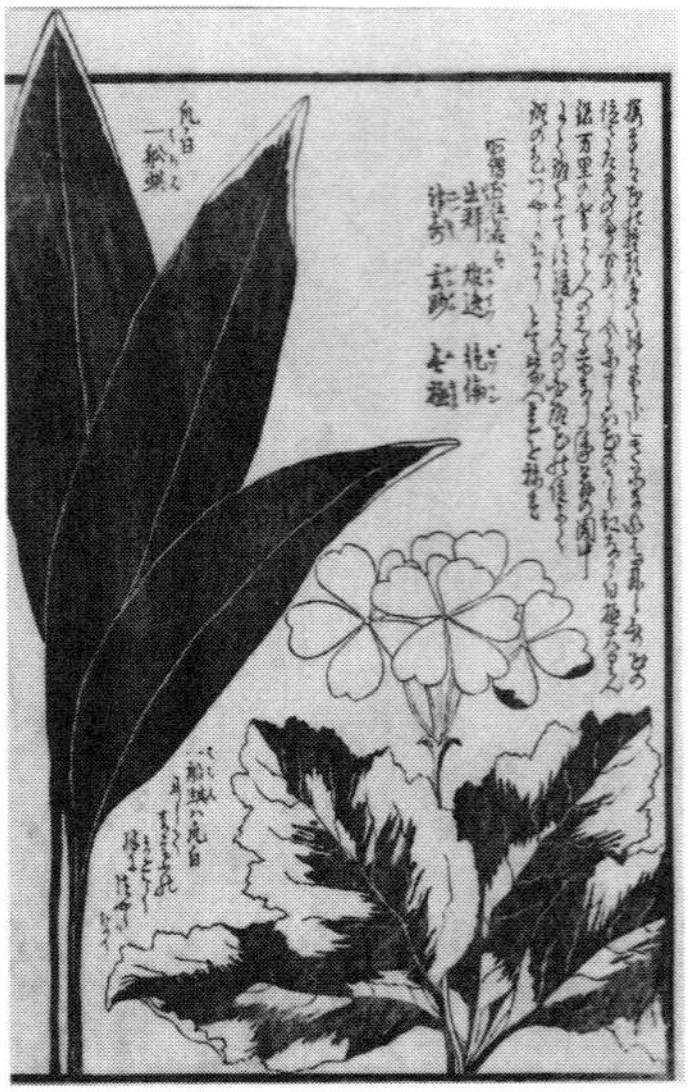

図9　増田繁亭の斑入りの桜草図
（国立国会図書館）

下巻最後の「附録」には、斑入り植物の大家で園芸界の重鎮でもあった幕臣水野忠暁《ただあき》の作出品が集録され、このなかに斑入り葉の桜草の図（図9）があり、「水の翁の園中にて斑を生ず　後さえの白斑花の位よく斑の色つややかなりとて皆人是を称す」などと書き添えられている。

伊藤伊兵衛の一族の二代伊藤重兵衛が残した自筆本『桜草名寄控《なよせひかえ》』（万延元年〈一八六〇〉）は、当時収集した園芸品種の手控えとされ、幕末から明治にかけての混乱期に多くの園芸品種が失われたなかで、両時代をつなぐ貴重な資料となっている。

5　明　治　期（一八六八〜一九一二）

柴山政富《まさとみ》は一橋徳川家に勤める武士であり、桜草連の二番組、山の手連の席頭でもあった。幕末から明治にかけての混乱期に武士とともに桜草連が消滅し、桜草園芸は危機的な状況となったことから、政富は皇居で桜草の展示を行ったところ、華族や資産家などの関心が集まり、桜草園芸に取り組む者があらわれた。

国立国会図書館には政富が明治一一年（一八七八）に発行した桜草園芸品種の番付表『桜草比競《きそいくらべ》』が収蔵されている（図10）。園芸植物の品種を大相撲の番付に見立てて列記する刷り物は、江戸時代に盛んにつくられたが、『桜草比競』は、幕末から明治にかけて栽培されていた代表的な一二〇品種と当時の評価順位がわかる貴重な資料となっている。

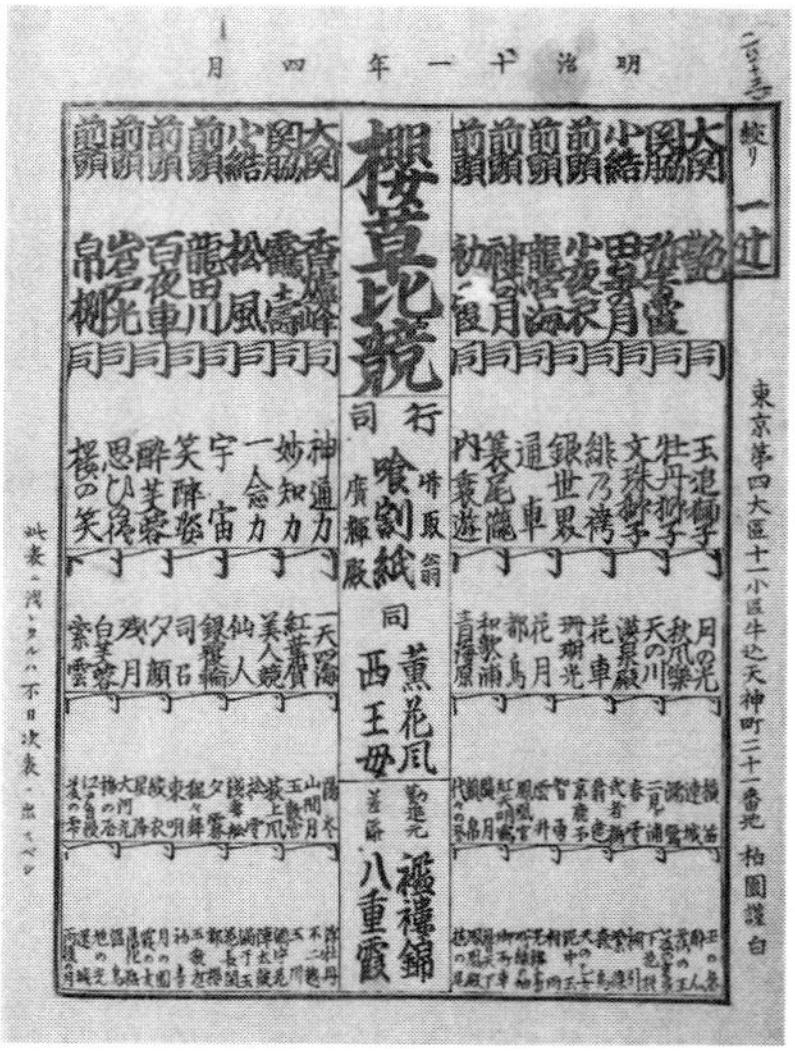

図10　『桜草比競』（国立国会図書館）

江戸時代の行楽案内書に、桜草の名所として、戸田の原、野新田などと並び駒込や巣鴨の植木屋が記されているように、江戸時代より駒込や巣鴨の数多くの植木屋が桜草を扱っていた。幕末から明治にかけての混乱期、それまで桜草園芸の主な担い手であった武士の多くが桜草から離れていったなかで、桜草を扱っていた植木屋たちは収集した園芸品種を手放さず、大切に守り通して次代へ引き継ぐ役割を果たした。

明治三四年の『日本園芸会雑誌』では、桜草を扱う主な四名の植木屋をあげている。この頃の植木屋が桜草の園芸品種を販売したことは、後に関西など他地域に桜草園芸が普及する契機となった。

四代伊藤重兵衛は、祖父の二代重兵衛が書き残した『桜草名寄控』をもとに『桜草銘鑑』を発行した。明治二一年の初版では二二一品種を収載し、明治四〇年の改訂版では三一一品種を収載しているが、これには各品種の特徴をまとめた短文が添えられているため、品種の特定がしやすく、品種保存における重要な根拠資料となっている。

明治時代の中~後期になると桜草の育種にも新たな成果があらわれ、巨大輪花や個性的な花が数多く作出された。四代伊藤重兵衛は、『桜草銘鑑』の改訂に先立ち、染井で持寄会を開催した。日露戦争（一九〇四~〇五）の戦勝気分が続く時代であったことから、重兵衛の提案により、このとき出品された新花に日本海海戦で活躍した軍艦の名前（出雲、千歳、八雲、浅間、朝日、鹿島、香取、厳島、敷島など）が付けられた。

6 大正~現在（一九一二~二〇二四）

柴山政愛、五代伊藤重兵衛らは、大正七年（一九一八）に「日本桜草会」を設立し、江戸時代の桜草連と同様に、年一回の品評会や苗の分譲などを行うようになり、大正一五年には、柴山政愛が桜草について語るラジオ放送があり、同年には日比谷公園にて桜草の展示会が開催されて、一般の関心を集めた。しかし、実際の会員数は昭和七年（一九三二）時点でも三〇名程度にすぎず、桜草連の時代と大差のない規模で、東京在住の範囲を出ることもなく、桜草園芸の普及は進まなかった。

荒川沿岸の桜草群生地は、気軽に訪れられる春の行楽地として人気を博していたが、次第に過剰利用が問題となってきた。画家太田三郎の著書『武蔵野の草と人』に「浮間の桜草狩」と題した随筆があり、大正時代の浮間ヶ原とそこに集う人々の様子がわかる（図11）。

その後の太平洋戦争は、桜草園芸にも壊滅的な被害をもたらした。昭和一八年に設立された社団法人園芸文化協会は、戦時下にあって桜草をはじめとする様々な植物の園芸品種が失われていく状況を打開するため、会員に呼びかけて保存を要する園芸品種の台帳を作成し、その所有者に対し収集品の保存に努めることを依頼した。しかし、昭和一九年の中頃から激化した空襲により、各地の愛好家の収集品は次々と失われていった。

一方、荒川のサクラソウ群生地は学術的にも貴重であることから、植物学者の三好学が天然記念物にすべく浮間ヶ原を調査したが、観光地化による荒廃が進んでおり、指定は不可能であった。そこで上流の埼玉県土合村を調査し、大正九年に「土合村サクラソウ自生地」として天然記念物に指定された。これが現在の田島ヶ原のサクラソウ自生地である。

さらに上流の馬宮村（現・さいたま市西区）にも広大な自生地があり、昭和九年（一九三四）に「馬宮村桜草自生地」として指定され、「錦乃原」と命名されて賑わった。

どちらの自生地も太平洋戦争下で食糧増産のために開墾が進んだが、かろうじて残った田島ヶ原サクラソウ自生地は、戦後の昭和二七年に特別天然記念物に格上げされ、保護団体もできて保存されることとなった。馬宮村のほうは荒廃が激しかったため指定解除となったが、平成六年（一九九四）には「錦乃原櫻草園」が創設され、地元農家で保存栽培されていた株が植えられ、保存会もできて復活が進められている。

図11　太田三郎「浮間ヶ原桜草狩り」（『武蔵野の草と人』）

田島ヶ原サクラソウ自生地におけるサクラソウは、近年よい生育状況とは言えない。元来湿地性の植物で、毎年夏から秋に起こる洪水と、冬に行われる野焼きによって増殖してきたのであるが、河川管理が行き届くようになって洪水が起こらなくなり、土砂の堆積による乾燥が進んだためと考えられる。

三　桜草園芸文化の継承

1　伝統的な展示手法の継承

図12　日本最古の桜草花壇の写真（さくらそう会）

桜草園芸には「桜草花壇」と呼ばれる伝統的な陳列観賞手法がある。江戸時代に創作された桜草園芸に特有のもので、咲きそろった桜草の鉢を配色よく互いが引き立て合うよう雛壇に並べるものである。

『櫻草作傳法』は、著者・成稿年ともに不詳ながら、桜草連の二番組「山の手連」に属する有力者によって天保の末頃に書かれたと推測されているが、同書には桜草花壇の飾り方についての指針が示されている。

明治前期以前の製作とされる日本最古の桜草花壇（図12）は、間口一間、奥行五尺の組み立て小屋で、木組みの土台の四隅に細めの丸柱を建て、油障子の切妻屋根に招き軒という短い庇状の屋根がついた軽やかな意匠となっている。側面は風通しよく葭簀で壁をつくり、背面は桜草の花色がよく見えるよう組障子に紺土佐《こんどさ》（濃く藍染めされた厚手の和紙で、安価で丈夫なため書物の表紙や雨傘に用いられた）を張っている。小屋の内部には桜草鉢を並べるための五段の棚が組まれ、一段目の高さは二尺、二段目以降は六寸ずつ上がり、最後段が四尺四寸となって、正面から棚全体を見渡すのにほどよい高さになっている。

2　伝統的な栽培・育種法の継承

江戸で桜草園芸が盛んになると、次第に一品種ごとに鉢に植えて栽培観賞するようになり、その頃から桜草の鉢植えに使われてきたのが、生活雑器であった「孫半斗鉢（略称「孫半」）」である（図13）。

その頃の江戸では、瀬戸で焼かれた安価な生活雑器が流通しており、そのうち、五升入りの水甕を「半斗甕」、口径五〜六寸で塩や味噌を入れるのに適した器を「孫半斗鉢」と呼んだ。この孫半斗鉢の底に水はけ用の穴をあけ、桜草鉢に転用した。この鉢は手ごろな大きさで入手しやすいだけでなく、鉢の内外にかけてある釉薬が土の乾燥を防ぎ、ビスケット状の素地に断熱効果があって根焼けを防ぐ、といった特徴があり、桜草の栽培に適していた。また、地味で素朴な味わいのある鉢の表面が繊細な花色の桜草を引き立てるため、観賞にも好都合であった。

図13　桜草園芸に最適だった「孫半斗鉢」（上：栗原信充『金生樹譜別録　上巻』〈国立国会図書館〉に描かれた孫半斗鉢，中：今も現役で使われる江戸時代に焼かれた孫半斗鉢，下：孫半斗鉢の底にあけられた水はけ用の穴．中・下は筆者撮影）

桜草は、適切に管理すればどんな鉢でも栽培できるが、伝統的な園芸趣味に適う鉢としては、今も孫半斗鉢が高く評価されている。

当時は出来合の植木鉢が市販されておらず、孫半斗鉢にウメやツツジ類、キクやアサガオなど様々な植物が植えられた。

桜草の種子をまいて育てると多様な花が咲くため、その中から育種の目標に沿うものを残し、さらにその種子をまくことをくり返すことで目標に近づけることができる。これを「選抜育種」というが、江戸時代の愛好家は、この技術を経験的に高めていったと考えられる。江戸時代に作出された品種は、困難な時代を乗り越え今も多数保存されており、約三〇〇年続く育種の歴史を辿ることができる。

四　世界から注目される桜草

桜草を初めてヨーロッパに紹介したのは、安永四年（一七七五）八月から安永五年一二月にかけて日本に滞在したスウェーデンの植物学者C・P・ツンペルクと考えられる。帰国後の一七八四年に刊行した『日本植物誌』のサクラソウ属植物の記述に、「庭で栽培されている」、「四月に咲く」などの内容があることから、この植物が桜草に該当すると考えられる。ここでツンペルクは、プリムラ・コルツソイデス（Primula cortusoides. 一七五三年にC・V・リンネが命名。ウラル山脈から朝鮮半島にかけて広域分布するが、日本には自生しない）と同定したため、その後しばらくの間、桜草がプリムラ・コルツソイデスの変種とされる時代が続くことになった。

生きた桜草がヨーロッパに渡った経緯について、オランダの植物学者H・ヴィッテは、著書『フローラ』（一八六八年）に、「ライデン（オランダ）のＰ・Ｆ・Ｖ・シーボルトによって、一八六二年に日本から輸入され、一年後にロンドンのヴィーチ商会に売却された」と記している。なお、一八六二年はシーボルトが二回目の日本訪問から二八〇余種の生きた植物とともに帰国した年に当たる。

その後、ベルギーの植物学者Ｃ・Ｊ・Ｅ・モレンは、自身が編集する園芸評論年鑑『園芸ベルギー』の一八七三年号に掲載した論文の中で、シーボルトによって日本から導入された桜草をプリムラ・コルツソイデスの変種とする従来の学説を否定し、新種としてシーボルトにちなんだ学名 Primula sieboldii を与えた。また「一八六二年にヨーロッパに渡って以来、桜草は多くの展示会や花屋で見かけるようになり、この魅力的な植物はいつも多くの人々の賞賛を集めている」と書いている。このころ流行した日本趣味（ジャポニスム）も追い風となり、桜草は他の日本産園芸植物と同様に人気を集めたと考えられる。

付論　富本節と定紋の桜草

富本節は浄瑠璃の一流派で、常磐津節、清元節と合わせて豊後三流と呼ばれる。豊後節から常磐津節が派生、さらに常磐津節から富本節が、富本節から清元節が派生した。富本節初代富本豊前掾《ぶぜんのじょう》は常磐津節の脇を務めた後、寛延元年（一七四八）に独立した。品のよい浄瑠璃で、江戸歌舞伎の出語りとしても出演した。

二代目豊前太夫は襲名の折、松江藩十代藩主松平治郷《はるさと》（不昧公《ふまい》）から「七重八重野辺の錦や桜草」という句と桜草の紋所を祝ってもらった。以後、七本の茎にひとつずつ花が描かれた「七本桜」の紋所は、富本節の定紋となり、桜草といえば富本節をさす言葉にもなった。このころは桜草園芸の流行期に当たり、人気沸騰のミュージシャンが流行の最先端のロゴマークを身に付けたということになる。二代目豊前太夫は面長な顔立ちから「馬づら豊前」と呼ばれ、その美声とともに人気を博し、富本節は全盛期を迎えた。上品な富本節を身に付けると奉公に上がる際に喜ばれたため、入門希望の若い女性が殺到した。

富本豊雛《とよひな》は「寛政三美人」の一人に数えられる吉原芸者で、富本節の名取としても有名で、七本桜の紋付を着た美人画が残されている。

また当時の黄表紙に二代目の人気ぶりを筋書きとした『櫻草野邊錦《さくらそうのべのにしき》』（天明三年〈一七八三〉、宿屋飯盛）がある。

富本屋の子息午之《うまの》助《すけ》は、幼い時分から浄瑠璃の才能が優れ、ついに天下一の名取りとなったが、その初めは庭に大きな桜草と銀杏の木とが一夜のうちに生え出たことであり、母はこれこそ午之助がこの道の棟梁になる前兆であろうと喜んだ。銀杏の木が生えたのは、富本節を上演した中村座の定紋が、銀杏の葉を飛んでいる鶴のかたちに図案化した銀杏鶴であったためである。午之助の浄瑠璃は世間にもてはやされ、ついに禁中に上って一曲をお聴きに入れ、庭に生え出た桜草と銀杏の木が召されて、紫宸殿の「右近の橘」「左近の桜」を「右近の銀杏」「左近の桜草」に植え替えた。

〔主な参考文献〕

『荒川放水路変遷誌　もっと知っておきたい荒川放水路の歴史と効果』荒川放水路変遷誌編集委員会、二〇一一年、国土交通省関東地方整備局荒川下流河川事務所調査課
『伊藤伊兵衛と江戸園芸〈二〇〇三年度第二回企画展図録〉』豊島区立郷土資料館、二〇〇三年
『色分け花図鑑　桜草』鳥居恒夫、二〇〇六年、学習研究社
『江戸図屏風の謎を解く』黒田日出男、角川選書、二〇一〇年、角川学芸出版
『江戸とアバター　私たちの内なるダイバーシティ』池上英子・田中優子、朝日新書、二〇二〇年、朝日新聞出版

『江戸の川・東京の川』鈴木理生、一九八九年、井上書院
『江戸はこうして造られた』鈴木理生、ちくま学芸文庫、二〇〇〇年、筑摩書房
『江戸府内絵本風俗往来　新装版』菊池貴一郎、二〇〇三年、青蛙房
『園芸文化　第一号』加藤光治、一九四八年、社団法人園芸文化協会
『大江戸カルチャーブックス　江戸の花競べ園芸文化の到来』小笠原左衛門尉亮軒、二〇〇八年、青幻舎
『改訂新版　日本の野生植物四』大橋広好・門田裕一・木原浩・邑田仁・米倉浩司、二〇一七年、平凡社
『解読　花壇綱目』青木宏一郎、二〇一八年、創森社
『黄表紙解題』森銑三、一九七二年、中央公論社
『嬉遊笑覧（五）』喜多村筠庭、岩波文庫、二〇〇九年、岩波書店
『さくらそう』鳥居恒夫、一九八五年、日本テレビ
『さくらそうアラカルト　江戸園芸への誘い』茂田井弘・茂田井円、二〇一七年、小学館スクウェア
『桜草栽培の歴史〈第二版〉』竹岡泰通、二〇一六年、創英社／三省堂書店
『サクラソウの目　保全生態学とは何か』鷲谷いづみ、一九九八年、地人書館
『シーボルト　日本の植物に賭けた生涯』石山禎一、二〇〇〇年、里文出版
『一九世紀日本の園芸文化―江戸と東京、植木屋の周辺―』平野恵、二〇〇六年、思文閣出版
『新燕石十種　第二』国書刊行会（編）、一九一二年、国書刊行会
『図説　江戸図屛風をよむ』小澤弘・丸山伸彦、一九九三年、河出書房新社
『世界のプリムラ』世界のプリムラ編集委員会、二〇〇七年、誠文堂新光社
『川柳江戸吉原図絵』花咲一男、一九九三年、三樹書房
『ダーウィンの花園』ミア・アレン（著）、羽田節子・鵜浦裕（訳）、一九九七年、工作舎
『東洋文庫288　花壇地錦抄・草花絵前集』加藤要、一九八九年、平凡社
『徳川實紀　第壹編』成島司直他編、一九〇四年、経済雑誌社
『日本庭園の植栽史』飛田範夫、二〇〇三年、京都大学学術出版会

『日本博物学史』上野益三、講談社学術文庫、一九八九年、講談社
『民俗と植物』武田久吉、講談社学術文庫、一九九九年、講談社
『武蔵野の草と人』太田三郎、一九二〇年、金星堂

〔付記〕

本編は、令和四年（二〇二二）四月一三日から四月二一日まで開催された神代植物公園特別企画展「江戸の花―さくらそう―」展の展示図録から主に近世に関する部分の一部を抄録させていただいたもので、一部鳥居恒夫先生による加除筆をいただいた。図版は適宜選択し、図版番号とキャプションを付して本文に図版番号を追加した。

転載をご快諾いただいた東京都公園協会、ならびに監修のさくらそう会と、鳥居恒夫先生に厚く御礼申し上げる。

神代植物公園特別企画展『江戸の花―さくらそう―』図録　二〇二二年七月
編集発行：公益財団法人東京都公園協会　神代植物公園サービスセンター
〒一八二―〇〇一七　東京都調布市深大寺元町五―三一―一〇
制作協力：株式会社都市計画研究所

江戸遺跡における「植栽痕」認識の変遷と現在

宮川和也

はじめに

江戸遺跡の発掘調査報告では、武家地・町屋等といった調査地の区分を問わず、「植栽痕」とされる遺構の記載をしばしば見かける。また、筆者自身も調査現場で検出される土坑状の掘り込みや、根痕の集合体のような不整形のごく浅い性格不明な遺構等について、結果的に「植栽痕」の性格を付与することを行ってきた。

管見の限り、江戸遺跡で上記のような遺構を「植栽痕」として分類し、積極的に取り上げた嚆矢は、豊島区染井遺跡日本郵船地区の報告である（駒込六丁目遺跡〈日本郵船地区〉調査会一九九〇）。その後、新宿区払方町遺跡の報告（新宿区払方町遺跡調査団一九九九）では、美濃部達也により植栽痕の形態分類や文献史料との対比から、当時の造園技術を復元する試みがなされた（美濃部一九九九）。さらに、豊島区染井遺跡中央聖書教会・学校地区の報告（染井遺跡〈中央聖書教会・学校地区〉調査団二〇一一）では、上記で美濃部によって指摘された樹木の移植に際して行われる「根回し」や「根巻」等について（美濃部前掲）、これを植栽痕の土層断面観察から検討する手法が示された（伊藤・山田二〇一一）。またこれとは別に、染井遺跡ソシエ駒込第二地区の整理調査（特定非営利活動法人としま遺跡調査会二〇一二）では、検出された一七三基の植栽痕等をもとに、植栽痕の断面形態と覆土の分類を組み合わせた独自の分類案が示されたが（宮川二〇一二）、ほぼ当該報告内での提示に留まっている。

以上が江戸遺跡における「植栽痕」についての認識をめぐるおおまかな流れであるが、以下でその変遷をもう少し詳しくみていきたい。

一　植栽痕の「発見」と認識の広がり

さきに述べたように、「植栽痕」が積極的に取り上げられた嚆矢は染井遺跡日本郵船地区の報告（駒込六丁目遺跡調査会前掲、以下『染井Ⅰ』）であるが、植栽痕自体はそれ以前から調査されており、土坑や攪乱などとして扱われていた（美濃部前掲、一八四頁）。染井遺跡日本郵船地区は、近世の植木屋、伊藤小右衛門および重兵衛の屋敷地の一画と推定されており、出土遺物の組成や遺構の主要な年代観がおよそ合致するという事実（『染井Ⅰ』、二七八～二七九頁）から、こうした遺構を植木屋との関連で捉えることは当然の流れであったと言える。しかし、ここで植栽痕の定義はまだ明示されていない。

翌一九九一年に刊行された染井遺跡丹羽家地区の報告（染井遺跡〈丹羽家地区〉調査会一九九一、以下『染井Ⅱ』）でも明確な定義は示されていないが、これと同時期に刊行された『染井遺跡の発掘調査』（豊島区教育委員会一九九一）では、『染井Ⅰ』『Ⅱ』等の成果をわかりやすく解説する中で、「植栽痕」を次のように定義している。いわく「植栽痕とは、樹木を植える時、あるいは抜き取る時に円形に掘られた穴」であり、その形態に「一つは中央部が丸く盛り上がるもので、もう一つは窪んでいるもの」の二種があるものとしている。さらにこの形態の違いを「植物の種類によって根の張りかたが違うため、根切り方法にも違いが出る」ものと推測している。以上が『染井Ⅰ』『Ⅱ』当時の植栽痕に対する認識であり、「植栽痕」とは、あくまで樹木の移植（抜根）に関わる遺構として捉えられている。一方、抜根の有無は明らかでないが、『染井Ⅰ』二二号・五〇号遺構は、共にみられるピット状の掘り込みについて「植栽木を固定するための杭の跡」（『染井Ⅰ』、五八頁）等としていることから、これらについてはおそらく樹木の植え穴とみて、五〇号遺構については花粉分析が実施されている。なお、ここでの花粉分析は、中央部が丸く盛り上がるタイプ（二八号遺構）と、中央が窪むタイプ（八八号遺構）についても実施されており、植栽痕の形態の違いが、樹種によって異なる可能性を模索したものであったことがうかがえる。

また、『染井Ⅰ』『Ⅱ』で植栽痕としている遺構の事実記載をみると、植栽痕としての判断基準には形態と共に、覆土の観察があったものと読み取れる。例えば『染井Ⅰ』七〇号遺構では、とりわけ底面付近（2層）にローム粒・ロームブロックを多く含む傾向について「1層は埋め戻しによるもので、2層は抜根時に残った土」（『染井Ⅰ』、七三頁）とする見方を示しており、すなわち樹木の抜き取りに際して一旦掘り上げられた土（1層）と、その際に撹拌された地山（ローム）由来の土（2層）といった解釈がなされている。こうした植栽痕の覆土に地山由来の土（ローム粒・ロームブロック）が多く含まれるという認識は、少なくとも豊島区内の遺跡調査で『染井Ⅱ』以降もおおむね一貫して採用されている。

その後に実施された豊島区巣鴨遺跡区立つつじ苑地区の発掘調査（巣鴨遺跡埋蔵文化財発掘調査団一九九三、以下『巣鴨町Ⅰ』）でも、『染井Ⅰ』『Ⅱ』の「植栽痕」認識は引き継がれていった。むしろ、植木屋推定地域以外の、町屋にあたる地域でも同様に確認されたという点で、その認識がさらに強化されたものと言える。また、この『巣鴨町Ⅰ』の報告において「植栽痕」の認識に新たな分類が加わることとなる。『巣鴨町Ⅰ』三三号遺構は平面形が不整楕円形を呈し、底面は「小ピット」(根痕)による凹凸が著しい遺構で「形態や覆土の様相から植栽痕」(同前、五五頁)とされる遺構である。のちに刊行された『掘り出された町すがも』(豊島区教育委員会一九九四)では、この三三号遺構を「立ち枯れた樹木である可能性」のある遺構として取り上げている。こうして「植栽痕」とは、樹木の移植(抜根)に関わる遺構であるという認識に加え、新たに「立ち枯れ痕」という形態があるものと認識されるに至った。

二 植栽痕の「豊島分類」と「新宿分類」(図1・2)

『染井Ⅰ』から『巣鴨町Ⅰ』までに形成された「植栽痕」についての認識は、およそ次のようなものと言える。まず「植栽痕」とは、樹木の移植ないし抜根によって掘削された遺構、および樹木が立ち枯れた痕跡であり、その形態には以下のようなものがある。すなわち、1類：底面中央が盛り上がるもの(図1上)、2類：底面中央が窪んでいるもの(図1下)、3類：やや浅く、夥しい根痕(根穴)の群集のみられるもの(図2上)である。また覆土には、地山(ローム、基本土層)由来のブロックが多く含まれ、とくに下位の土層において顕著に認められる。以上を本稿では、植栽痕の「豊島分類」と仮称しておきたい。

ところで、豊島分類3類に掲げられているものが『巣鴨町Ⅰ』で認識された「立ち枯れ痕」であるが、こうした1・2類に当てはまらない、夥しい根痕によって構成される遺構を植栽痕に含める見方は、実のところ『巣鴨町Ⅰ』以前にも認められる。『染井Ⅰ』五〇号遺構はその一つと言えるが(図2下)、この遺構には「植栽木を固定するための杭の跡」と推測される張り出し部が伴い(『染井Ⅰ』、五八頁)、その覆土について花粉分析も行われている。一方で、

豊島分類１類：
底面中央が盛り上がるもの
（『染井Ⅰ』・20 号遺構）

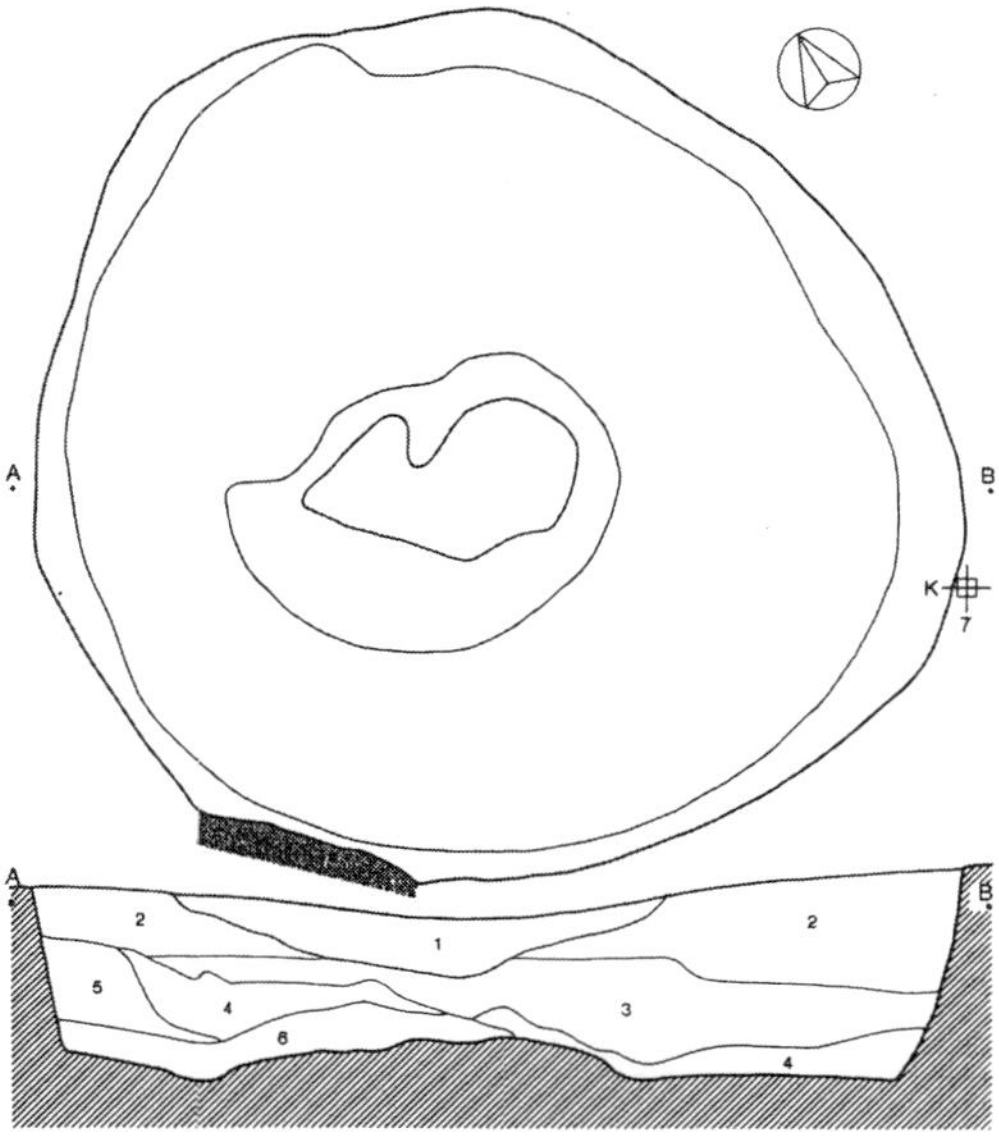

豊島分類２類：
底面中央が窪んでいるもの
（『染井Ⅱ』・81 号遺構）

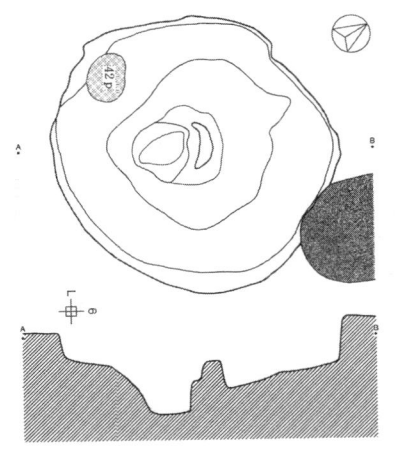

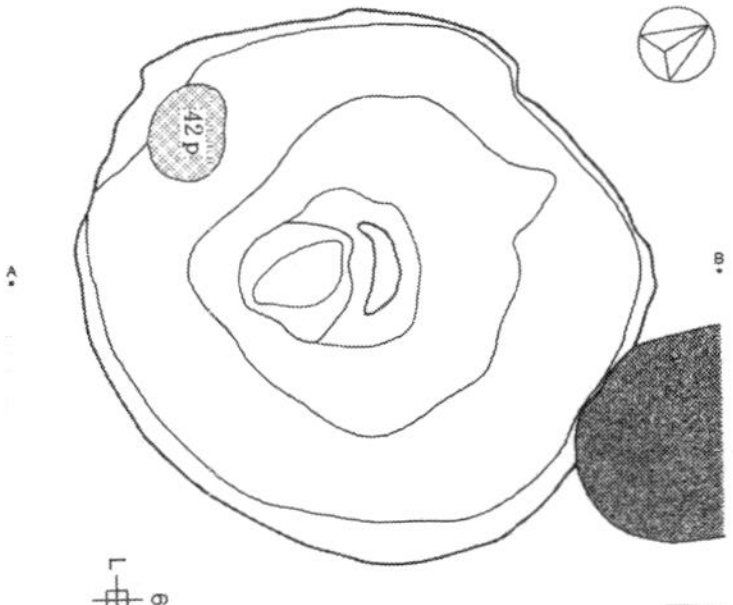

1/60
2 m

図１　豊島分類の植栽痕（1）

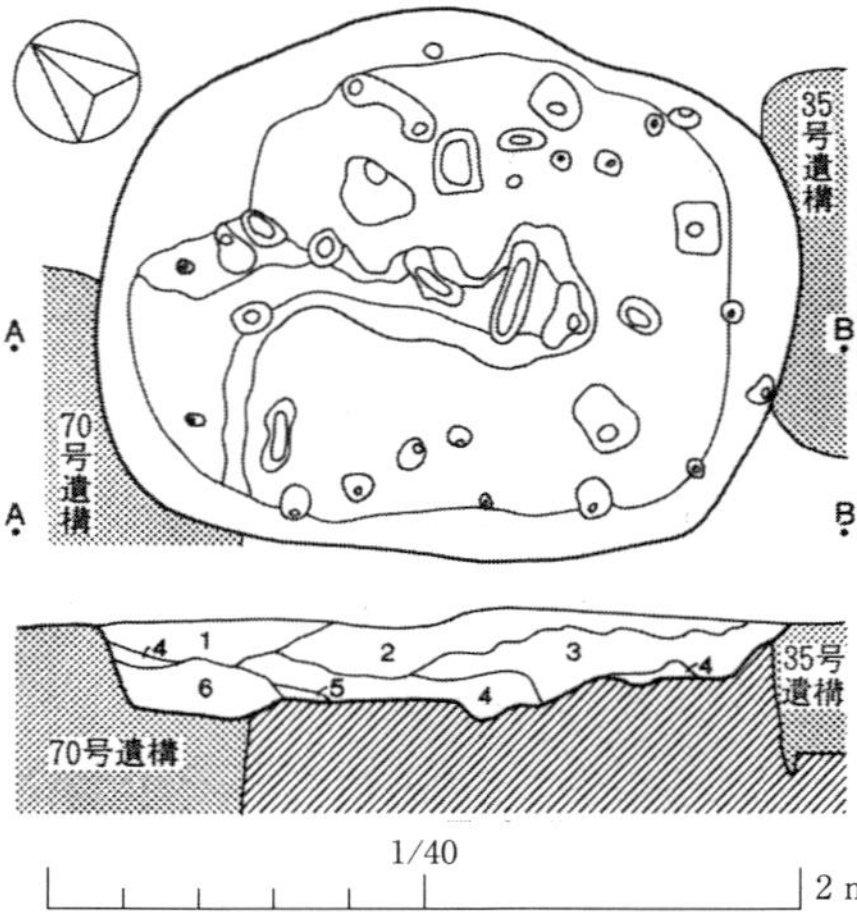

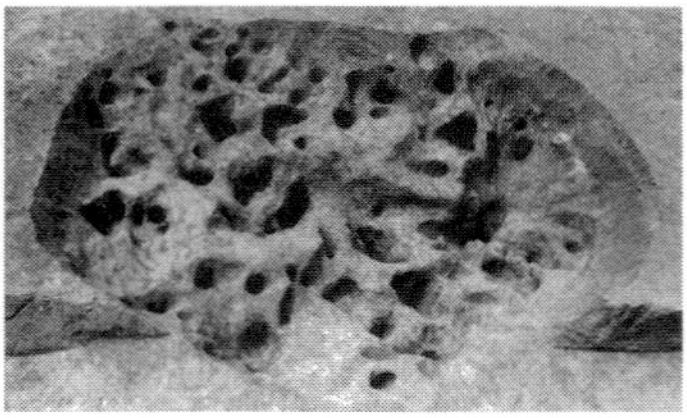

豊島分類３類：立ち枯れ痕（『巣鴨町Ⅰ』・33号遺構）

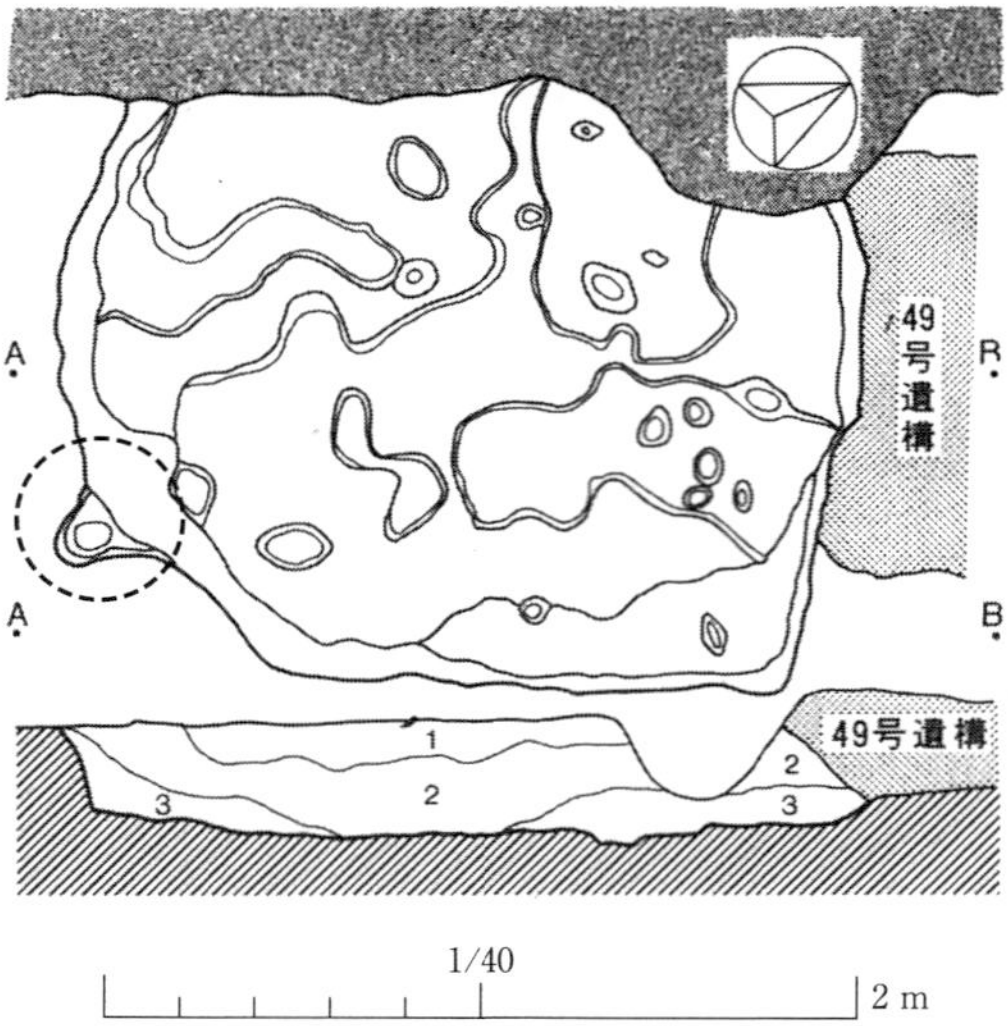

植栽木を固定するための杭の跡
（『染井Ⅰ』・50号遺構）

図２　豊島分類の植栽痕（2）

『染井Ⅱ』一三四号遺構などは植栽痕の可能性を示しつつも、「植栽痕」として扱うことにはやや慎重であった（『染井Ⅱ』、七五頁）。のちに梶原勝は、「もうひとつ広い意味での植栽痕」として立ち枯れ痕を一旦区別し、確証はないとしながらも「立ち枯れた後の、また不用になり伐採した後の、移植を前提としない抜根の跡ではないか」と推測している（梶原一九九九）。

その頃、新宿区南町遺跡の報告（新宿区南町遺跡調査団一九九四）では、植栽痕を「植物を移植した際の掘り込み。底面・壁面とも未調整で鍋底状もしくはドーナツ状の掘り込みのものが多い」（同前、二五〇頁）ものとしており、これは前述の豊島分類1・2類としたものに近い。一方、同3類の「立ち枯れ痕」にあたるものについては「植物跡　植物の根によって浸食された跡」（同前）として、植栽痕とは明確に区別している。

のちに百人町三丁目遺跡の報告（新宿区遺跡調査会一九九六）では「人為的な植え替えの跡だけでなく、自然な状態の植物痕」を含めて「植栽痕」とし、これを1～4（類）に分類した（同前、一三九頁）。これを本稿では植栽痕の「新宿分類」と仮称しておく。新宿分類1類は豊島分類3類にあたるものとみられるが、「底面は鉢（移植する際に掘り上げる範囲。植栽痕の直径）全体に根穴が多く認められるもの」（同前）として、より具体的な解釈に踏み込んでいる。新宿分類2・3類は、豊島分類1類にあたるものを、底面中央の状態からさらに区分したものである。4類は、豊島分類2類にあたると言える。この時点で新宿分類と豊島分類はおおむね共通した内容ではあったが、新宿分類は、このときすでに植栽痕の形態から想定される近世～近代の植栽技術を念頭に置いたものであったことが窺える。その詳細は、後述する「払方町分類」で明らかとなる。

三　「払方町分類」の登場とその後（図3・4）

百人町三丁目遺跡での「新宿分類」を先触れとして、その三年後に刊行された新宿区払方町遺跡の報告では、それをさらに発展させた「植栽痕」の詳細な分析が試みられた（新宿区払方町遺跡調査団一九九九、美濃部前掲）。これを本稿では「払方町分類」と仮称しておきたい。

この中で美濃部は、まず樹木の根の形態に「深根性」と「浅根性」があることを述べ、近世以降の造園技術書に見える「根回し」や「根巻」等から、どのような施業の結果が植栽痕の形態に反映されるかを推測して、植栽痕の形態をa～f（類）の六つに分類した。さらに、これらに推測される具体的な施業内容をもとに、a・b（1・2）・c～e・f（1・2）の八項目を示している。

払方町分類a類は、以前の新宿分類1類とほぼ同じであるが、a類では「樹木が立ち枯れ、そのまま廃絶されたもの（a）と明記された。b・c類は新宿分類2・3類に相当するが、b類は「根回し」（b1・2）、c類は浅根性の樹木を「「ふるい」または「ハタキ」の状態で掘り起こした植え穴」（c）としている。d類は同じく4類に相当し、「根回し」を行い、その後、「根巻」をして移植したもの」（d）とした。e・f類は、従前の豊島分類・新宿分類にはみられなかったもので、e類は「ある程度の深さを持ち、断面形が鍋底状を呈するもの」、f類は「遺構の深さが浅く、壁・底面に根穴があり、壁面に対し、底面の方が顕著で、これに伴う起伏が著しいもの」として、どちらも根穴の有無が認定の鍵となっている。e類は「「根回し」・「根巻」をしないで掘り起こした痕」（e）、f類は「掘り起こす目的のみの痕」（f―1）と「根を切ることにより樹木の育成を促進させる目的のもの」（f―2）が想定されてい

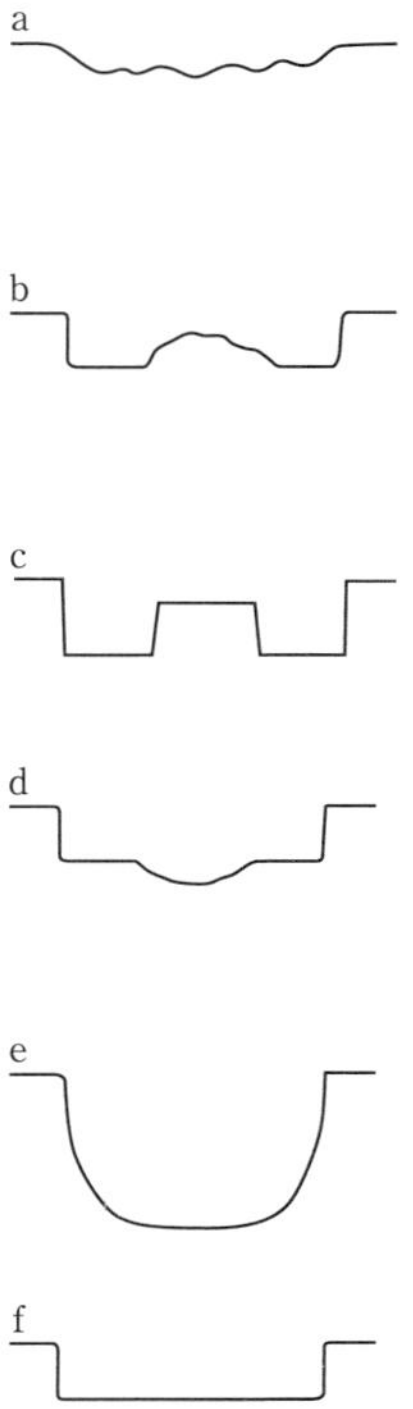

植物痕の形態分類
（美濃部 1999，図 151 より引用）

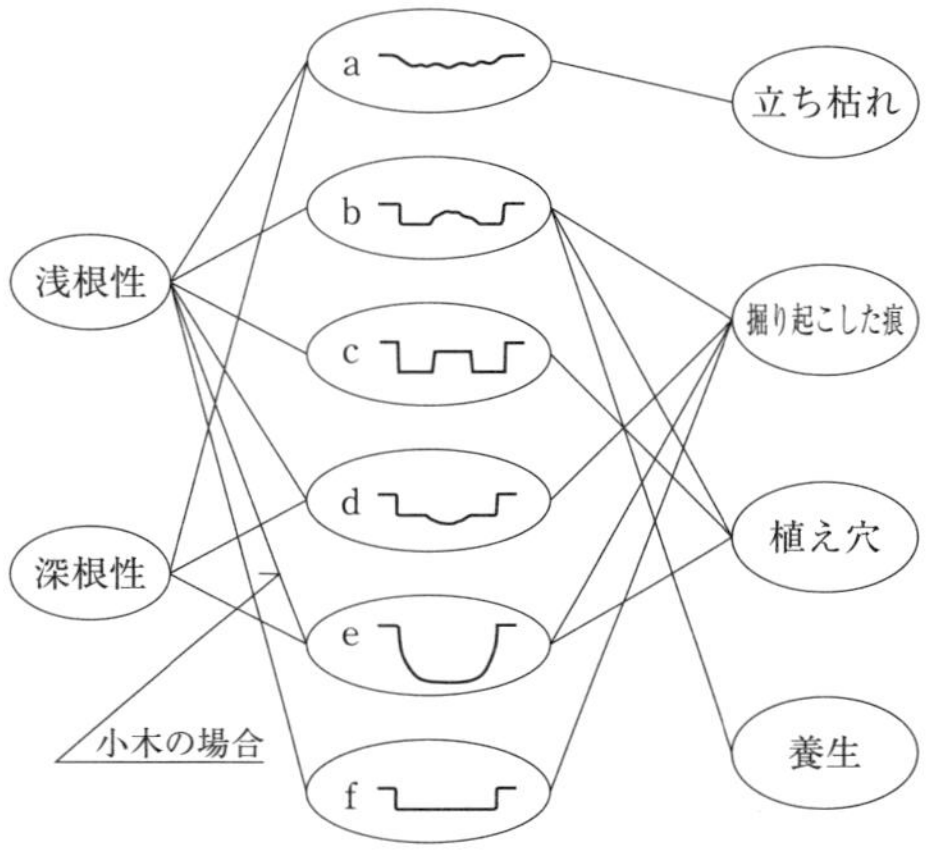

形態分類から見た相関関係
（美濃部 1999，図 152 より引用）

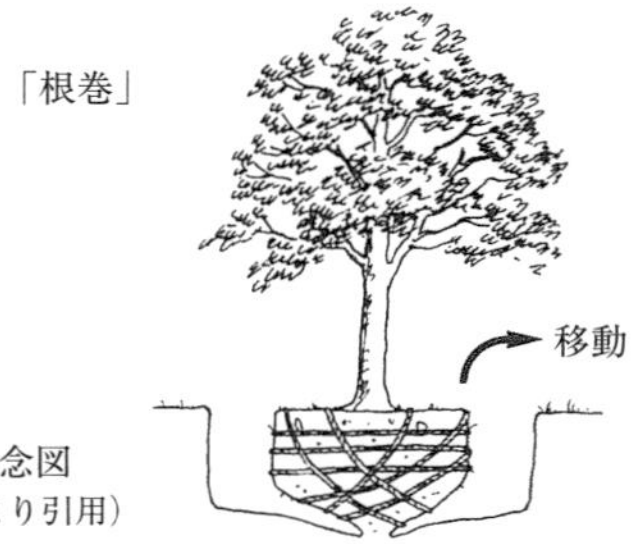

根回しと根巻の概念図
（美濃部 1999，図 150 より引用）

図 3　払方町分類

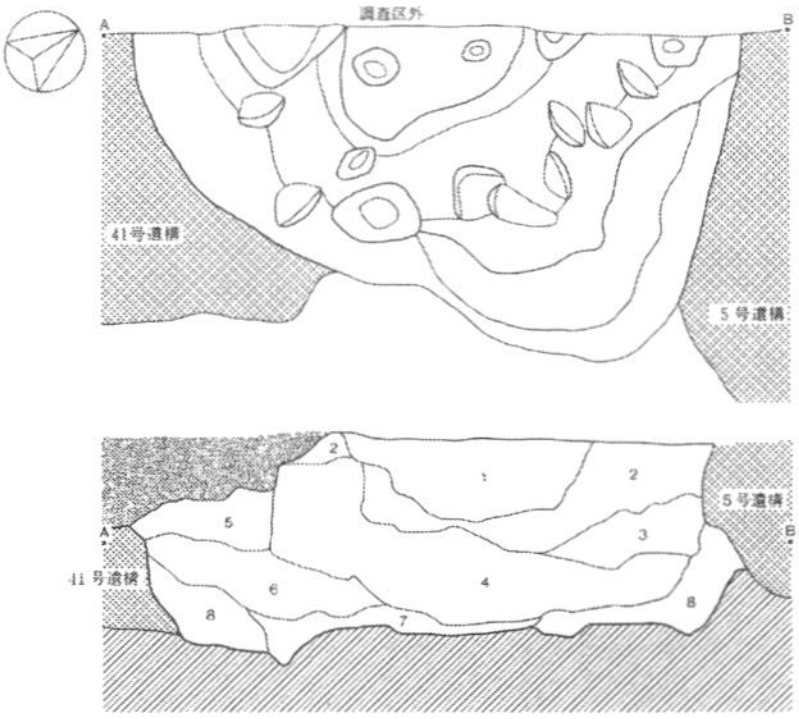

根巻により移植されたと考えられる
植栽痕（近代）
(『染井ＸＸⅡ』・B-30 号遺構)

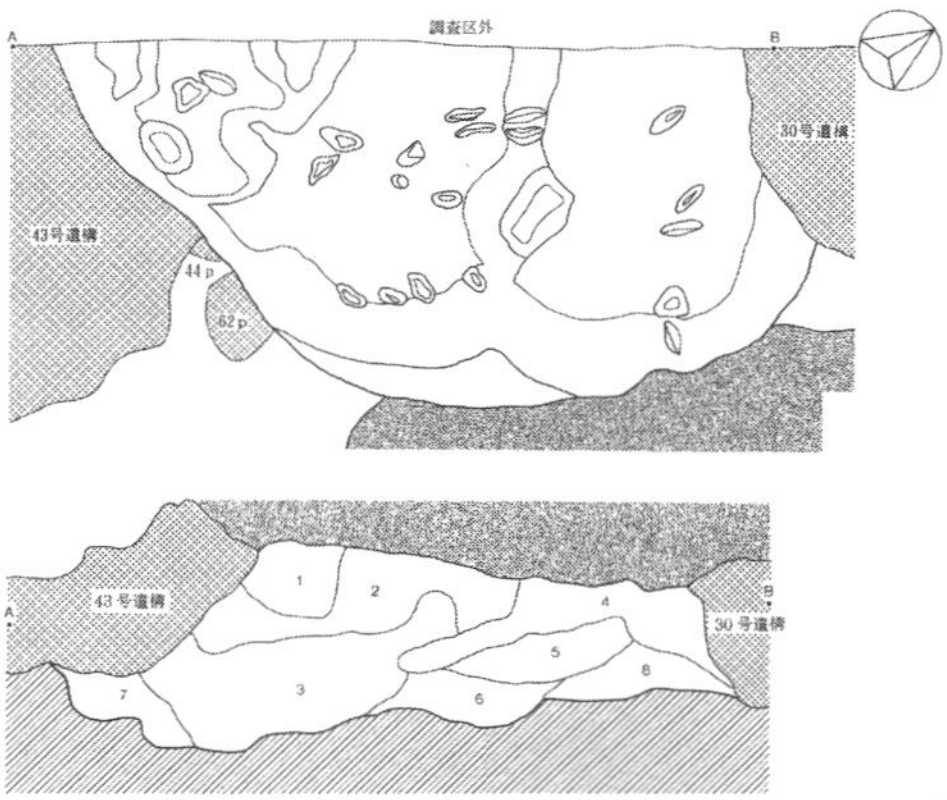

ふるいにより移植されたと考えられる
植栽痕（近世）
(『染井ＸＸⅡ』・B-41 号遺構)

1/60
2 m

樹木の鉢に見られる土層の概念図
（伊藤・山田 2012，第 46 図より引用）

図４　払方町分類以降の分類

る（図3）。

この「払方町分類」は、少なくとも『染井Ⅰ』以来、「植栽痕」の検討が早くから行われていた豊島区内の報告でも、その後おおむね好意的に受け入れられた。早速、豊島区東池袋遺跡の報告（豊島区遺跡調査会二〇〇〇）では、植栽痕の分類にあたって払方町分類を用いている。この中で、b類に比定される二六号遺構の出土遺物の年代は、b類としての性格から「廃絶年代を示している」（同前、二九七頁）ものと捉え、空間利用の変遷を考察している。また、津藩藤堂家下屋敷の一角が調査された染井遺跡（染井遺跡〈野村第二マンション地区〉発掘調査団二〇〇八）や、「伝中の植木屋」の集住地域にあたる駒込一丁目遺跡（駒込三菱地所マンション地区調査団二〇一一）の報告等でも、植栽痕としての認定基準や性格を考察する上で、払方町分類を採用している。

さらに染井遺跡中央聖書教会・学校地区の報告では、根巻等によって生じた「鉢」と思われる特徴的な土層（「ローム層の塊」。前掲、一五二頁）が確認されたことをヒントに、植栽痕の土層断面に注目し、払方町分類で指摘される「根回し」や「根巻」、「ふるい」といった施業を具体的に検討する手法を示した（染井遺跡〈中央聖書教会・学校地区〉調査団二〇一一、伊藤・山田前掲。以下『染井ＸＸⅡ』〈図4〉）。こうした植栽痕の覆土に着目した検討は払方町分類にみられないもので、前述の豊島分類でも地山由来のブロックが多く含まれるといった素朴な指摘に留まっていた。

一方、翌年に刊行された染井遺跡（ソシエ駒込第二地区）の報告では、上記の成果も盛り込んだ意欲的な分類案が示されたが（特定非営利活動法人としま遺跡調査会二〇一二、宮川前掲）、必ずしも事例に基づかない想定が含まれるなど問題が多く、当該報告内での提示に留まった。

四　「植栽痕」認識の現在

『染井Ⅰ』『Ⅱ』は、それぞれ「染井の植木屋」の伊藤家と丹羽家の屋敷地と推定されており、調査にあたって「近世植木屋の実態はどのような形で調査を進めていけば把握できるのか」（『染井Ⅰ』、三頁）といったことに主眼が置かれていた。その結果、当初の豊島分類を用いて植栽痕等の遺構を抽出し、回遊式庭園から植木溜まりへと変遷する近世～近代にかけての空間利用の実態を明らかにした（『染井Ⅱ』、一七九頁）。そして現在、「植栽痕」は植木屋といった調査対象地の区分を問わず、当時の空間利用を復元する上で無視できない要素になったと言える。

ただ、豊島分類3類、のちの払方町分類a類といった、いわゆる「立ち枯れ痕」についての認識は、その扱いに注意すべきと考える。本稿の冒頭で述べたように、筆者自身も、これまで根痕の集合体のような、不整形のごく浅い性格不明な遺構等を「植栽痕」に含めることを行ってきた。正直なところ、これが必ずしも樹木の立ち枯れた痕跡である確証はなく、多くは根痕の存在から植物に関わる何らかの遺構と推測されるに過ぎない。むしろこうした、厳密には性格不明の遺構を積極的に「植栽痕」の枠に含めることで、『染井Ⅰ』以来の認識である、人為的な園芸・植栽に関わる遺構としての「植栽痕」の意味合いが薄まってしまうことが危惧される（染井遺跡〈三菱重工業巣鴨アパート地区〉発掘調査団二〇一〇、三二一頁）。これについては、前述の新宿区南町遺跡の報告（新宿区南町遺跡調査団前掲）以前に立ち返って、これを「植物跡」として、「植栽痕」とは改めて分離することも方法の一つかもしれない。現状では、豊島分類3類、払方町分類a類の扱いには、慎重な判断が求められよう。

一方、払方町分類では「深根性」と「浅根性」といった樹木の根の張り方の違いにふれつつ、植栽痕の形態の違いを、植栽された樹木に対して行われた施業の違いとして捉えた。ここで示された植栽技術の復元という方向性には、やがて『染井ＸＸⅡ』で試みられた、土層断面からの検討という新たな視点が加わった。しかし、当初から美濃部自身が述べるように、「植栽痕」という遺構の性格の判断には今も多くの課題が残されている（美濃部前掲、一九〇頁）。

江戸遺跡において『染井Ⅰ』で「植栽痕」が取り上げられて以来、すでに三〇年以上が経過している。当初、豊島分類1・2類にみられる形態の違いを、「植物の種類によって根の張りかたが違う」（豊島区教育委員会一九九一）ものと推測した背景には、遺構としての「植栽痕」の検討を通じて、そこで栽培されていた樹種が特定できるのではないかといった期待があった。『染井Ⅰ』では、複数の植栽痕について花粉分析が実施されているが、有意な結果は得られていない。払方町分類でも、「深根性」と「浅根性」といった根の張り方の違いから、ある程度の樹種名を候補として挙げるに留めている。少なくとも現在において、遺構としての「植栽痕」の検討から樹種が特定できないという点は、明らかな成果の一つとして挙げられよう。その上で、払方町分類が明確に示した「植栽痕」の形態分類と植栽技術の復元という方向性は、今後も深化されるべきものと言える。

むすびにかえて（図5・6）

最後に、豊島区内の「植栽痕」の調査にこれまで関わってきた者の一人として、以前から気になっていた「植栽痕」の形態がある。以下蛇足となるが、スロープ状の付帯施設をもつ、直径三メートルを大きく超える、比較的大形の植栽痕について簡単にふれて本稿の締めくくりとしたい。

図5は、昭和二年（一九二七）に刊行された『樹木根廻運搬並移植法』（上原一九二七）に掲載された近代の移植の様

子を収めた写真である。「鉢」とは、「掘り上げる根の部分で、土を含んだ範囲」（美濃部前掲、一三〇頁）で、「移植に際し掘取運搬に耐へ得る大きさにして是れを鉢と称す」（上原前掲、三三頁）とある。ここでは、大形の樹木を移植する一連の作業として、根巻した鉢を台車で運搬する具体的な方法について記されているが、とりわけ注意を引くのが「竈口」の記載である。竈口は「ヒラを用ゐて運搬すべき大木」について、倒す方向を決め「樹木を引上ぐる方向」（同前、一〇七頁）に掘るもので、「幅は掘り取りたる穴の直径の約八割」とする（同前、一〇八頁）。こうした竈口と思われる施設を伴う植栽痕として、豊島区内の遺跡では、管見の限り図6に示した三例が挙げられる。

染井遺跡三菱重工業染井アパート地区（染井遺跡〈三菱重工業染井アパート地区〉調査団二〇〇一、以下『染井Ⅵ』）は、津藩藤堂家下屋敷を取り巻く同抱屋敷の一角に比定される。『染井Ⅵ』で検出された六九号遺構は、円形部分が直径三・九メートルを測り、断面形は払方町分類b類とみられることから、少なくとも根回しが行われたものと推測される。竈口と思われるスロープ部分は幅二・二メートルを測るものとされる（同前、五二頁）が、掲載された図版で幅を測ると最大幅は三・五メートル弱を測り、この場合、スロープ部の幅は円形部分の直径の九割弱に達する。出土遺物と切り合いから、一九世紀前葉の植栽痕と推定されている。またスロープ部分について樹木の運搬用通路の可能性を推測しているが、運搬器具等の痕跡が確認されていないことから詳細は不明としている（同前）。

染井遺跡レジデンスジェイティ地区（豊島区遺跡調査会二〇一二、以下『染井ⅩⅢ』）は、津藩藤堂家下屋敷の一角に比定される。『染井ⅩⅢ』五六号遺構は、円形部分の直径四・二メートルを測り、断面形は払方町分類b類、中央部が窪む点を考慮するとd類の可能性がある。スロープ部分は幅二・八メートル弱を測り、円形部分の直径の六割強に留まる。出土遺物と切り合いから一九世紀初頭以降の植栽痕と推定されている。また、同じく二四〇号遺構も同種の植栽痕とみられるが（同前、六一頁）、こちらは攪乱等による破壊を受けており、詳細は不明である。

「根巻」した樹木に取り付けられた台車

「鉢」の引揚げ

「根巻」した樹木の運搬
（大正6年〈1917〉，明治神宮）

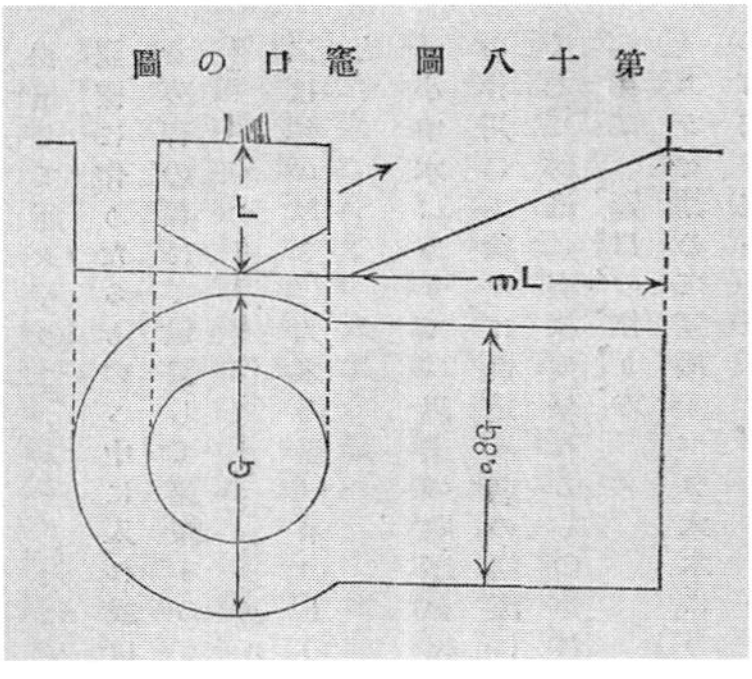

「竈口」の寸法

図5　「鉢」と「竈口」（上原 1927 より引用）

染井遺跡 69 号遺構
(『染井Ⅵ』)

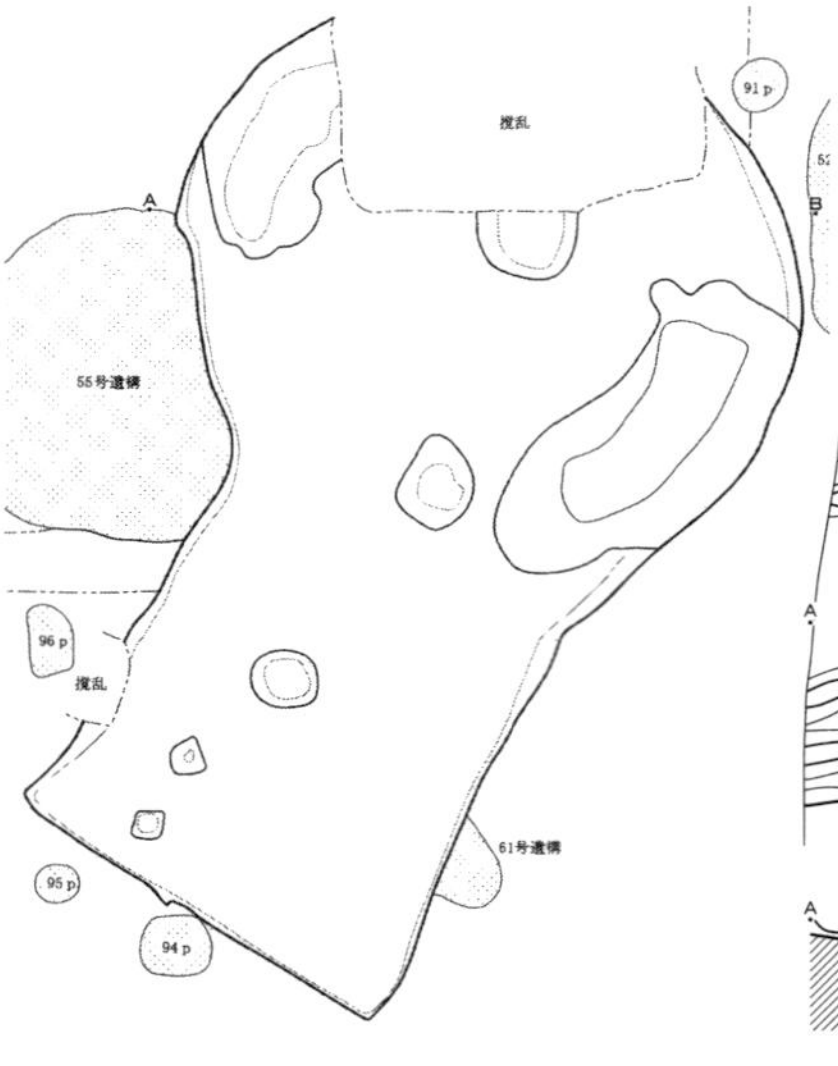

染井遺跡 56 号遺構
(『染井ＸⅢ』)

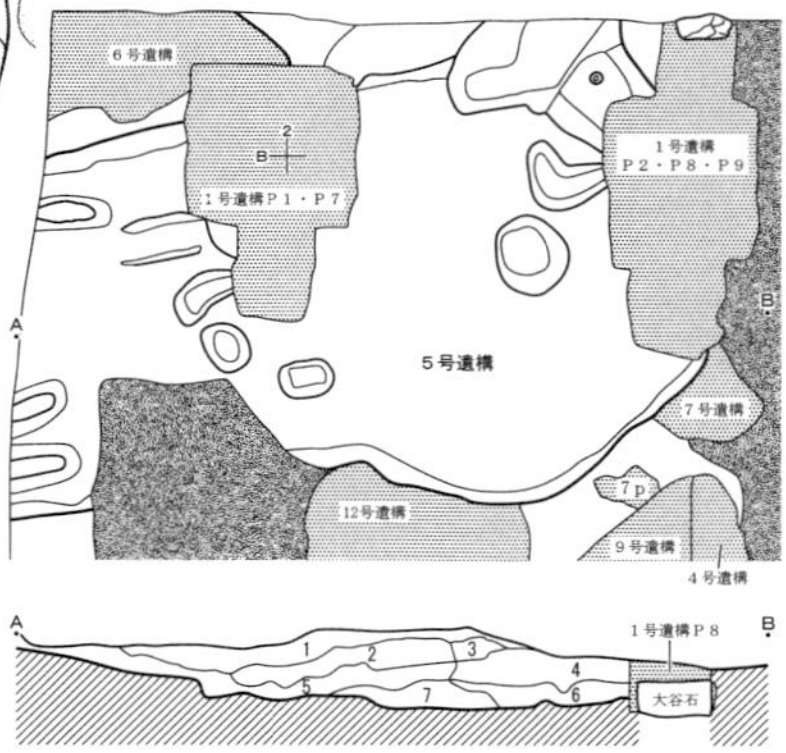

駒込一丁目遺跡 5 号遺構
(豊島区教育委員会の許可を得て引用)

1/100
4 m

図 6 「竈口」をもつ植栽痕

図6右下の駒込一丁目遺跡5号遺構は、本稿の執筆時点では未報告で、豊島区教育委員会のご厚意で引用の許可を頂いたものである。当該地区は、「伝中の植木屋」の集住地域で、その中でも高木庄八家の一角にあたる可能性がある。部分的な検出に留まり、また近代以降の遺構や攪乱による破壊を受けているものの、円形部分から続くスロープ部が検出されている。規模の詳細は不明だが、おおむね『染井XⅢ』五六号遺構と同様と推測される。出土遺物と切り合いから一九世紀前葉頃の植栽痕と推定される。

以上の「竈口」と思われる施設が付帯する植栽痕はいずれも大形のもので、豊島区内の管見の事例に限っても、武家地と植木屋のそれぞれで確認されていることから、江戸遺跡に同様の事例が多数存在するであろうことは想像に難くない。図5で引用した近代の移植技術がそのまま近世でも用いられていたものではないにせよ、今後も気になる「植栽痕」の形態の一つと言える。

〔参考文献〕

伊藤さやか・山田琴子　二〇一一「樹木の移植と植栽痕」『染井XⅡ―東京都豊島区・染井遺跡（中央聖書教会・学校地区）の発掘調査―』豊島区遺跡調査会

上原敬二　一九二七『樹木根廻運搬並移植法』嵩山房

梶原　勝　一九九九「近世の土地利用　⑤植栽痕」『染井Ⅴ―東京都豊島区・染井遺跡（三菱養和会地区）の発掘調査―』豊島区教育委員会

駒込三菱地所マンション地区調査団　二〇一一『伝中・上富士前Ⅵ―東京都豊島区・駒込一丁目遺跡（パークハウス駒込六義園地区）の発掘調査―』豊島区遺跡調査会

駒込六丁目遺跡（日本郵船地区）調査会　一九九〇『染井Ⅰ―染井遺跡（日本郵船地区）発掘調査の記録―』豊島区教育委員会

新宿区遺跡調査会（百人町三丁目遺跡）一九九六『東京都新宿区百人町三丁目遺跡Ⅲ』東京都清掃局・新宿区

新宿区払方町遺跡調査団　一九九九『東京都新宿区払方町遺跡―警視庁払方宿舎建設事業に伴う緊急発掘調査報告書―』大蔵省関東

財務局・警察庁

新宿区南町遺跡調査団　一九九四『東京都新宿区南町遺跡―兵庫県東京宿舎市ヶ谷寮改築工事に伴う緊急発掘調査報告書―』兵庫県・新宿区南町遺跡調査団

巣鴨遺跡埋蔵文化財発掘調査団　一九九三『巣鴨町Ⅰ―巣鴨遺跡（区立つつじ苑地区）発掘調査の記録―』豊島区教育委員会

染井遺跡（プラウド駒込地区）発掘調査団　二〇〇六『染井XⅠ―東京都豊島区・染井遺跡（プラウド駒込地区）の発掘調査―』豊島区遺跡調査会

染井遺跡（野村第二マンション地区）発掘調査団　二〇〇八『染井XⅡ―東京都豊島区・染井遺跡（野村第二マンション地区）の発掘調査―』豊島区遺跡調査会

染井遺跡（丹羽家地区）調査会　一九九一『染井Ⅱ―染井遺跡（丹羽家地区）発掘調査の記録―』豊島区遺跡調査会

染井遺跡（中央聖書教会・学校地区）調査団　二〇一一『染井XⅡ―東京都豊島区・染井遺跡（中央聖書教会・学校地区）の発掘調査―』豊島区遺跡調査会

染井遺跡（三菱重工業巣鴨アパート地区）発掘調査団　二〇一〇『染井XⅣ―東京都豊島区・染井遺跡（三菱重工業巣鴨アパート地区）の発掘調査―』豊島区教育委員会

染井遺跡（三菱重工業染井アパート地区）調査団　二〇〇一『染井Ⅵ―東京都豊島区・染井遺跡（三菱重工業染井アパート地区）の発掘調査―』豊島区教育委員会

染井遺跡（三菱養和会地区）発掘調査団　一九九九『染井Ⅴ―東京都豊島区・染井遺跡（三菱養和会地区）の発掘調査―』豊島区教育委員会

特定非営利活動法人としま遺跡調査会　二〇一二『染井XXⅣ―東京都豊島区・染井遺跡（ソシエ駒込第二地区）の発掘調査―』豊島区教育委員会

豊島区遺跡調査会　二〇〇〇『東池袋Ⅰ―東京都豊島区・東池袋遺跡の発掘調査―』

豊島区遺跡調査会　二〇一二『染井XⅢ―レジデンスジェイティ地区・Brillia 駒込染井地区の発掘調査―』

豊島区教育委員会　一九九一『染井遺跡の発掘調査』

豊島区教育委員会　一九九四『掘り出された町すがも』

美濃部達也　一九九九「植栽痕について」『東京都新宿区払方町遺跡―警視庁払方宿舎建設事業に伴う緊急発掘調査報告書―』新宿区払方町遺跡調査団
宮川和也　二〇一二「植栽痕」『染井ＸＸⅣ―東京都豊島区・染井遺跡（ソシエ駒込第二地区）の発掘調査―』豊島区教育委員会

大名屋敷跡遺跡の植物栽培遺構

追川吉生

はじめに

植物の栽培とは、植物の生育と管理を行うことをさす。その意味では植物栽培には、畑の野菜から鑑賞用の庭木や花卉まで幅広い範囲が含まれる。空間を区画することを目的とした生垣もまた、植物栽培の範疇に含まれよう。このように、ヒトの暮らしと密接に関わる植物栽培であるが、当然ながら都市と農村とであり方は異なってくる。とくに江戸は広大な庭園を擁した大名屋敷が存在しただけでなく、武士や町人といった身分を問わず園芸も流行するなど、植物栽培との関わりの深い都市であった。

本稿では近世都市・江戸で繰り広げられた植物栽培のうち、大名屋敷でのあり方についてみていくことにする。また江戸の植物栽培に鉢植えが果たした役割は少なくない。大名屋敷跡遺跡でも遺物組成の中に植木鉢が含まれる場合もあるが、本稿では地植えの栽培遺構を対象とする。

一　栽培遺構のあり方

大名屋敷跡遺跡に限らず、江戸の遺跡で検出される栽培遺構は、土坑と溝に大別される。土坑は円形で、中央部に高まりを有して断面が凸形となるものが特徴的だ。この独特な形態は、樹木の根張りによってつくられたものである。これらは「樹木を植える時に、あるいは抜き取る時に円形に掘られた穴」として植栽痕と呼ばれている（豊島区教育委員会一九九一a・b）。また染井遺跡の調査では、中央に凹みがあるものも報告されている（豊島区教育委員会一九九一b）。こうした植栽痕のあり方については、美濃部によって形態分類が試みられている（美濃部一九九九）。

栽培に関する溝は広義には、水利施設に伴う溝や栽培区域を区画する溝も含まれるであろうが、ここでは植物栽培により直接的な関わりを持つ遺構として、畝立てによって作られた溝を挙げたい。遺跡では平行する数条の溝として検出することが多い。こうしたものを畝間溝と呼ぶ。畝は畑の水はけを目的に作られるので、必要以上に高く築く必要はない。そのため畝間溝も深いものではなかったはずであるが、遺跡に遺る畝間溝は、さらに後代の削平も加わることで大変浅い。

二　上屋敷の植物栽培遺構

1　尾張藩上屋敷（市谷本村町遺跡）

一次調査・四次調査で検出した溝状遺構は、直角に近い急斜度に立ち上がるという形態、出土遺物に多量の釘が多

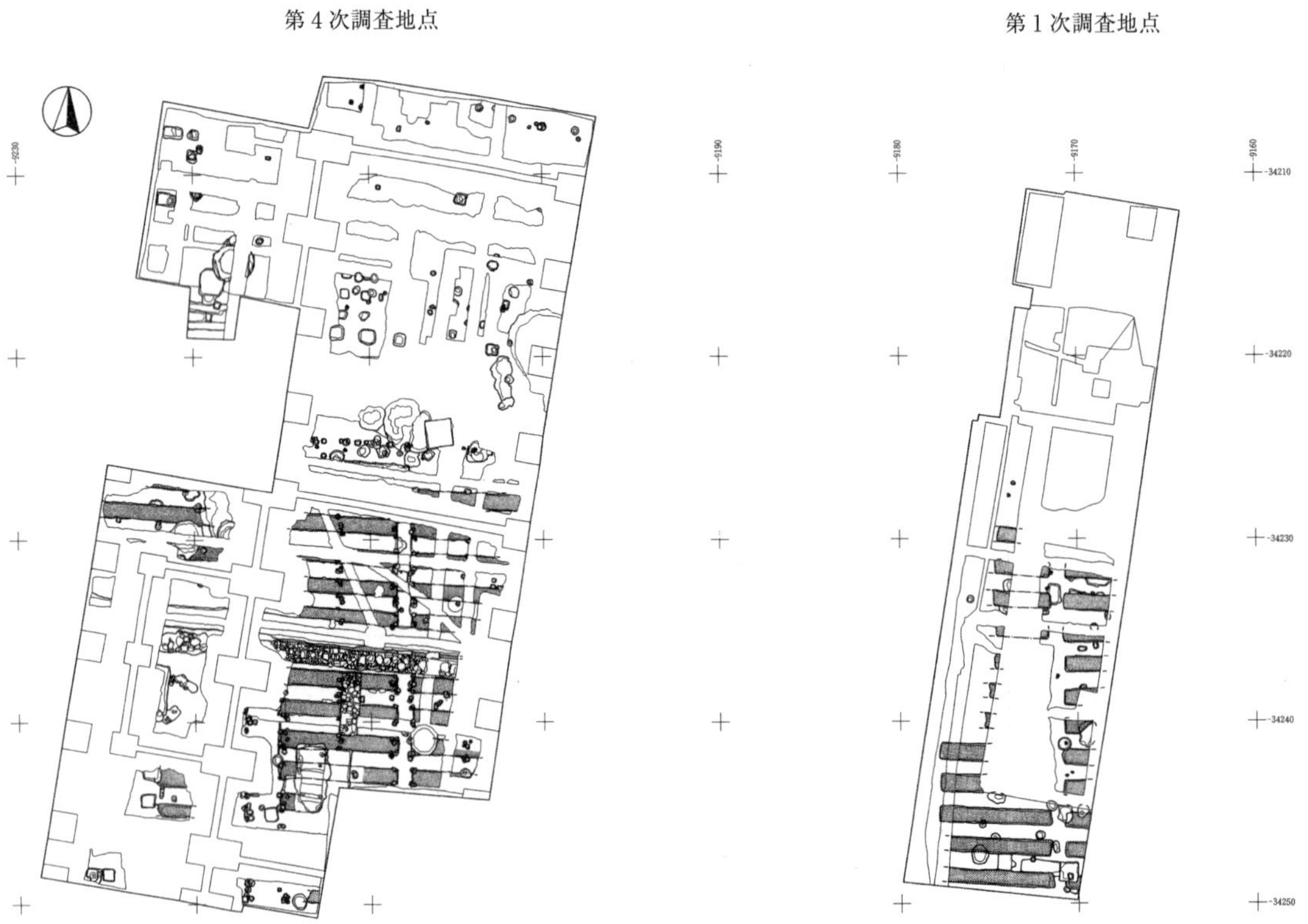

図1　市谷本村町遺跡検出の花壇（新宿区市谷本村町遺跡調査団 1995）

く含まれているという特徴がみられた（図1）(注)。藩邸の絵図には調査地を含む一帯に「御花壇」と表記されていることから、大名庭園内の花壇であると判断されている（大八木・成田一九九三）。

2　加賀藩上屋敷（東京大学本郷構内遺跡）

①クリニカルリサーチセンター地点

クリニカルリサーチセンター地点（CRC地点）では一〇条の溝からなるSD一一〇〇六を検出した（図2　口絵6）。溝と溝の間隔は三〇〜五〇センチメートル。覆土はロームブロックを含む褐色土層で、遺物は出土していない。検出したのは本地点で1面と呼んでいる生活面で、幕末の遺物を含んでいる。

本地点では加賀藩邸と富山藩邸の屋敷境をなしたと考えられる柱穴を伴う溝状遺構（SD一二〇八一など）を検出している。栽培遺構の検出は屋敷境の西側で、ここは加賀藩邸外郭部にあたる。幕末期の本郷邸を描いた絵図の一つ、『上中下屋敷絵図（御上屋敷惣絵図）』（前田育徳会尊経閣文庫蔵）では、調査地点周辺には東西に棟を持つ四宇の長屋（北から「御居宅脇壱番御貸小屋」〜「御居宅脇四番御貸小屋」）が描かれている。加賀藩邸と富山藩邸との屋敷境は、「御居宅脇四番御貸小屋」の南縁から西側へと鉤の手状に屈曲している。SD一二〇八一が調査区を南側に貫かない状況が、絵図に描かれた屋敷境の屈曲を反映したものかは現段階では不明であるが（西側へのびる溝状遺構は未検出）、畑はこの四宇の長屋のいずれか、おそらく「御居宅脇弐番御貸小屋」か「御居宅脇参番御貸小屋」に隣接したものである可能性が高い。ただし絵図には畑は描かれていない。

②御殿下記念館地点

御殿下記念館地点の植栽痕は、報告書の附図（全体図）に記載があるのみで遺構個別の記述や図面はなく、詳細は

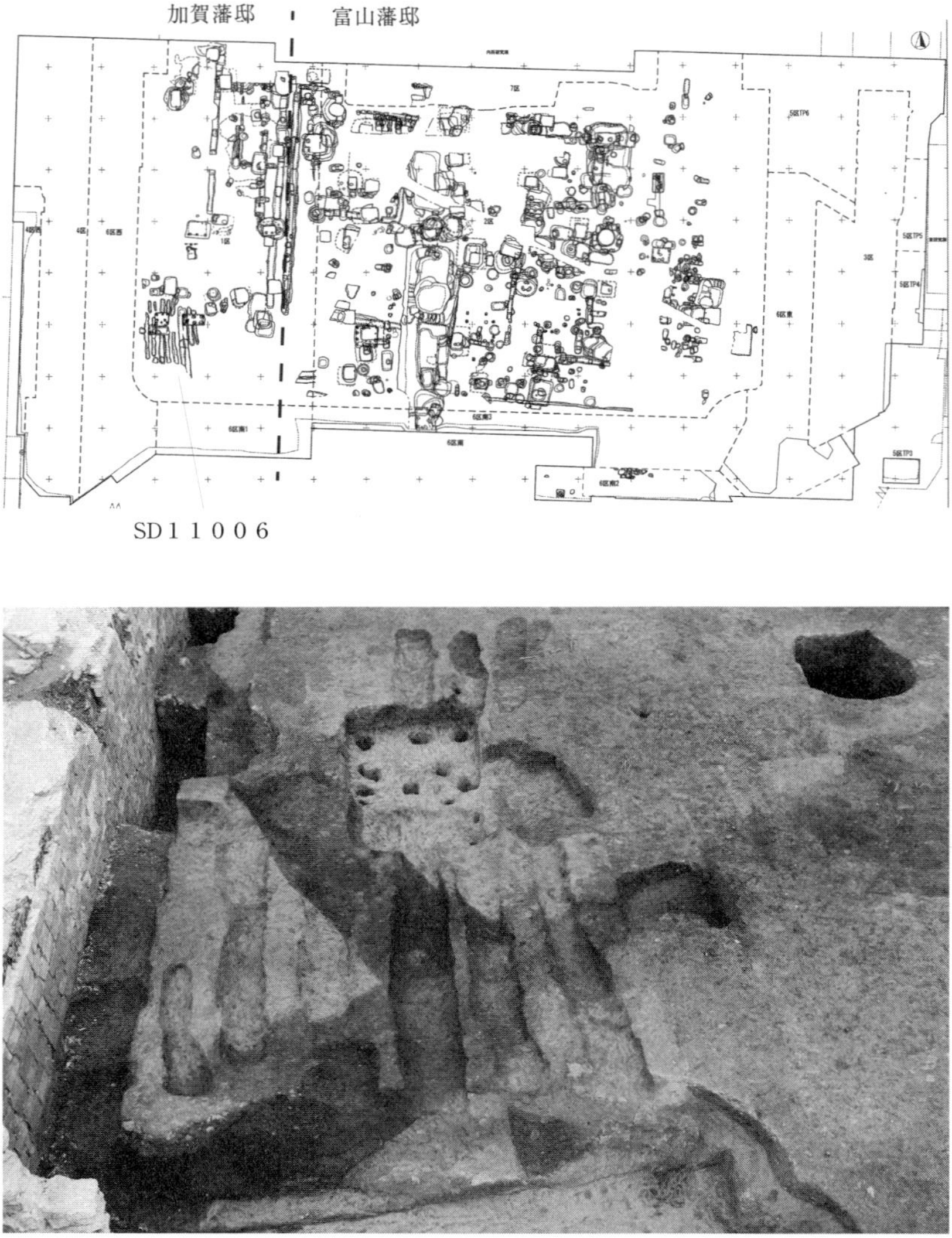

図2　東京大学本郷構内遺跡 CRC 地点検出の畑（追川 2017）

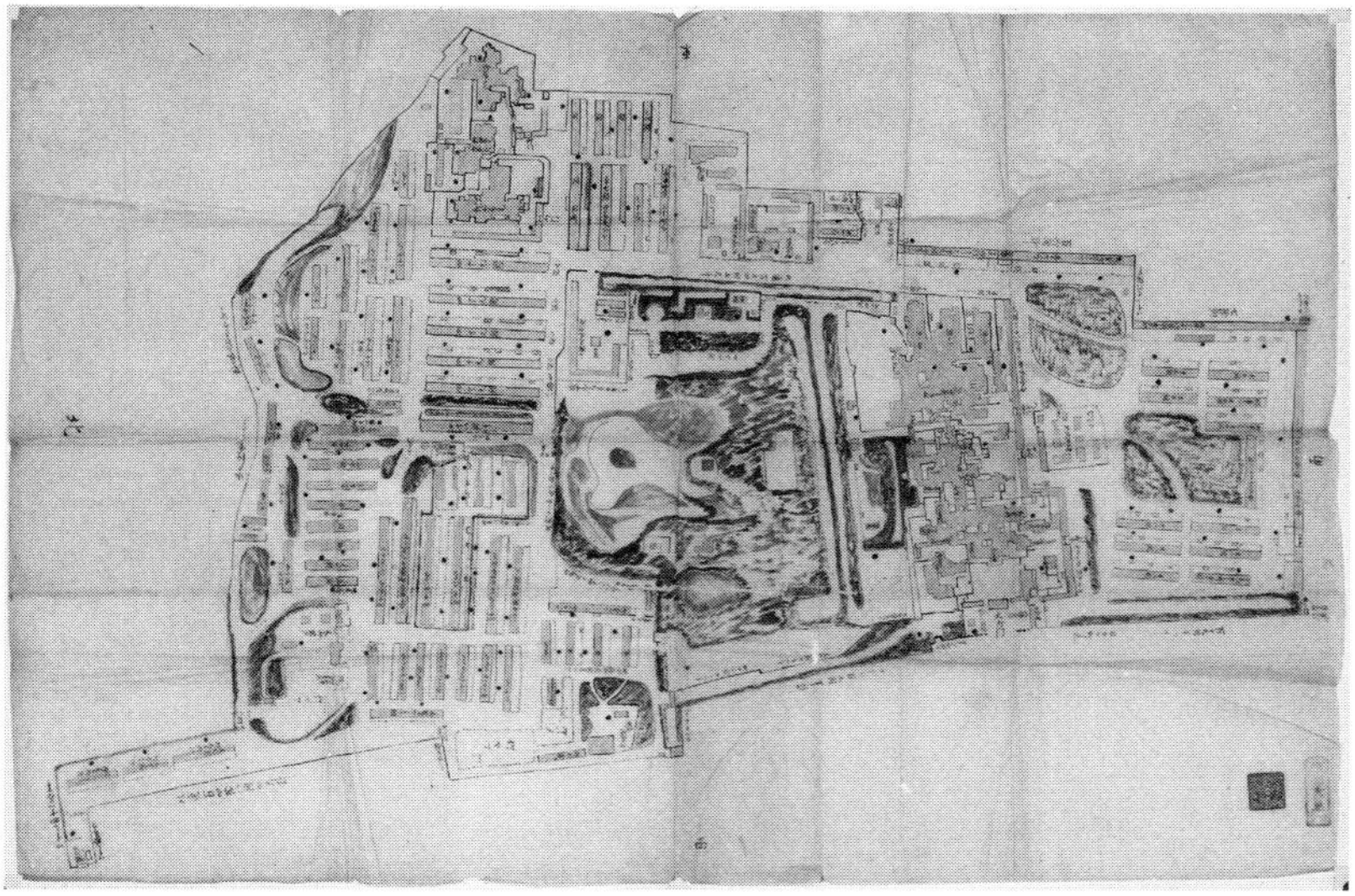

図3　『加藩江戸本郷屋敷総絵図』（石川県立歴史博物館大鋸コレクション）

不明である（東京大学遺跡調査室一九九〇）。全体図を見る限り、直径一〜三メートル程度の不整円形の土坑が切り合っている。

植栽痕群の東側には東西方向にのびるピット列が構築されている。その北側に建物遺構が検出されているが、これは形状から厩であることが推測される。したがってこのピット列が、厩を区画した塀の基礎に該当する。厩からは「延享元年九月也」（一七四四）、「寛政七年吉日」（一七九五）の紀年銘を有する硯が出土している。

これらの遺物と同時期の本郷邸を描いた絵図の一つ、『加藩江戸本郷屋敷総絵図』（図3：石川県立歴史博物館大鋸コレクション）には育徳園の露地を挟んだ緑地帯に、「梅畑」、「四十七間」と記載されている。御殿下記念館地点で検出した植栽痕は、「三拾疋立御厩」に相当する建物跡遺構との位置関係から「梅畑」の北側の一部にあたる。この「梅畑」と記された樹林帯の西側は、道を挟んで育徳園となっている。厩と育徳園の間に構築されていた「ノシタテ」とともに「梅畑」は両者の境界をなすとともに、景観的には庭園の一部に組み込まれていたものと推測される。

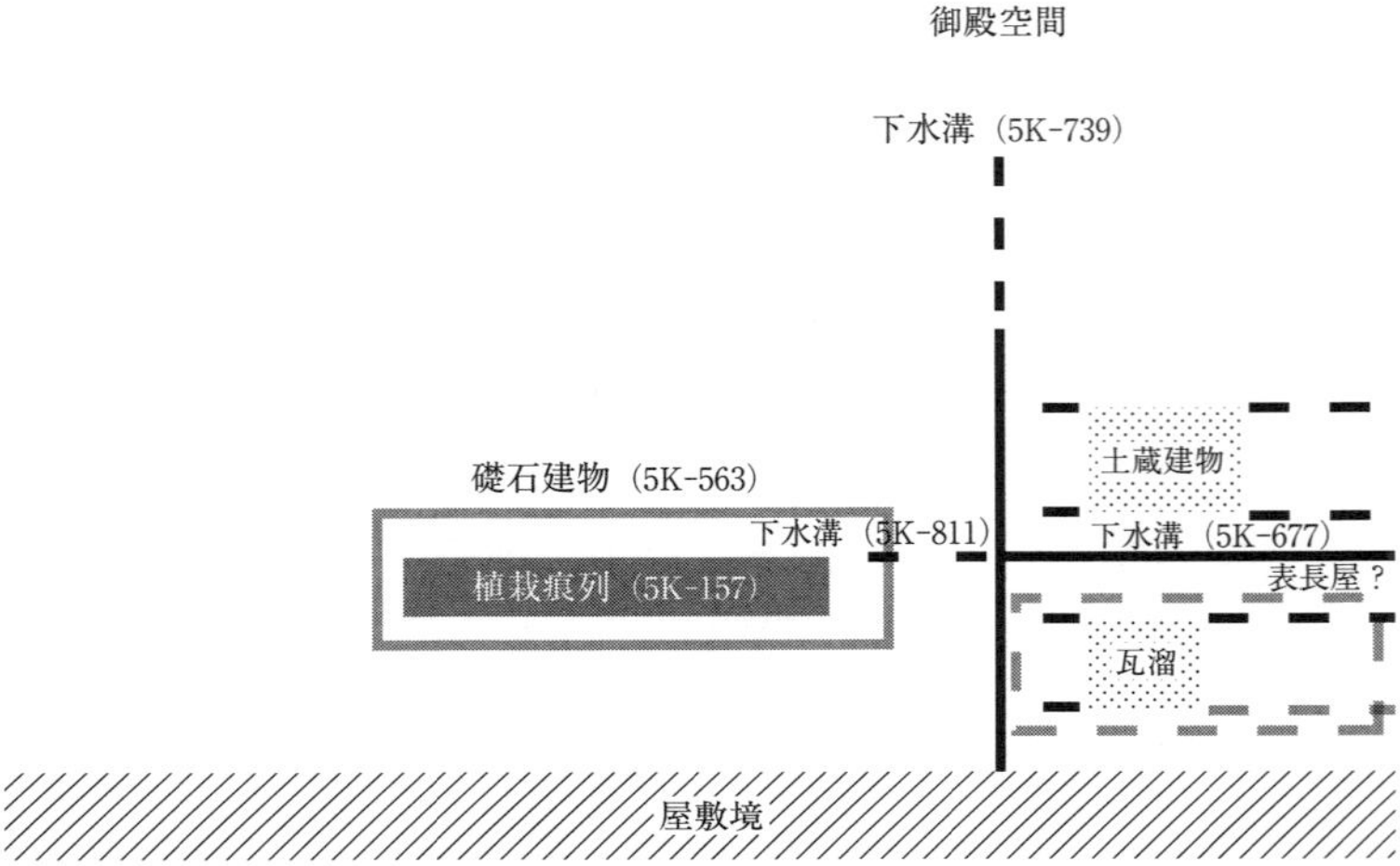

図４　汐留遺跡（龍野藩上屋敷）の植栽痕と空間構成（追川 2017）

3　龍野藩上屋敷跡（汐留遺跡）

五Ｋ－一五七は直径〇・三～〇・六メートルの不整円形の土坑が、およそ五〇センチメートル間隔で三列または四列並ぶ植栽痕群である。報告書の全体図のみに掲載された遺構のため、個々の植栽痕の状況は不明であるが、二八基以上検出されているという（東京都埋蔵文化財センター二〇〇〇）。

覆土は黒褐色土を主体とする。汐留遺跡は沿岸部を埋立て造成した大名屋敷なので、基本的に遺跡内（屋敷内）には黒褐色土は存在しない。つまり五Ｋ－一五七の覆土として黒褐色土が堆積していたということは、藩邸外から搬入した土ということになる。報告書ではこの遺構の性格を、「御殿の南西に位置する。おそらく菜園の跡であろう」と指摘しているが、御殿空間と詰人空間のいずれに帰属したものであるかについての明確な言及はない（東京都埋蔵文化財センター前掲）。一般に菜園は野菜を栽培する畑を意味するので、御殿の隣接地に「菜園」が設けられたか否かは、大名屋敷の生産活動を考える上では極めて重要である。そこで植栽痕列周辺の遺構分布状況から、当該遺構の空間的位置づけを検討しよう。

図4は龍野藩邸南側外郭部の遺構分布を模式化したものである。下水溝(五K－六七七)の北側は布掘りの基礎遺構が並んでいる。これに対して南側は瓦溜が多く分布する。このように下水溝(五K－六七七)を挟んで南北で遺構の検出状況が異なっているのは、下水溝を境に北側に土蔵が並び、南側には屋敷境の堀(六J－五〇〇)に沿って瓦葺きの建物(礎石は未検出であるが表長屋と思われる)が並んでいた藩邸の景観を反映したものであろう。

この表長屋は、御殿空間から屋敷境の堀にのびる下水溝(五K－七三九)によって西側を画されている。これより西側は礎石、瓦溜ともに未検出な空閑地となる。植栽痕集中部(五K－一五七)を検出したのは、この空閑地にあたる(礎石建物五K－五六三)と重なるが、これは時期差と捉えられる。遺構覆土の自然科学的な分析はなされていないため、植えられた植物がどのようなものであったかはわからないが、少なくともこの「菜園」(五K－一五七)は詰人空間内の、表長屋に隣接した場所に設けられた栽培地であると位置づけられる。

三　大名屋敷跡遺跡の植物栽培の諸様相

以上にあげたように、大名屋敷の御殿空間で検出した植物栽培遺構には、庭園の樋栽や花壇がみられる。そのうち市谷本村町遺跡の花壇遺構については、山本英二、越村篤が歴史学的に栽培の実態を考察している。山本は尾張藩上屋敷の庭園内に設けられた花壇は、「花壇懸り中間」が管理していたことを踏まえて、単なる庭園内の施設ではなく、藩主の嗜好を反映した存在であったことを指摘している(山本一九九三)。越村は花壇の一部が薬園として朝鮮人参の栽培が試みられていた可能性を指摘している(越村一九九九)。

また江戸の花卉園芸文化は将軍や諸大名が牽引したという中尾佐助の指摘にあるように、大名庭園内に設けられた花壇では、藩主の趣味に沿った花や庭木、あるいは盆栽などが栽培されていた（中尾一九八六）。

これに対して詰人空間で検出した栽培遺構は、大名屋敷内のどのような植物栽培に位置付けられるのだろうか。前節で取りあげた東大構内遺跡ＣＲＣ地点の畑は一九世紀代に位置付けられるが、この時期に限らず本郷邸の全景図には、詰人空間に畑が存在したことをうかがわす描写はみられない。また屋敷内の御貸小屋に居住する際の心得を記した、「江戸毎日書立書抜」（天保九年〈一八三八〉閏四月八日）の次のような記述がある（前田家編輯部一九四一）。

御家中家来末々之者心得違之者も有之体に付、左之通一統相触可申哉之旨、御横目申聞候に付其通と申渡候事。（略）且又御貸小屋前往来筋江、畑物抔作り置候処も有之体に相聞候。（略）。

「御貸小屋前往来筋」ということから、勤番長屋の立ち並ぶ一角で（あるいは長屋の路地で）畑を耕していたことがうかがえよう。これを禁じていることが、実際に藩士たちの間で耕作が行われていたことを示している。史料によればこの通達は文政九年（一八二六）にも出されていたことがうかがえるので、少なくとも一九世紀には本郷邸の勤番長屋（詰人空間）では畑の耕作が行われていたことがわかる。

ただしこれはあくまでも家中では禁止されていた非公認のものである。また上級家臣の勤番長屋を調査した理学部七号館地点では、長屋だけでなくその空閑地を調査したにもかかわらず、畑は検出していない。家臣の帰属する階層が反映したものである可能性を考慮する必要があろう。ところで、ＣＲＣ地点の前術した四宇の長屋のうち、「御居宅脇壱番御貸小屋」、「御居宅脇参番御貸小屋」、「御居宅脇四番御貸小屋」は、長屋の東側の一画が塀などで他の部屋とは区画されている。これは絵図に記された内容から、定府の住まいであったことがわかる。畑が「御居宅脇参番御貸小屋」に隣接したものであるならば、定府の藩士が耕作に関わっていたことが考えられる。参勤交代によって国元に戻ることが前提の勤番武士では、種まき・植え付けから収穫までを一貫して関わることができない可能性もある。

こうした定府と江戸詰といった違いにも注目する必要があろう。詰人空間を対象とした今後の東京大学構内遺跡の発掘調査の課題といえる。

ところで、以上に挙げた大名屋敷跡遺跡は、いずれも上屋敷である。植物栽培を考える場合、江戸郊外に展開した下屋敷や抱屋敷、抱地といった屋敷のあり方が重要になってくる。

四　下屋敷での植物栽培

内藤町遺跡一次調査は高遠藩四谷屋敷（下屋敷）の北側外郭部にあたる。畝間溝（畑）はB区内の小支谷を挟む東西の台地縁辺部で検出した（図5）。

谷の東側（B三ブロック）では、畑周辺に井戸、地下室、土坑がある。一方、西側では井戸のほか、建物跡、土坑などがある。このうち西側で検出した建物跡は掘立柱建物で、表長屋であったことが推測される。東側では建物跡は未検出ながら、井戸や地下室が分布していることから、やはり表長屋が存在した可能性が高い。つまり畑は小支谷を挟んだ東西に存在した勤番長屋のそれぞれに附帯したものとみることができる。

発掘調査が東西にのびる道路敷設に伴うものであったことから、南北に拡がる畑の規模は詳らかではない。しかし調査地点の北側はほどなく藩邸と甲州街道との屋敷境になるので、それほど大規模であったとは考えられない。表長屋に附帯した小規模な耕作地と考えられる。

『江戸藩邸図　藩邸内諸長屋配置図』（図6）は、嘉永四年（一八五一）の大火後の藩邸を描いたもので、本稿で紹介した畝溝の年代（一八〇九年～幕末）と重なる資料である。当該遺構を検出した発掘調査は新宿御苑トンネル敷設に伴

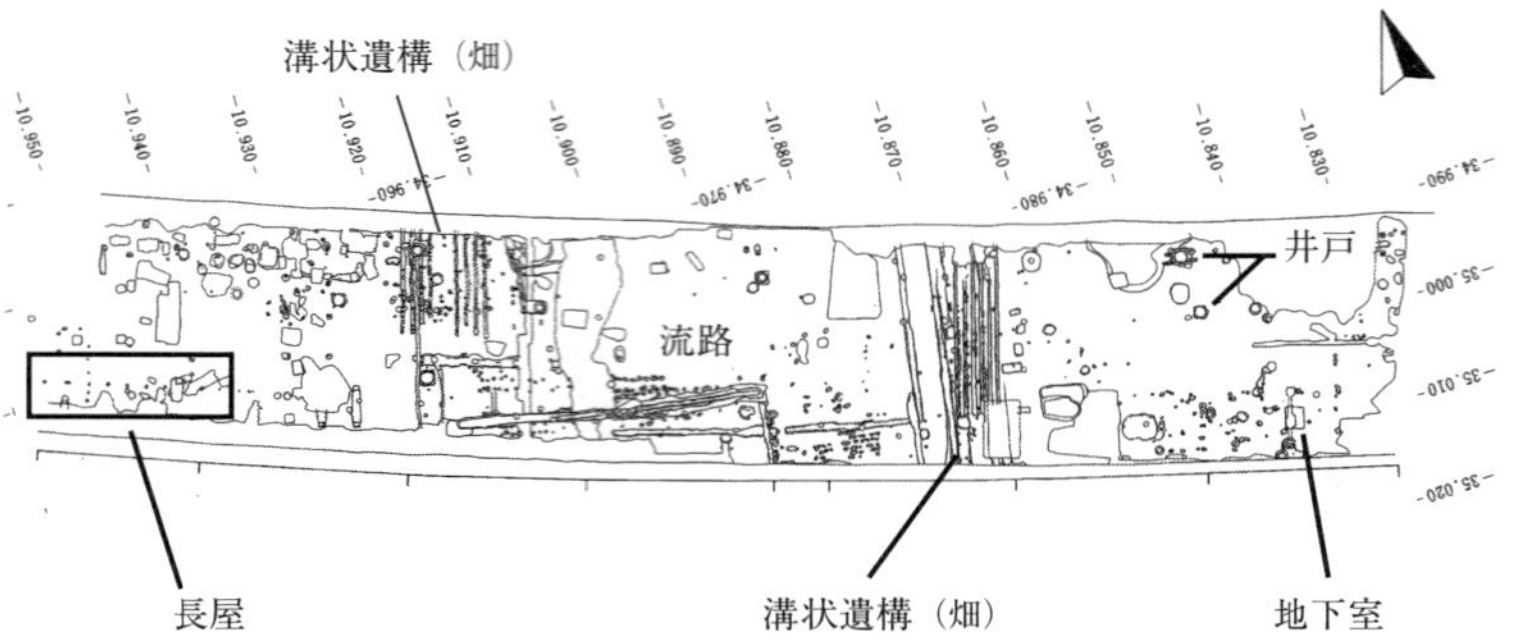

図５　内藤町遺跡（高遠藩下屋敷）の畑と空間構成（追川 2017 改変）

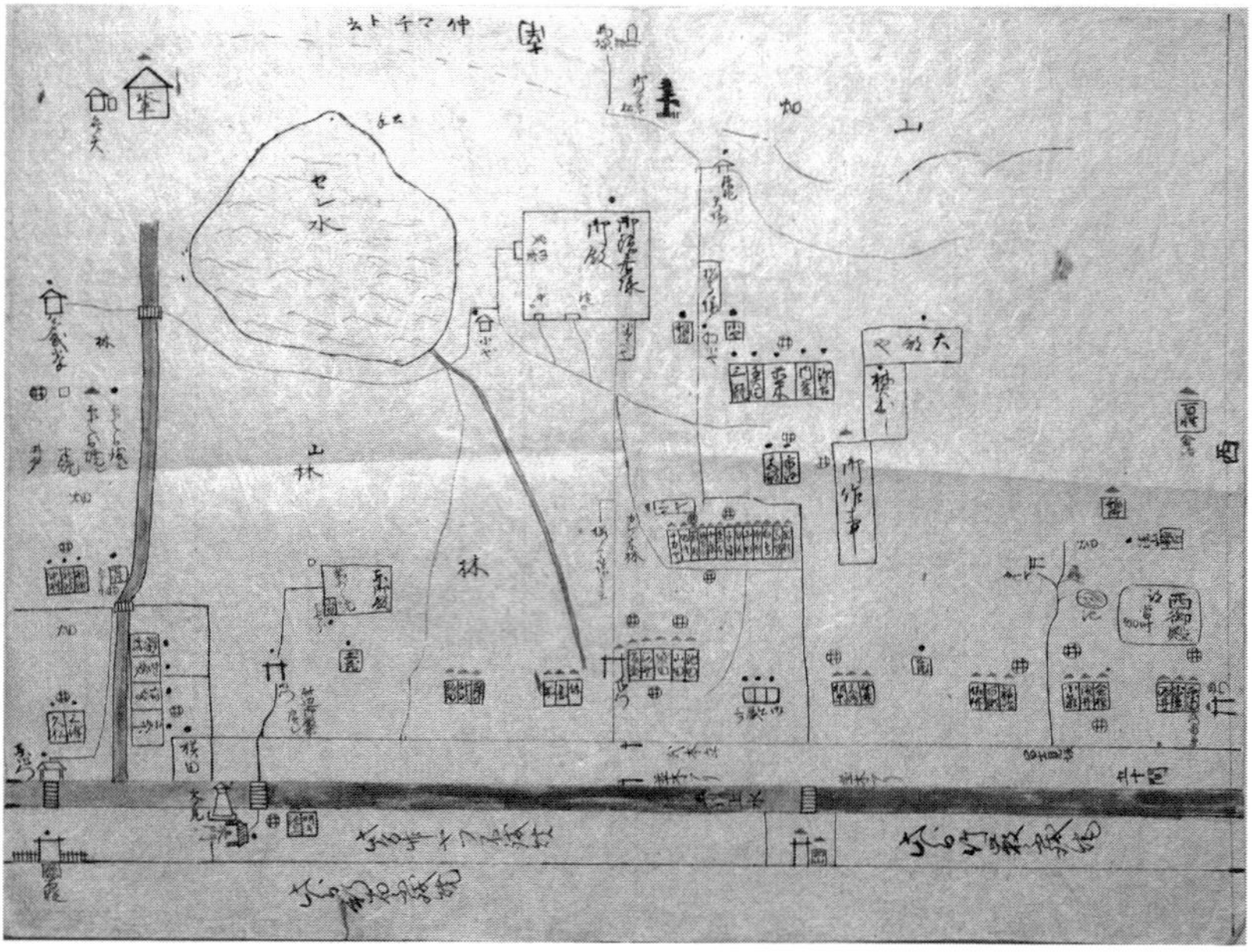

図６　『江戸藩邸図　藩邸内諸長屋配置図』（伊那市立高遠町図書館蔵）

うものなので、藩邸の北縁にあたる。絵図では勤番長屋が北側の屋敷境に沿っていくつか並んでいる。屋敷境のやや西寄りに「富士見坂」と記された場所がある。ここには、屋敷内の池などから流れる小河川が存在したようである。図5を改めてみてみよう。東二か所の畑の間には、イネ科植物が繁茂していたと考えられる谷があった。絵図ではこの小河川を挟むように東西に長屋が描かれている。開析谷を挟んだ東西のテラス上に居住空間が展開する遺構検出状況は、これに極めて近い。畑はそれぞれのテラスの縁辺付近に設けられていたことになる。絵図には畑は描かれていないが、小河川との間に空白部がある。ここに畑があった可能性は高い。

五　今後の課題

考古学的に畑が存在する部分には畑を示す描写や記述はないが、本図（図6）には「畑」と記載された箇所が少なくとも五か所にある。そのうち二か所は藩士の長屋に隣接した場所であるが、残りは長屋から離れた場所にある。絵図には百姓家が二軒描かれている点が注目される。長谷川によれば藩邸内の居住者には家臣やその家来などのほか、「郷歩」と呼ばれる下級武士とともに藩の仕事にあたる領民もいたようだ（長谷川前掲）。

発掘調査の事例はないが、板橋に所在した加賀藩下屋敷では、広大な下屋敷に庭園とともに、水田や畑が作られていた。『大梁公日記』安永二年（一七七三）六月には、「下屋敷ニ作り候国許之金瓜上ル」とあり、下屋敷で金瓜（加賀屋野菜の「みの瓜」）が栽培されており、藩主に供されていたことがうかがえる。また文政一一年（一八二八）の徳川家斉の御成の際に、下屋敷の畑で生産した蔬菜類が手土産として供せられたほか、嘉永三年（一八五〇）には下屋敷を訪れた会津藩主松平容敬らに、やはり下屋敷の蔬菜類が供せられている（前田家編輯部一九五八）。これらを手がけたのは木作足軽といわれる、近隣農村との繋がりの強い、定府の藩士を中心とした専門のスタッフであった（吉田二〇一〇）。

江戸郊外の下屋敷では、断片的ながら、より専門的な栽培が行われていたことがうかがえる。さらに抱屋敷・抱地に関しては、北原糸子・奥須磨子が戸塚村を例に農民による蔬菜類生産の可能性を指摘している（北原・奥一九八五）ほか、中野達哉は主に江戸東南部を対象に、百姓地に大名の抱屋敷が形成されていく状況を明らかにした（中野一九九〇）。また原田佳伸は岡山藩大崎屋敷を例に、藩邸内の畑で栽培した蔬菜を他の藩邸へ供給していたことを明らかにした（原田一九九〇・一九九七）。ただしこれらの屋敷での生産量は不明であり、果たしてこれらが生業とまで言えるほどの大名屋敷の生産活動であったかは今後の課題である。考古学でも抱屋敷・抱地を対象とした発掘調査によって、その実態を解明することが望まれる。

また一九世紀になると、各藩とも藩政改革の一環として殖産興業政策をとる。それに伴って江戸の大名屋敷では、とくに下屋敷において農業試験場的な役割を担うような変化がみられる。たとえば水戸藩では天保六年（一八三五）に国許の緑岡で茶園を創設するが、その前年に駒込の下屋敷（東京大学本郷構内遺跡内）において宇治出身の浪人・小川佐助に茶の試験栽培を行わせている（編著者不明一九一五）。会津藩では国許での養蜂の事業化を目指し、三田の下屋敷で試験的に養蜂を行っている（家世実紀刊本編纂委員会一九八八）。三田下屋敷での試験的な養蜂は割場と材木蔵の両方で実施され、その後、飼育場所を増設しているので養蜂が成功したことがうかがえる。

こうした農業振興に伴う大名屋敷内の植物栽培の存在を示す調査例はいまだ得られていないが、大名屋敷の質的な変化に関わる問題であるといえるであろう。機会を改めて考察したい。

補記

当日の発表では、レジュメ作成後に行った東京大学本郷構内の遺跡経済学研究科棟地点（以下、経済学部地点、東京大学埋蔵文化財調査室二〇二三）における植栽痕に関する分析（追川二〇二三）について言及した。以下にその概要を補記する。

経済学部地点は赤門（御守殿門）の南東六〇メートルほどに位置しており、文政一〇年（一八二七）に前田斉泰のもとへ溶姫が入輿して以降は、御守殿の一部に組み込まれた場所にあたる。ただし調査地点西側の一部には椿山（絵図では富士山）と呼ばれた築山が、遅くとも寛永期以降から存在していた（昭和三九年〈一九六四〉に撤去）。

発掘調査ではA面・B面あわせて二枚の生活面を検出した。A面は溶姫の御守殿の時期である。B面は立川ローム層上面で検出した遺構で、溶姫御守殿期以前のすべての時期を含む。B面の空間構成は基本的に西側が富士山、東側が御殿空間（一七世紀末まではその間に道が敷設されていた）である（図7）。

B面では植栽痕を多数検出した。とくに集中して認められたのが富士山の西側である。富士山を具体的に描写した藩邸全景図は多くない。最も古い全景図である『武州本郷邸図』（図8、元禄元年〈一六八八〉）では、富士山の位置は緑色に彩色された不定形で描かれているように、多くはその範囲を囲み線で描くのみである。しかし富士山の周囲に植栽痕が多数切り合って検出した状況は、富士山と御殿空間との間に緑樹帯が設けられていたことを示している。

一方、東側は御殿空間ではあるが、基本的には空閑地であったことが遺構分布から推察される。その空閑地の中に比較的大型の植栽痕が散在する。このエリアの植栽痕は、覆土に根の痕跡を残さないものが主体である（追川二〇二三

～17 世紀末の遺構分布

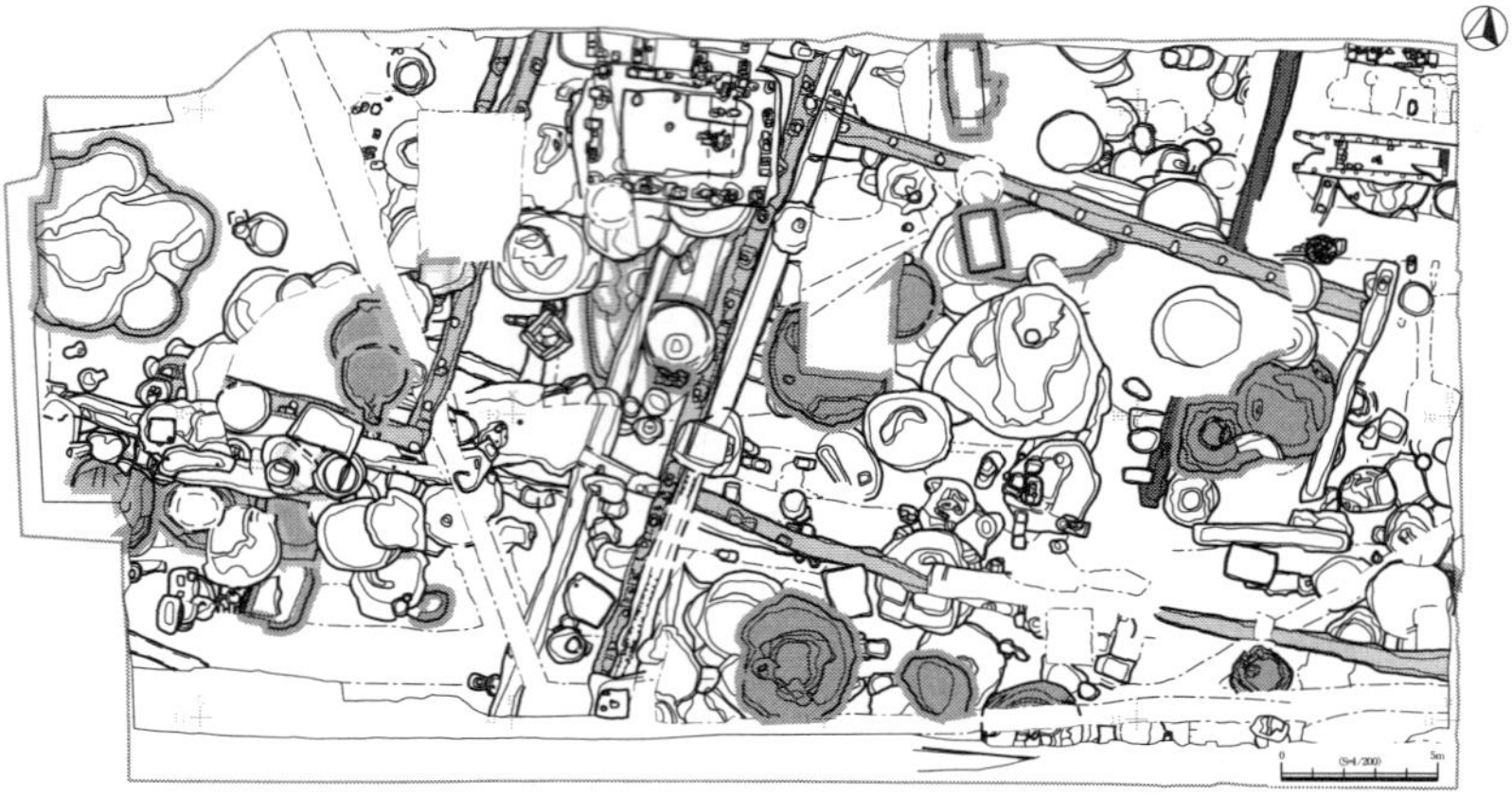

17 世紀末～19 世紀前葉の遺構分布

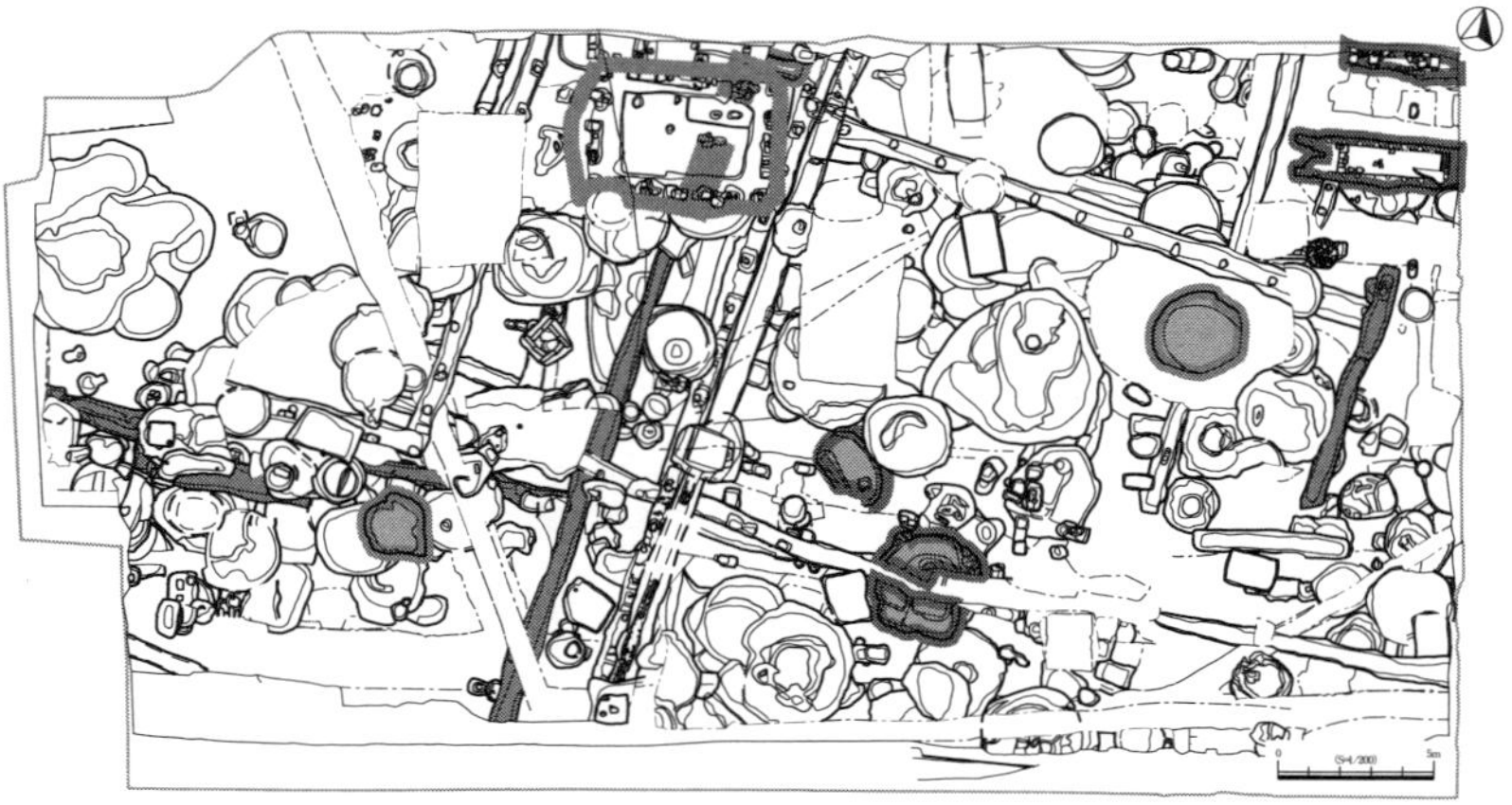

塗っている土坑が植栽痕

図 7　東京大学本郷構内遺跡経済学研究科棟地点の遺構分布（追川 2023 改変）

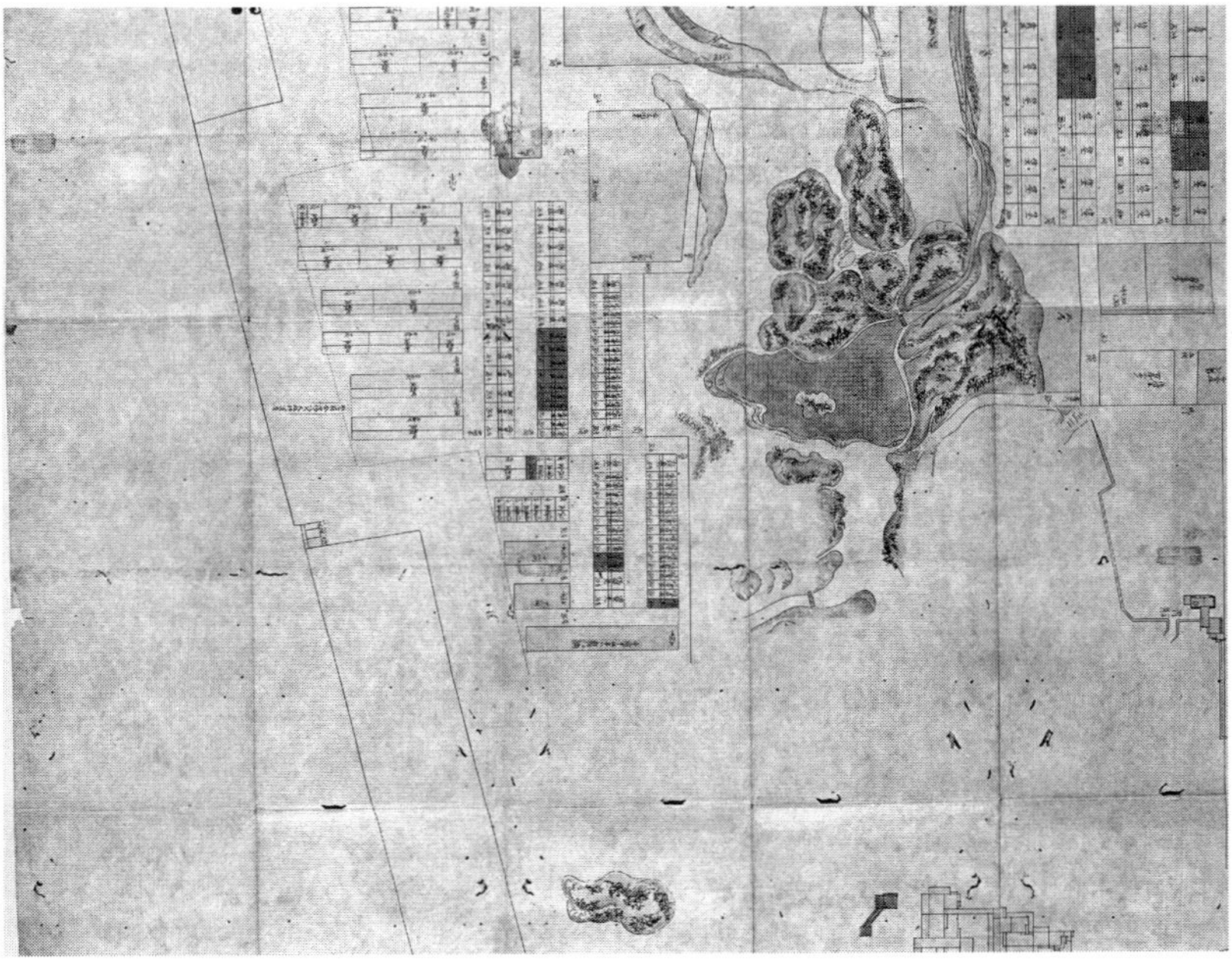

図８　『武州本郷邸図』（前田育徳会蔵）

におけるB類）。一八世紀代の本郷邸の全景図で、御殿空間を詳細に描いた図は少ない。しかし、宝永五年（一七〇八）に松姫が入輿した際には、調査区が御守殿の一部になっているように（享保六年〈一七二一〉に取り毀し）、B面の空間利用には数度の変更があったようだ。覆土に根の痕跡を残さないB類の植栽痕を主体とする本地点の状況は、植栽の抜根に際して根をしっかりと抜いた上で整地がなされたことを示している。一八世紀代の本郷邸全景図には、御殿空間内の土地利用状況の詳細をうかがえる例が少なく、また本地点では溶姫御殿期以前の時期を一括してB面として捉えている。そうした中で、B類の植栽痕の多さは、当該エリアの空間利用の幾度かの変更を反映したものと考えられる。

なお御殿空間内の植栽痕には、少数ながら根の痕跡を有したA類（追川前掲）が認められる。これは抜根をせずに幹だけを伐採して地均しをしたことを示す類型である。その一つ、根巻の状況が良好に遺存していた植栽痕で土壌分析を実施した結果、根巻の部分から板橋粘土層を検出している（パリノ・サーヴェイ二〇二三）。根巻をしたのは、崖面に板橋粘土層が露出しているような駒込方面の植木屋であろう。藩邸内の植樹と出入の植木屋との関わりの点で注目される。

注

第一次調査の花壇遺構については、本書山本論考でも言及がある。

〔参考文献〕

秋山伸一　一九九七「江戸の庭園管理と園芸書─植木屋の諸活動を通して─」竹内誠編『近世都市江戸の構造』三省堂

海野　修　一九九六「加賀藩下屋敷と足軽──「先祖由緒幷一類附帳」の検討を中心に」『いたばし区史研究』五、板橋区史編さん調査会

江戸東京博物館　二〇一三『花開く江戸の園芸』東京都江戸東京博物館

追川吉生　二〇一七「栽培遺構からみた大名屋敷における植物栽培の諸様相」『東京大学構内遺跡調査研究年報』一〇

追川吉生　二〇二三「経済学研究科棟地点B面の遺構分布からみた空間利用」『東京大学本郷構内の遺跡　経済学研究科棟地点』東京大学埋蔵文化財調査室

大八木謙司・成田涼子　一九九三「市谷本村町遺跡の溝状遺構について」『東京都新宿区尾張藩徳川家上屋敷跡：大蔵省印刷局市谷倉庫増築に伴う緊急発掘調査報告書』新宿区市谷本村町遺跡調査団

家世実紀刊本編纂委員会　一九八八『会津藩家世実紀』一四、吉川弘文館

北原糸子　一九九二「内藤家と四谷屋敷」『内藤町遺跡　放射五号線整備事業に伴う緊急発掘調査報告書』新宿区内藤町遺跡調査会

北原糸子・奥須磨子　一九八五「武家抱屋敷──江戸から東京へ」『地図で見る新宿区の移り変わり　戸塚・落合編』新宿区教育委員会

小島正裕　二〇〇〇「脇坂家屋敷の庭園について」『汐留遺跡Ⅱ：旧汐留貨物駅跡地内の調査』東京都埋蔵文化財センター

越村　篤　一九九九「市谷本村町遺跡の花壇跡について」『市谷本村町遺跡Ⅳ』新宿区市谷本村町遺跡調査団

渋谷葉子　二〇〇〇「尾張藩市谷邸絵図史料の編年と考察」『尾張藩上屋敷跡遺跡V　絵図集成編』東京都埋蔵文化財センター

渋谷葉子　二〇〇八「尾張徳川家戸山屋敷における空間構成の推移—長屋地を中心に—」『新宿区尾張徳川家下屋敷V　国立医療センター新棟整備第1期工事に伴う調査』東京都埋蔵文化財センター

新宿区市谷本村町遺跡調査団　一九九三『東京都新宿区尾張藩徳川家上屋敷跡：大蔵省印刷局市谷倉庫増築に伴う緊急発掘調査報告書』

新宿区市谷本村町遺跡調査団　一九九五『市谷本村町遺跡　尾張藩徳川家上屋敷跡』

新宿区内藤町遺跡調査会　一九九二『内藤町遺跡　放射五号線整備事業に伴う緊急発掘調査報告書』

谷川章雄　一九九二「総括」『内藤町遺跡　放射五号線整備事業に伴う緊急発掘調査報告書』新宿区内藤町遺跡調査会

谷川章雄　一九九三「考古学からみた近世都市江戸—考古学と歴史学の関係をめぐって—」『史潮』三二　歴史学会

東京大学遺跡調査室　一九九〇『東京大学本郷構内の遺跡　山上会館・御殿下記念館地点』

東京大学埋蔵文化財調査室　二〇一三『東京大学本郷構内の遺跡　経済学研究科棟地点』

東京都埋蔵文化財センター　二〇〇〇『汐留遺跡II：旧汐留貨物駅跡地内の調査』

東京都埋蔵文化財センター　二〇〇五『台東区向柳原町遺跡』

東京都埋蔵文化財センター　二〇〇七『新宿区内藤町遺跡：環状第五の一号線（新宿御苑）整備事業に伴う調査』

豊島区教育委員会　一九九一a『染井遺跡の発掘調査』

豊島区教育委員会　一九九一b『染井II　染井遺跡丹羽家地区』

中尾佐助　一九八六『花と木の文化史』岩波書店

橋口定志　一九九一「江戸の郊外　植木の里」『甦る江戸』新人物往来社

長谷川正次　二〇一〇「高遠藩の下屋敷」『内藤町遺跡　新宿御苑大温室の整備に伴う埋蔵文化財発掘調査』東京都埋蔵文化財センター

長谷部由紀　一九九三「大名屋敷の花壇」『大名屋敷』新宿区教育委員会

原田佳伸　一九九〇「江戸近郊の武家抱屋敷」『東京学芸大学近世史研究』四　東京学芸大学近世史研究会

原田佳伸　一九九七「大名下屋敷と地元百姓のかかわり—岡山藩大崎屋敷出入の先地主百姓の動向—」『近世都市江戸の構造』三省堂

パリノ・サーヴェイ　一九九三「自然科学分析調査」『東京都新宿区尾張藩徳川家上屋敷跡：大蔵省印刷局市谷倉庫増築に伴う緊急発掘調査報告書』新宿区市谷本村町遺跡調査団
パリノ・サーヴェイ　二〇二三「植栽痕の分析」『東京大学本郷構内の遺跡　経済学研究科棟地点』東京大学埋蔵文化財調査室
編著者不明　一九一五『水戸藩史料　別記下』徳川家蔵版（複製　吉川弘文館　一九七〇）
前田家編輯部　一九四一『加賀藩史料』十四
前田家編輯部　一九五八『加賀藩史料　幕末編上巻』
水野瑞夫　一九七二「尾張藩の薬園」『改訂増補　日本薬園史の研究』渡辺書店
美濃部達也　一九九九「植栽痕について」『払方町遺跡――警視庁払方宿舎建設事業に伴う緊急発掘調査報告書』新宿区払方町遺跡調査団
山田四郎右衛門・日置謙校訂　一九三一『三壺聞書』石川県図書館協会
山本英二　一九九三「文献・絵図史料からみた市谷本村遺跡」『尾張徳川家上屋敷跡　大蔵省印刷局市谷倉庫造築に伴う緊急発掘調査報告書』新宿区市谷本村町遺跡調査団
吉田政博　二〇一〇「加賀藩江戸下屋敷平尾邸をめぐる―下屋敷絵図の検討を中心に―」『中山道板橋宿と加賀藩下屋敷』板橋区立郷土資料館

植木商森田六三郎の諸相

——文京区団子坂上遺跡の調査成果から——

中野高久

はじめに

江戸時代後期、園芸文化が花開いた都市江戸では、文化六年（一八〇九）、骨董商北野屋平兵衛（佐原鞠塢）が寺島村に秋芳園（後の新梅屋敷、百花園）を開園する。梅だけでなく、四季を通じた草花が栽培されると町人に親しまれる名園となり、文化十二年には将軍家斉のお通り抜け、弘化二年（一八四五）には将軍家慶の御成が行われた（小沢二〇〇六）。

このような時世下、嘉永五年（一八五二）、千駄木の植木商であった森田六三郎が浅草に花屋敷を開園する。花屋敷は牡丹と菊花を主とした植物園で、安政三年（一八五六）には八〇種以上におよぶ大輪の菊を展示し人気を博している（平野二〇〇七）。

表　植木鉢集計表

遺構番号	計　量	磁器	陶器	炻器	土器	合計
1号遺構	点数	34	246	408	129	817
	重量(g)	3,695	33,721	9,767	4,693	51,876
2号遺構	点数		3		2	5
	重量(g)		12		52	64
4号遺構	点数	1	9		4	14
	重量(g)	25	382		62	469
8号遺構	点数	8	39		9	56
	重量(g)	238	2,392		511	3,141
28号遺構	点数				2	2
	重量(g)				12	12
34号遺構	点数				2	2
	重量(g)				5	5
35号遺構	点数		1		4	5
	重量(g)		4		80	84
38号遺構	点数				1	1
	重量(g)				6	6
46号遺構	点数				1	1
	重量(g)				4	4
50号遺構	点数				1	1
	重量(g)				18	18
130号遺構	点数				2	2
	重量(g)				4	4
136号遺構	点数	6	51		23	80
	重量(g)	241	6,854		1,205	8,300
139号遺構	点数		20		13	33
	重量(g)		594		295	889
140号遺構	点数		25		4	29
	重量(g)		4,325		78	4,403
142号遺構	点数	1	18		8	27
	重量(g)	77	601		197	875
146号遺構	点数		7		6	13
	重量(g)		1,569		130	1,699
151号遺構	点数				1	1
	重量(g)				20	20
155号遺構	点数	2	15		13	30
	重量(g)	27	434		216	677
160号遺構	点数		22		8	30
	重量(g)		1,154		625	1,779
161号遺構	点数	1	3			4
	重量(g)	198	422			620
163号遺構	点数		3		5	8
	重量(g)		81		221	302
165号遺構	点数	1			4	5
	重量(g)	22			165	187
166号遺構	点数	3	66		67	136
	重量(g)	188	2,857		2,403	5,448
167号遺構	点数		1			1
	重量(g)		960			960
180号遺構	点数		1		2	3
	重量(g)		104		135	239
表土・攪乱	点数	2	62		32	96
	重量(g)	116	1,827		520	2,463
合　計	点数	59	592	408	343	1,402
	重量(g)	4,827	58,293	9,767	11,657	84,544

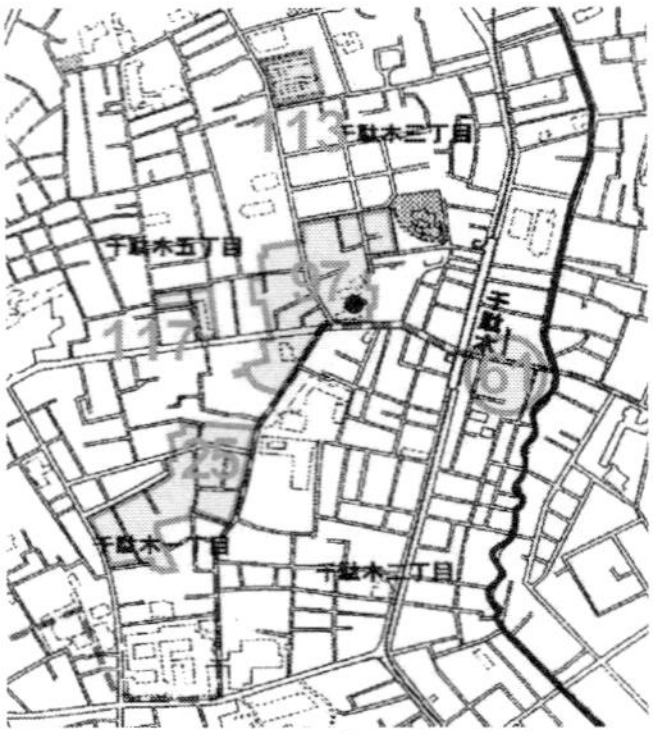

※文京区遺跡分布図を一部加工

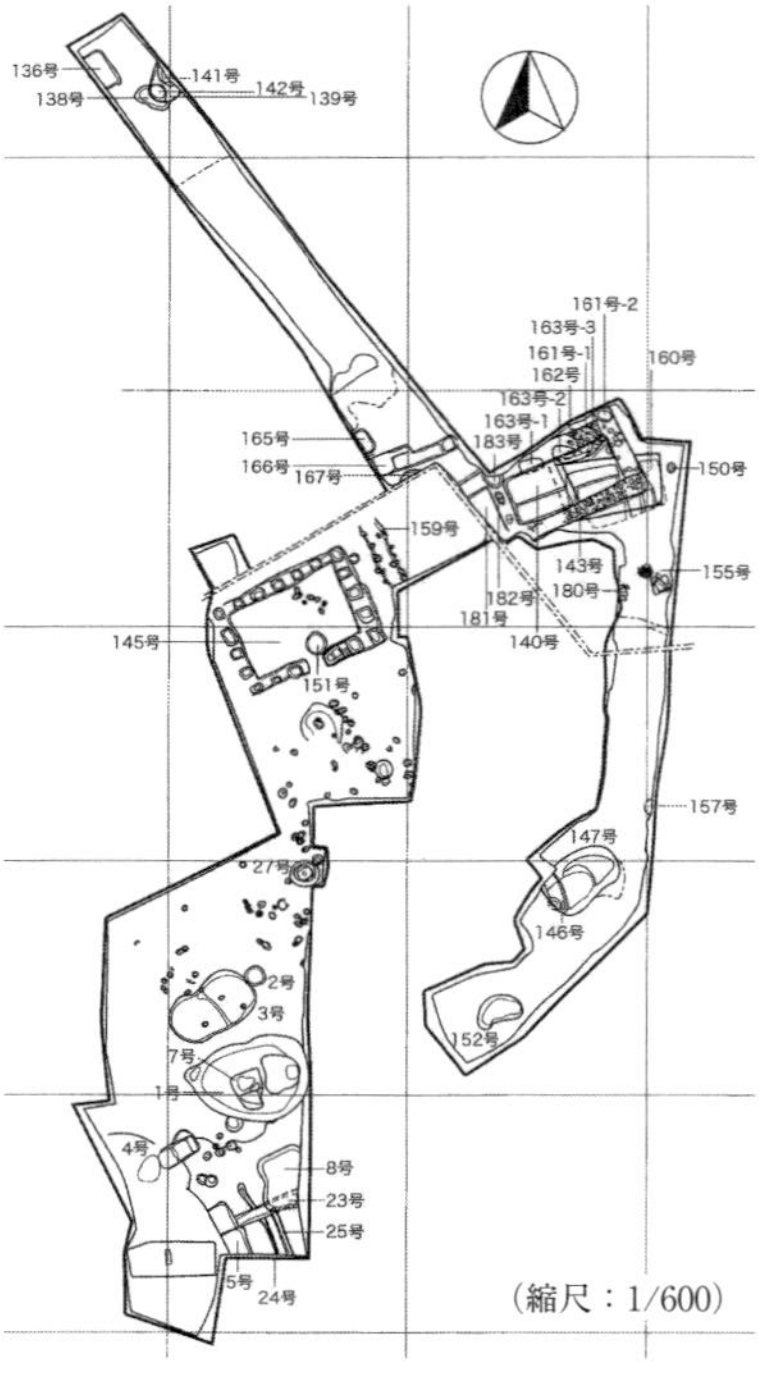

図1　調査地点（図中：●印）と遺構配置図

文京区団子坂上遺跡（区№97遺跡）は千駄木一・三・五丁目域を包括する埋蔵文化財包蔵地（図1）にあたり、旧石器時代から江戸時代までの複合遺跡として知られている。このうち、千駄木三丁目2番地点（旧遺跡名：千駄木三丁目南遺跡第2地点〈学校法人東洋大学・共和開発株式会社二〇〇七〉）は、標高二〇メートル前後を測る武蔵野台地の本郷台東縁部に立地している。江戸時代、調査地点は豊島郡下駒込村にあたり、江戸時代後期から明治時代前半には森田六三郎に関わる場所と推定されている。森田六三郎の名は文政十年（一八二七）、青山の植木屋増田金太が奇品種を集めた図譜『草木奇品家雅見』にみられ、文政十一年の『新編武蔵風土記稿』には将軍立ち寄りの植木屋として名を連ねている。弘化二年には菊細工・菊人形の創作、嘉永二年と安政元年には本土初の竜眼と茘枝（ライチ）の結実に成功している。初代六三郎は万延元年（一八六〇）に死去し、家業は二代目・三代目と受け継がれ、団子坂での生業は明治八年（一八七五）頃までは続けていたようである（平野二〇〇七）。

一　出土した園芸資料（学校法人東洋大学・共和開発株式会社二〇〇七）

1　植　木　鉢（図2〜7）

発掘調査では江戸時代以降の陶磁器、炻器、土器は四五〇五点、二四万七〇八七グラムが出土している。このうち、植木鉢は一四〇二点、重量八万四五四四グラムを数え、全体量の三割強にあたる。なかでも明治時代初頭頃を下限とする1号遺構から多く確認されている（図1・表）。

磁器は染付と青磁がある。染付は肥前系と瀬戸・美濃系で漢詩や山水文が描かれた鍔縁形や多角形（六角形・八角形）、卓上用と考えられる小型製品がある。青磁は内面に鉄釉が施釉された半筒形と鍔縁形である。

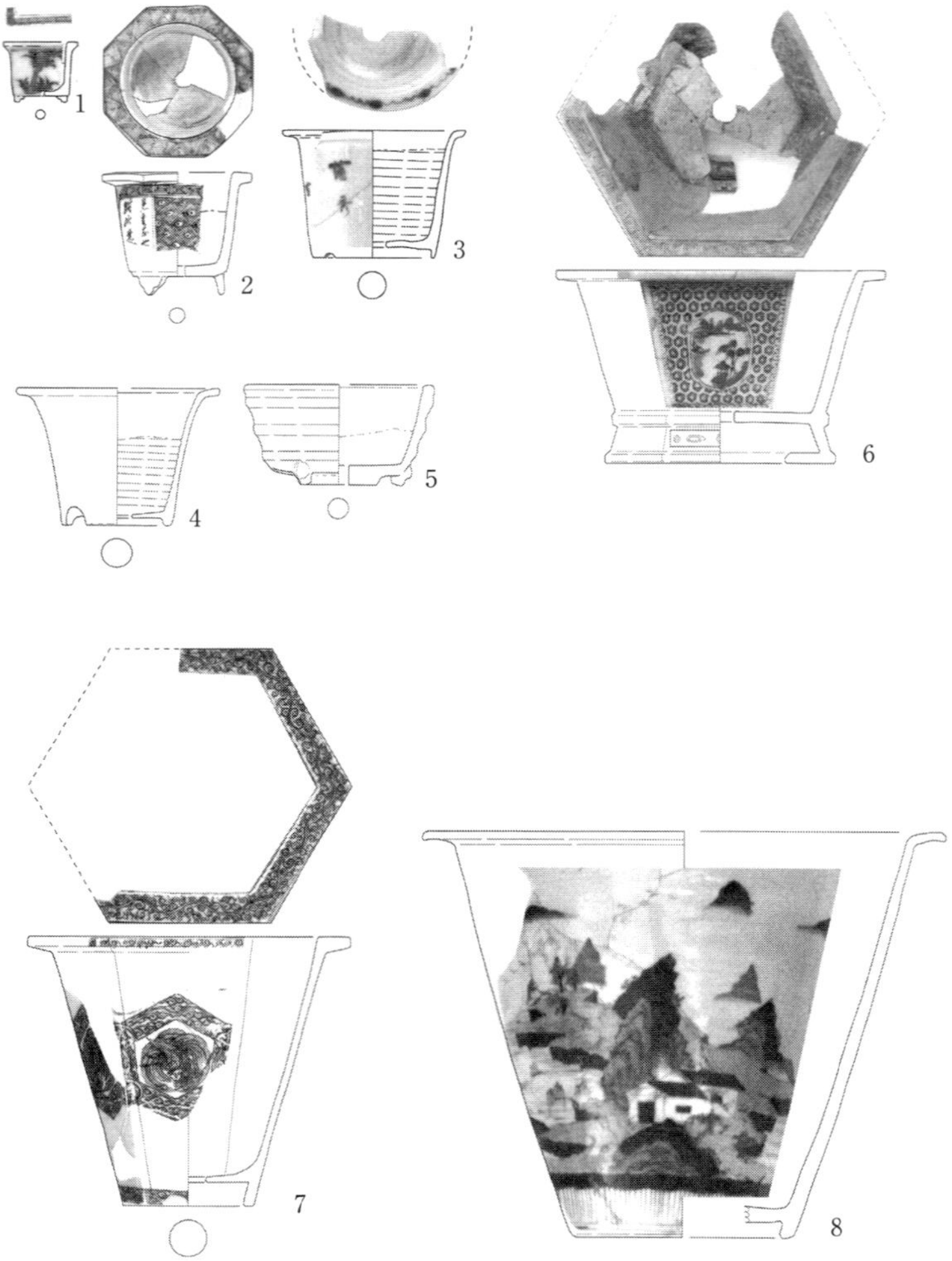

縮尺（1～5：1/6，6～8：1/8）

図 2　磁器製植木鉢（1：8 号遺構，3：166 号遺構，2・4～8：1 号遺構）

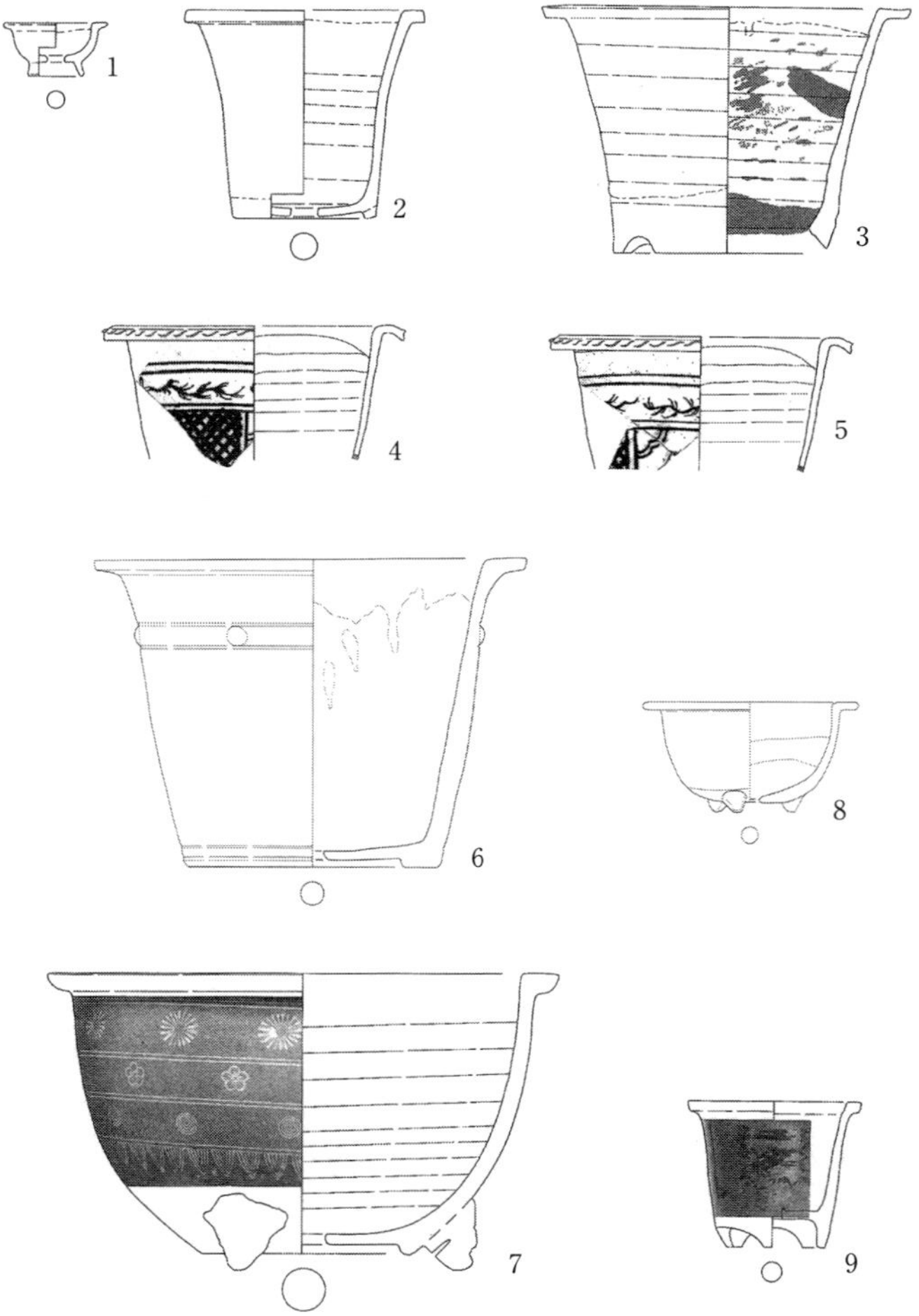

縮尺（1〜9：1/6）

図 3　陶器製植木鉢（1）（1・2：8 号遺構，3：146 号遺構，4：139 号遺構，5・9：142 号遺構，6・7：1 号遺構，8：136 号遺構）

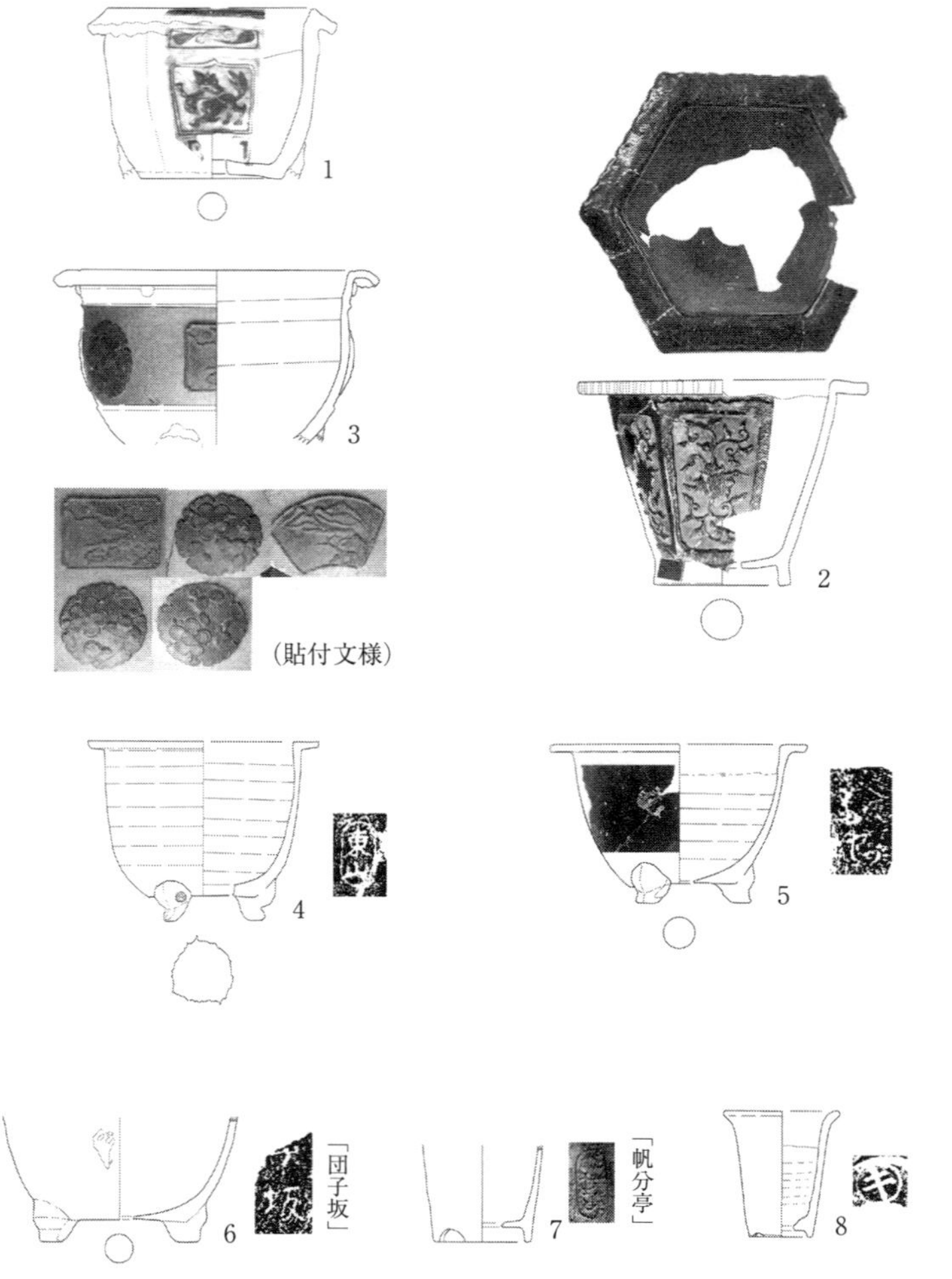

縮尺（図：1/6，刻印：1/2）

図4　陶器製植木鉢（2）（1〜8：1号遺構）

陶器は一般的な瀬戸・美濃系の灰釉・鉄釉製品もあるが、園芸植物の魅力を際立たせようと、意匠を凝らした鑑賞用植木鉢（変わり鉢、作家もの）、漆黒釉製品などがみられる。なかでも鍔縁形の漆黒釉製品は多くみられ、胴部の形状から桶形と丸形に大別される。桶形は三足が貼り付けされるものと高台を半月状に切り込む二種がみられ、後者には

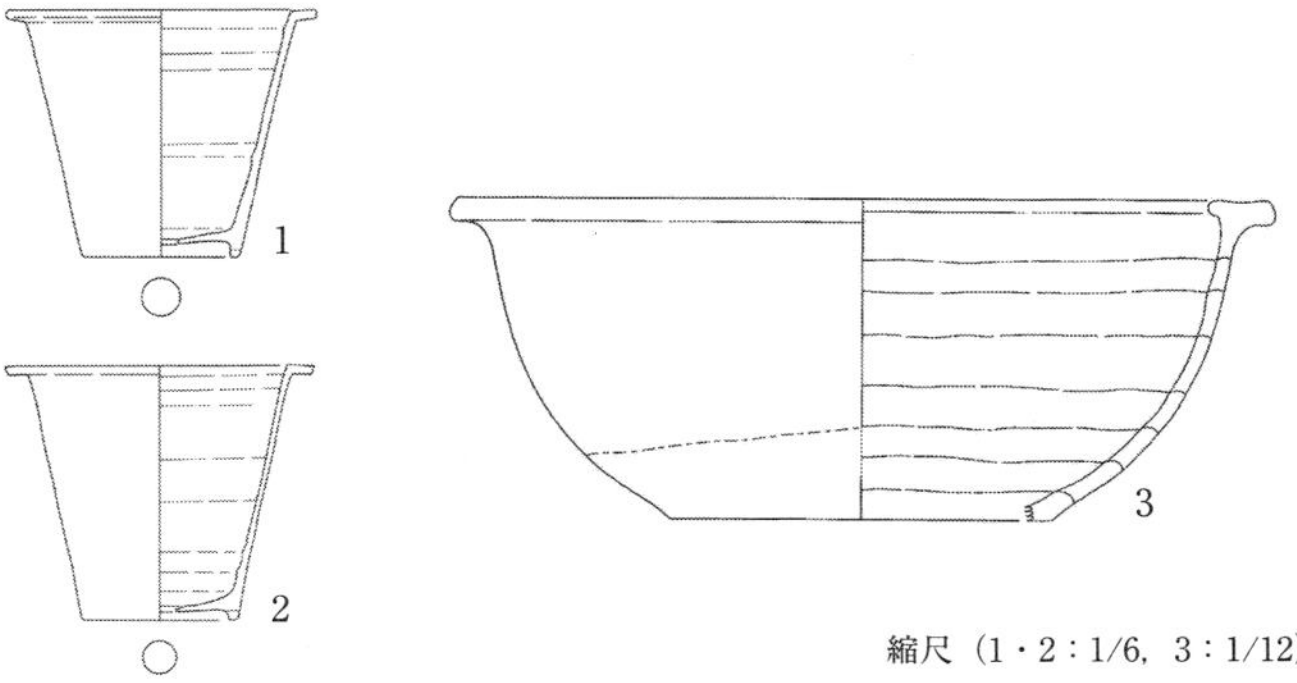

縮尺（1・2：1/6, 3：1/12）

図５　炻器製植木鉢（1・2：1 号遺構, 3：146 号遺構）

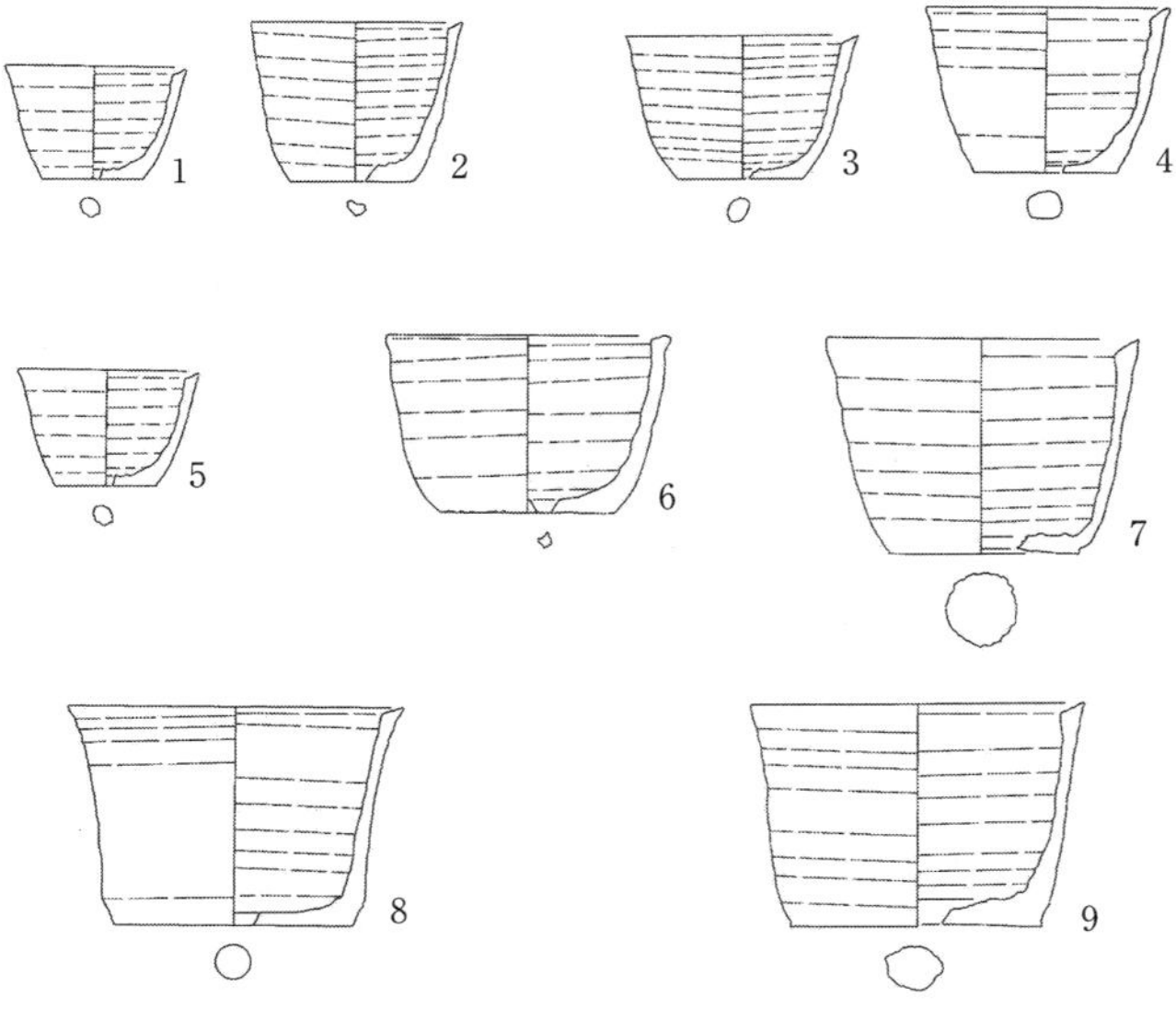

縮尺（1/6）

図６　土器製植木鉢（1・2・5・9：166 号遺構, 3・7：136 号遺構, 4・8：1 号遺構, 6：160 号遺構）

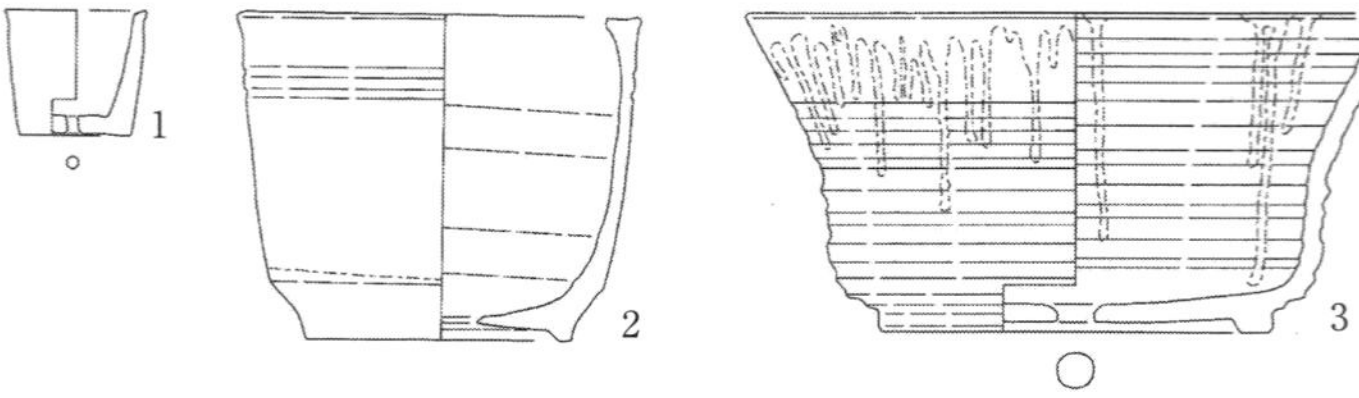

縮尺（1・2：1/6，3：1/12）

図7　転用植木鉢（1：160号遺構，2・3：1号遺構）

高台内に六三郎の号「帆分亭」印、「㋖」印が押印される。一方、丸形は金彩で文様が描かれ、三足が貼り付けられる。高台内に「□子坂」印（団子坂か）が押印される。

炻器は鍔縁形で器壁が四ミリほどと非常に薄い造作である。胎土色は灰褐色を呈し、四五点確認された。底径値から五種に大別されるが、いずれも同一形状で均一性をもつ。内底面は水捌けを良くするため、底孔に向かって緩やかに傾斜し、孔の縁は漆黒釉製品と同様、斜めに削られている。この他には常滑系の器高が低い甕がある。

土器は土師質と瓦質があり、いずれも江戸在地系である。低下度焼成された土師質製品は鍔縁形で桜花文を印刻し、内外面に透明釉を施釉している。桶形の瓦質製品は法量差が認められる。口径値が一四センチを超えるものは水捌けを良くするためか、底面の孔が拡げられている。なお、植木鉢に転用されたものには瀬戸・美濃系の灰釉・緑釉流し水鉢、鉄釉半胴甕、江戸在地系の焼塩壺がある。

2　鉢飾り（図8）

肥前系磁器の台皿、瀬戸・美濃系磁器の名札、支柱、箱庭の家屋、飾り石がある。台皿は貼り付け高台で山水文が描かれている。名札は上部が隅切り、下部は先細りの形状をなし、下半中央が穿孔される。裏面の下部は無釉、表面の縁部は染付で枠線が書かれている。おそらく、品種名を記した紙を貼付していたものと考えられる。支柱は竹を模したもので竹笹文が描かれている。家屋は屋根部で透明釉が施釉された後、白色顔料が塗布されている。飾り石は赤石を主体に瑪瑙、水晶などがみられた。

3 種実遺体

植木鉢が最も多く出土した1号遺構の覆土から栽培植物のウメ三点、イネ二点、オオムギ—コムギ一点、マメ類一九九点、広葉樹のコラ属コナラ亜属（クヌギ、アベマキ、カシワ、ナラガシワなど）一点、クスノキ科（クスノキ属クスノキあるいはクロモジ属）二点、サンショウ属一点、草本のヨウシュヤマゴボウ—ヤマゴボウ二二点、計二三一点が採取された。これらは自生あるいは植栽された樹木や雑草類と考えられる。

二　森田六三郎の横顔

1 製陶活動（図9）

六三郎はどのような人物であったのであろうか。人柄が窺い知れる遺物が確認されている。六三郎

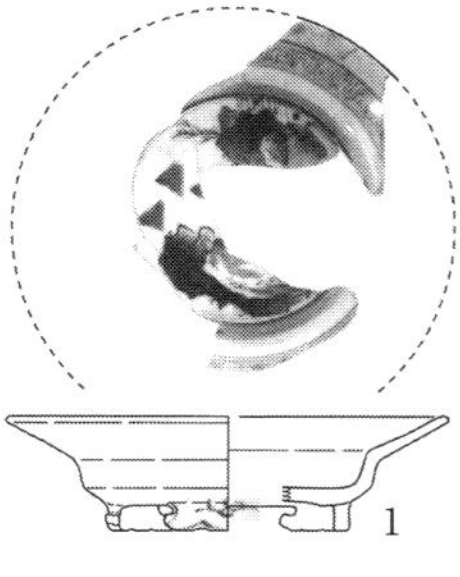
1

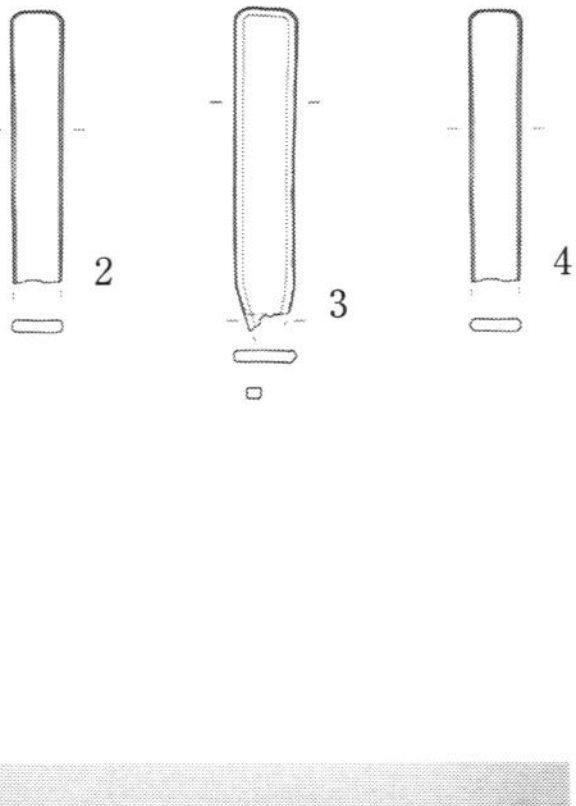
2 3 4

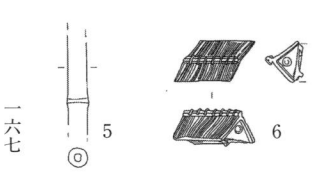

5

6

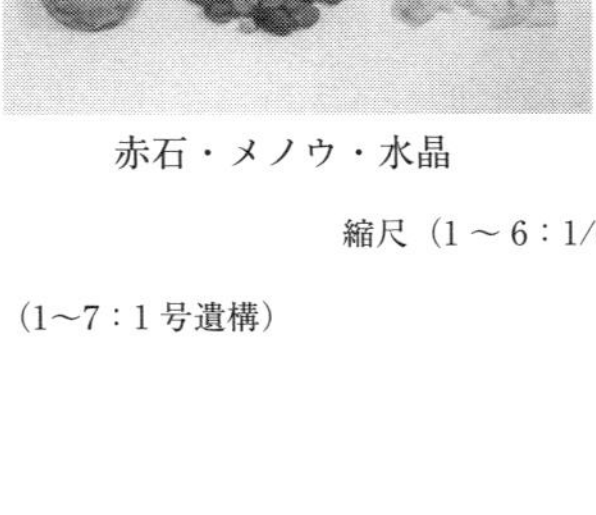
7

赤石・メノウ・水晶

縮尺（1～6：1/6）

図8　鉢飾り（1~7：1号遺構）

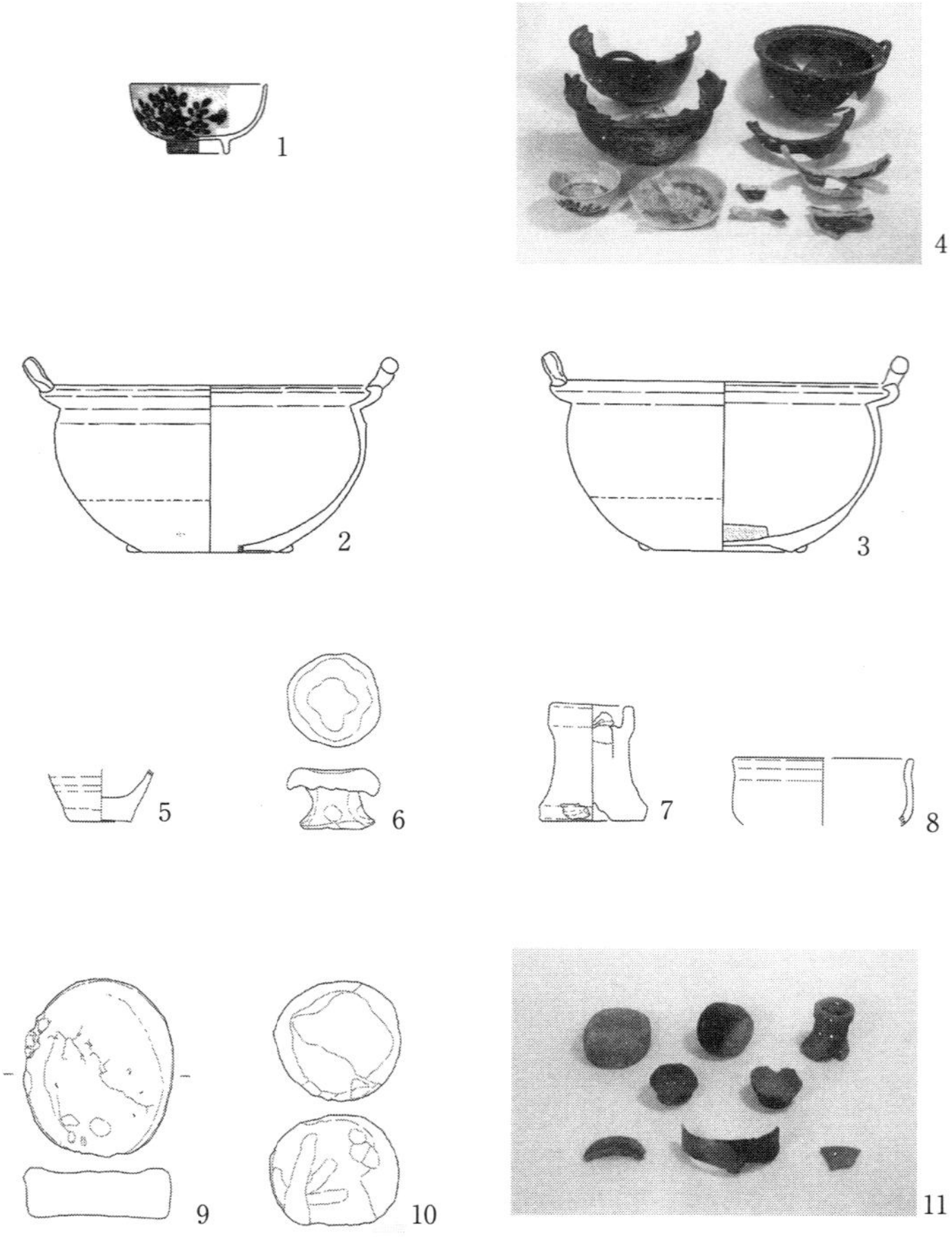

（縮尺 1～3・5～10：1/6）

図９　製陶道具　顔料残留器物（1～4：1 号遺構）・窯道具（5～11：1 号遺構）

の号や「団子坂」印が捺される漆黒釉の植木鉢をはじめ、顔料が残存する器物、窯道具がある。

顔料は白色や緑色顔料、コバルトが瀬戸・美濃系の染付碗、青磁皿、揑鉢、生産地不明の鉄釉土鍋に認められる。

窯道具は厚さ三センチほどを測る楕円形のもの、台形や球状のものなど六種が確認された。いずれも灰褐色の胎土に雲母が含まれている。これらは形状からハマ、トチン、サヤに相当するものと推測される。漆黒釉の植木鉢は管見の限り、類例をみないことから趣味的なものあるいは新たな変わり鉢の製作に力を注いでいたことが窺える。

2　蒐集された品物（図10〜13）

出土遺物には貿易陶磁、国産品を含め江戸遺跡では一般的ではないもの、生産地を判断し難い特徴的なものが数多くみられる。

貿易陶磁は中国とヨーロッパに大別される。中国景徳鎮窯では揃いの青花端反皿、「道光年製」銘（道光年間〈一八二一〜五〇〉）の青花丸皿と大型の青花香炉、「雍正年製」銘の手付き青花瓶、「宏済堂」「乍浦鎮」銘の小瓶（薬瓶）がある。青花端反皿は口径値から二種あったと考えられる。高台内には「方形直弧文」がみられる。人物と漢詩が描かれる青花香炉は茄子形の把手に別成形の高台が貼り付けられる。揃いの徳化窯色絵端反形碗は、一般的な草花文と文字とは異なり琺瑯彩で松文が描かれ、同一個体ではないが「元」印の資料がある。また、福建・広東と推定される瑠璃釉の小瓶（薬瓶）がある。

ヨーロッパではオランダ、マーストリヒトのペトゥルス・レグート窯の碗が二個体ある。バックスタンプはパターン名の「PARROT」、「PR」、「4□」（陰刻）と「P. R REGOUT」、「MAASTRICHT」、「4X」（陰刻）である。また、オランダと胎土、胎質が類似する丸形の小坏は、アルファベットや西洋的な花卉文が描かれており、日本向けの商品と

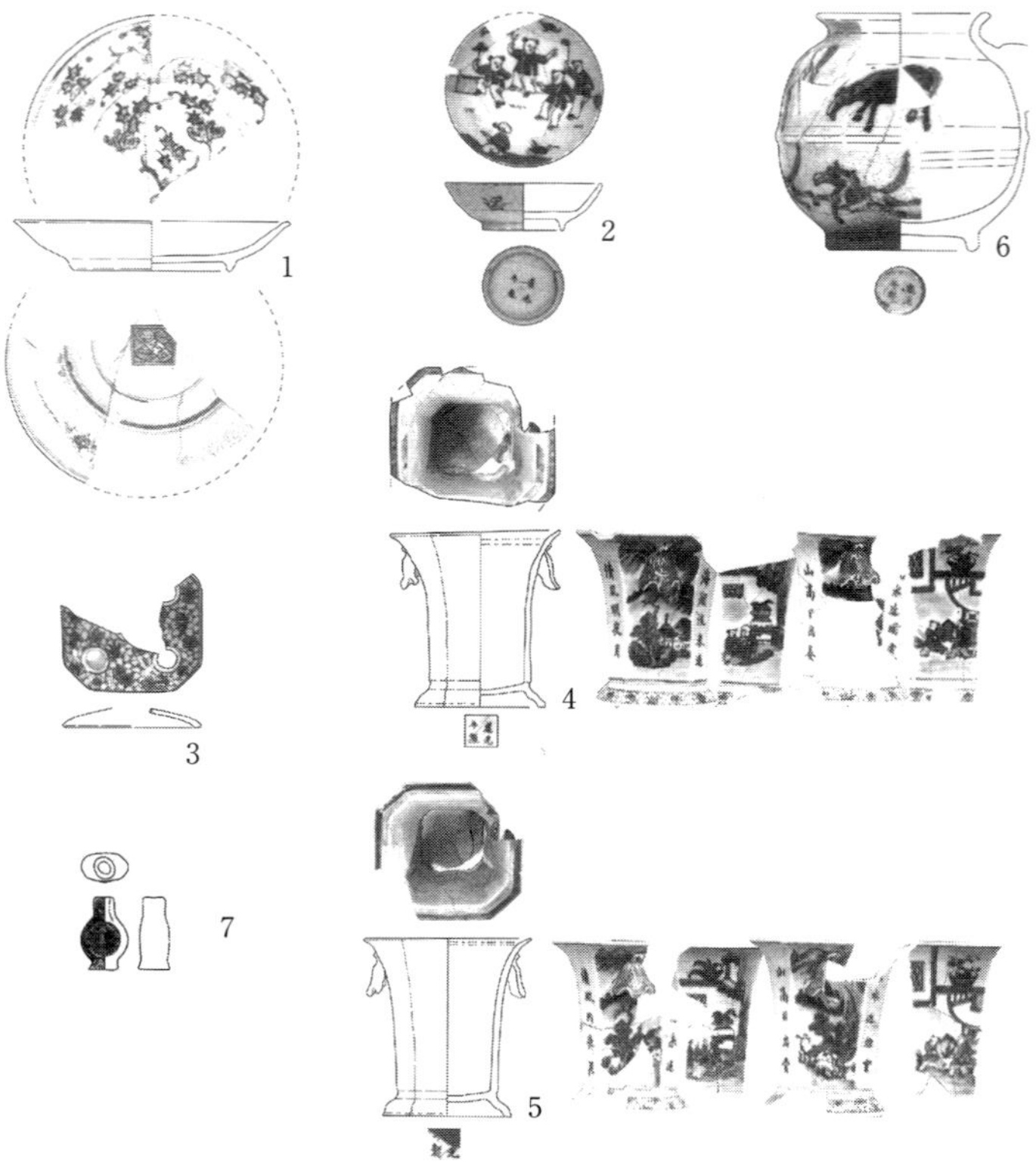

（縮尺：1/6）

図10　貿易陶磁　中国景徳鎮窯製品（1〜7：1号遺構）

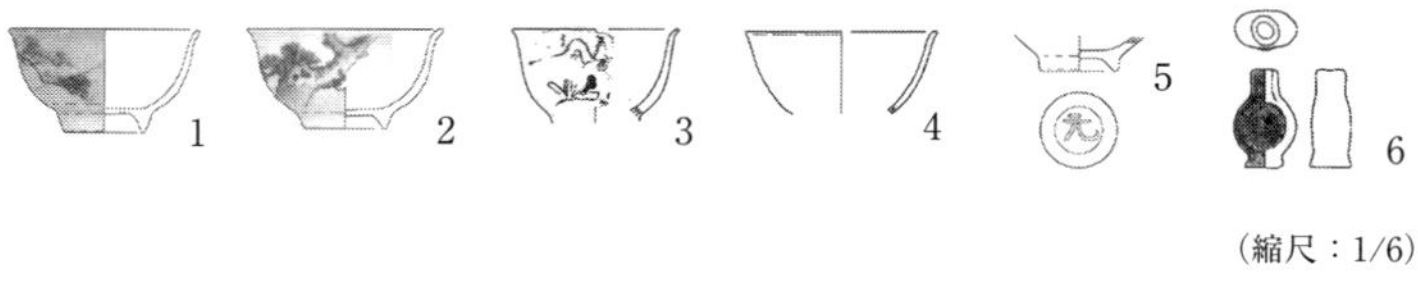

（縮尺：1/6）

図11　貿易陶磁　中国徳化窯・福建・広東系製品（徳化窯：1〜5，福建・広東系：6．1・2・5・6：1号遺構，3・4：8号遺構）

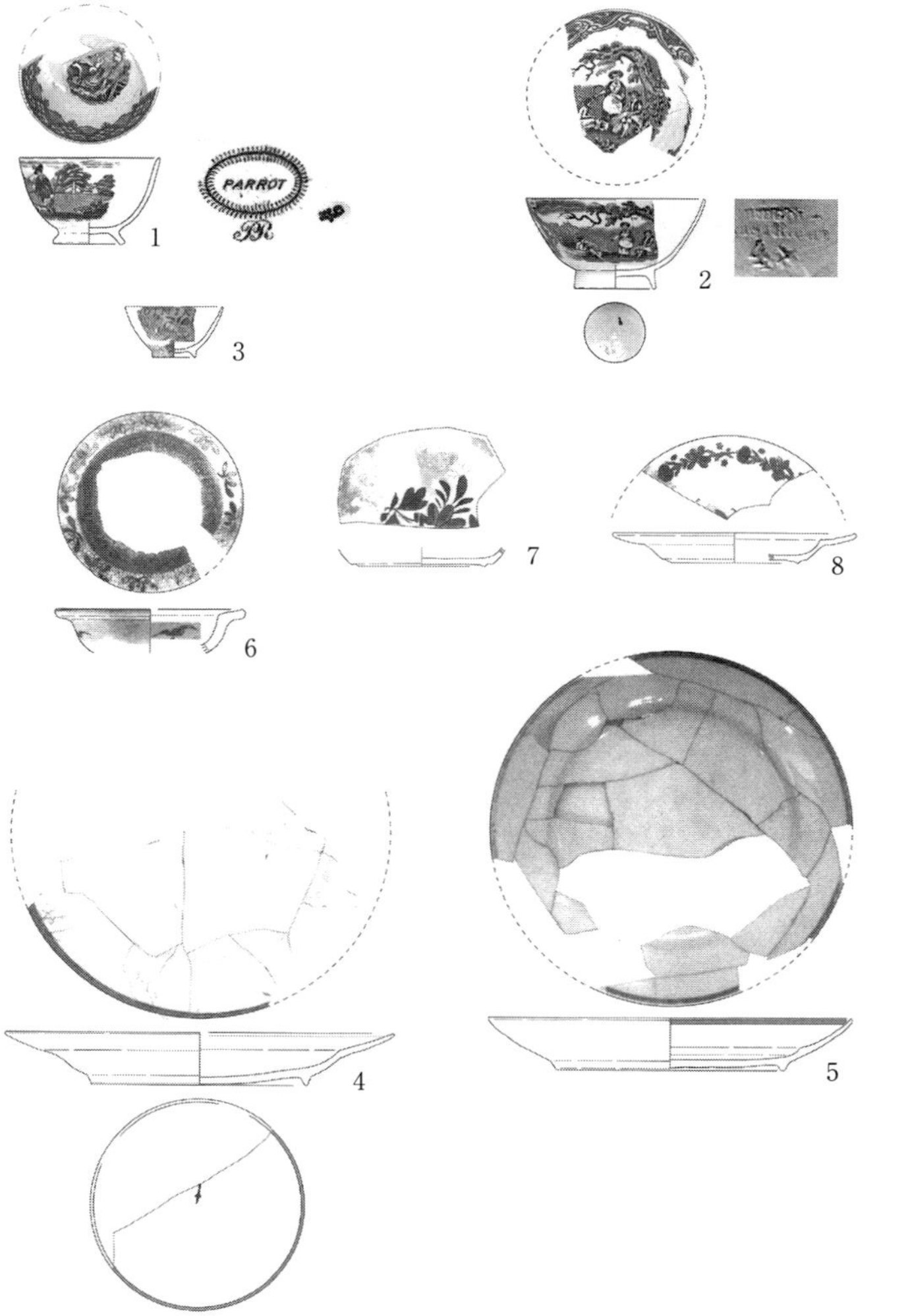

縮尺（図：1/6，刻印：1/2）

図12　貿易陶磁　ヨーロッパ系製品（1・2：8号遺構，3～8：1号遺構）

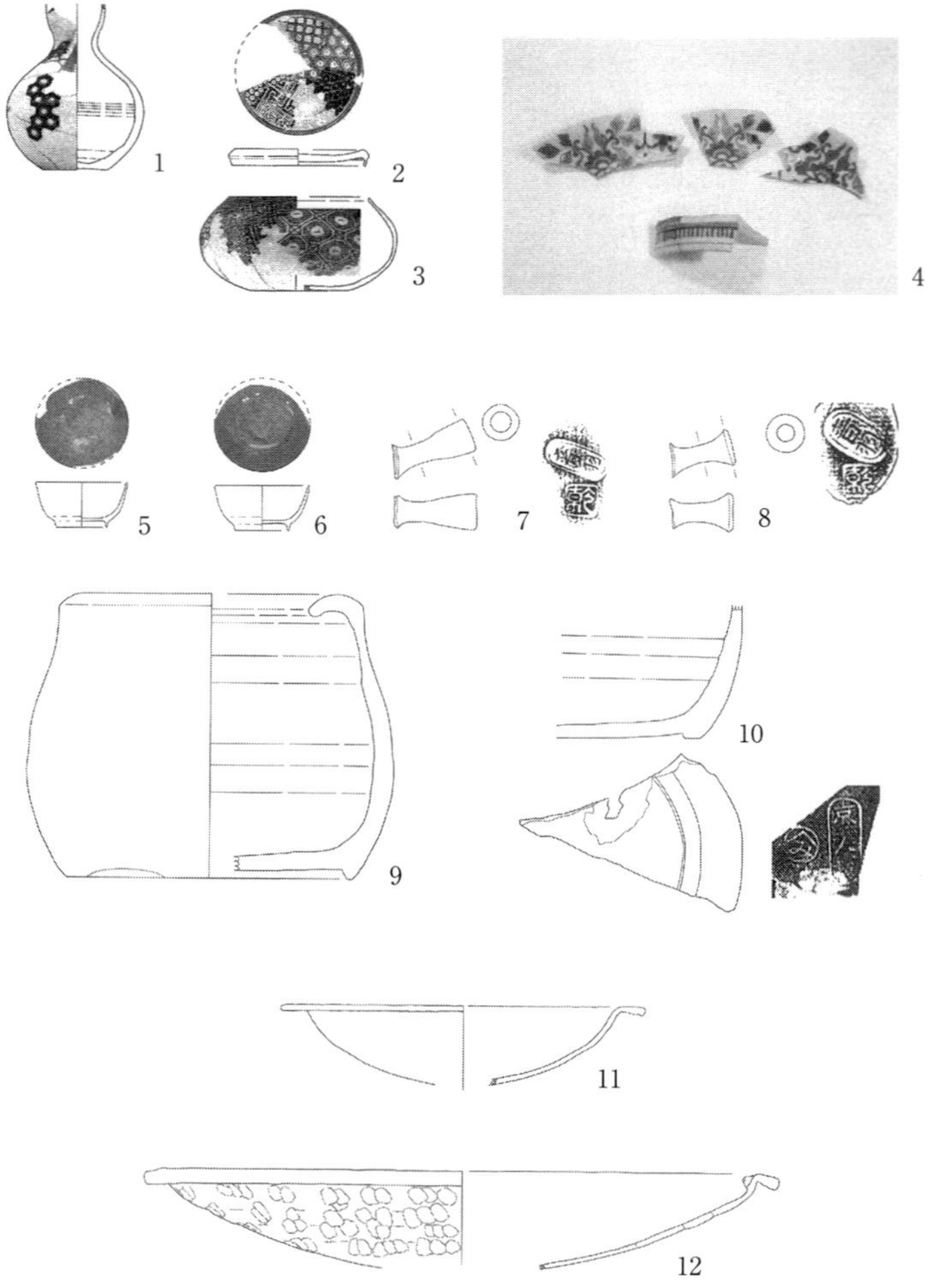

縮尺（図：1/6，刻印：1/2）

図13　国 産 製 品（1～12：1号遺構．※9と10は同一個体）

も考えられる。ドイツではマイセンの銘款を有する鍔皿がある。口縁部に金彩による帯線、その内側に染付による圏線が巡る。なお、銘款や染付による圏線がみられないが、口縁部に金彩による帯線が巡る平形皿がある。この他にはヨーロッパ製と推定される軟質の型打皿がある。色絵で草花文が描かれ、鍔部に三箇所、スパーの痕跡が確認される。

国産品では肥前系の亀甲地松鶴文の瓢箪形瓶、鉄線唐草の盛期色絵鍋島木盃形皿、揃いの淡路系黄釉小坏、京焼「音羽」・「乾」印の急須、「京大坂」・「へみ」印の涼炉、瀬戸内海地域産の焙烙などがみられた。

このような遺物様相は、煎茶道やいわゆる「文人趣味」と評価されるもので注文品あるいは国内で稀少であったものを取り寄せた蒐集品（コレクターズアイテム）と考えられる。

おわりに

江戸時代後期の植木商、森田六三郎の社会的、文化的、経済的諸相の一端が明らかとなった。森田六三郎は経済的に豊かで好奇心や特定の嗜好を持ち合わせた文人であり、こうした身分階層にあてはまらない知識人が園芸文化の一翼を担っていた。

都市江戸では寛政年間前後から園芸が流行するが、底部に孔を有する植木鉢は一七二〇年代に出現し、園芸書や本草書の刊行も盛んになる。また、鉢飾りと考えられる箱庭道具は一六八〇年代に出現するが、一七三〇年代以降、増加傾向が看取される。このような様相から享保期（一七二〇～三〇年代）に鉢植え文化が芽生え始めたことが窺え、その後、園芸文化の担い手となった文人もこの頃に現れてくるのではないかと考えられる。

〔参考文献〕

小沢詠美子　二〇〇六　『江戸ッ子と浅草花屋敷　元祖テーマパーク奮闘の軌跡』小学館
学校法人東洋大学・共和開発株式会社　二〇〇七　『東京都文京区千駄木三丁目南遺跡第2地点』
中野高久　二〇〇七　「文京区千駄木三丁目南遺跡の調査概要～植木屋森田六三郎家の様相～」『江戸遺跡研究会会報』一一一　江戸遺跡研究会
中野高久　二〇一〇　「都市江戸におけるミニチュア箱庭道具の意匠と展開―土人形・玩具類の資料化に向けて―」江戸遺跡研究会第二三回大会『都市江戸のやきもの』江戸遺跡研究会
中野高久　二〇一七　「江戸の遊び―土人形・玩具類研究の現状と遊芸―」江戸遺跡研究会第三〇回大会『江戸の遊び』江戸遺跡研究会
平野　恵　二〇〇六　『十九世紀日本の園芸文化　江戸と東京、植木屋の周辺』思文閣出版
平野　恵　二〇〇七　「第3章　文献調査文献資料に見る団子坂植木屋・森田六三郎の庭」『東京都文京区千駄木三丁目南遺跡第2地点』学校法人東洋大学・共和開発株式会社
堀内秀樹　二〇一一　「都市江戸における貿易陶磁器消費の一例―江戸幕末の植木屋出上の貿易陶磁器―」『貿易陶磁研究』三一　日本貿易陶磁研究会
堀内秀樹　二〇二一　「江戸遺跡出土の18・19世紀の福建・広東諸窯の貿易陶磁器」『18・19世紀の福建・広東諸窯の貿易陶磁器　資料報告集』東京大学埋蔵文化財調査室

近世薩摩焼の植木鉢

渡辺芳郎

はじめに

近世薩摩焼とは、薩摩藩（現在の鹿児島県全域と宮崎県南部）内で生産された陶磁器の総称である。豊臣秀吉の朝鮮出兵（一五九二～九八年）の際に島津軍によって連れてこられた朝鮮陶工を淵源とする。彼らによって始められた窯場として、藩窯である竪野系窯場（姶良市・鹿児島市）、苗代川系窯場（日置市美山）、龍門司系窯場（姶良市）がある。またそれと系統を異にする元立院系窯場（姶良市）、平佐系窯場（薩摩川内市）などの薩摩磁器窯場、能野《よきの》系窯場（種子島西之表市）などがある。薩摩磁器窯場以外はいずれも陶器生産を主体とする。

植木鉢とは、底面に穿孔が施された鉢形の容器で、中に土を入れて植物を栽培するための道具である（江戸遺跡研究会編二〇〇一　三五八頁）。また製品焼成前に穿孔を施した専用器と、焼成後に穿孔した転用器がある。ここでは専用器を主に取り上げるが、後述するように「兼用器」と呼べるものもある。本稿で検討対象とする資料は、底部穿孔が確認でき、植木鉢と確定できるものを中心として、他の属性（口唇部装飾など）から植木鉢と推測できるものも一部取り上げている。伝来資料には磁器の植木鉢も見られるが（山口一九七九　一一二頁）、例数が少ないため、ここでは苗代川・竪野・龍門司（山元窯跡）の陶器を中心に扱い、少数の瓦質製品についても触れる。

本稿ではこれら近世薩摩焼の植木鉢の特徴を整理するとともに、その編年試案を提示する。また薩摩焼の植木鉢は琉球（沖縄）の園芸文化との関係が指摘されており、一方、江戸遺跡から出土している。そこで植木鉢をめぐる薩摩・琉球・江戸との関係についても若干の考察を試みる。

一　近世薩摩焼の植木鉢の諸例と編年試案

1　苗代川の植木鉢

苗代川窯跡群では近世〜近現代の窯跡約二〇基が確認されており（渡辺・金田二〇一二）、そのうち陶器窯としては堂《ど》平《びら》窯跡と雪山遺跡が発掘調査されている。

堂平窯跡は一七世紀代に操業した窯で、単室登窯跡（全長約三〇メートル）、溝跡、工房跡、物原跡などが検出されている。出土した遺物は、出土地点と器形・技法などにより、Ｉａ期（一六二〇〜三〇年代）とＩｂ期（一六三〇〜五〇年代）、Ⅱ期（一七世紀後半）に時期細分されている（鹿児島県立埋蔵文化財センター編二〇〇六）。

雪山遺跡は、厳密に言えば窯跡ではないが、明治二〇〜三〇年代（一九世紀末頃）に操業したとされる雪之山窯に近接する遺跡で、同窯陶工の工房跡もしくは居宅跡と推測されている。出土遺物は「生活遺跡的様相」と「生産遺跡的様相」の二者が見られ、ここで後者を扱う（鹿児島県立埋蔵文化財センター編二〇〇三ｂ）。(1)

堂平窯跡と雪山遺跡ではともに植木鉢が出土しており、近世苗代川において継続的に植木鉢を生産していたことが

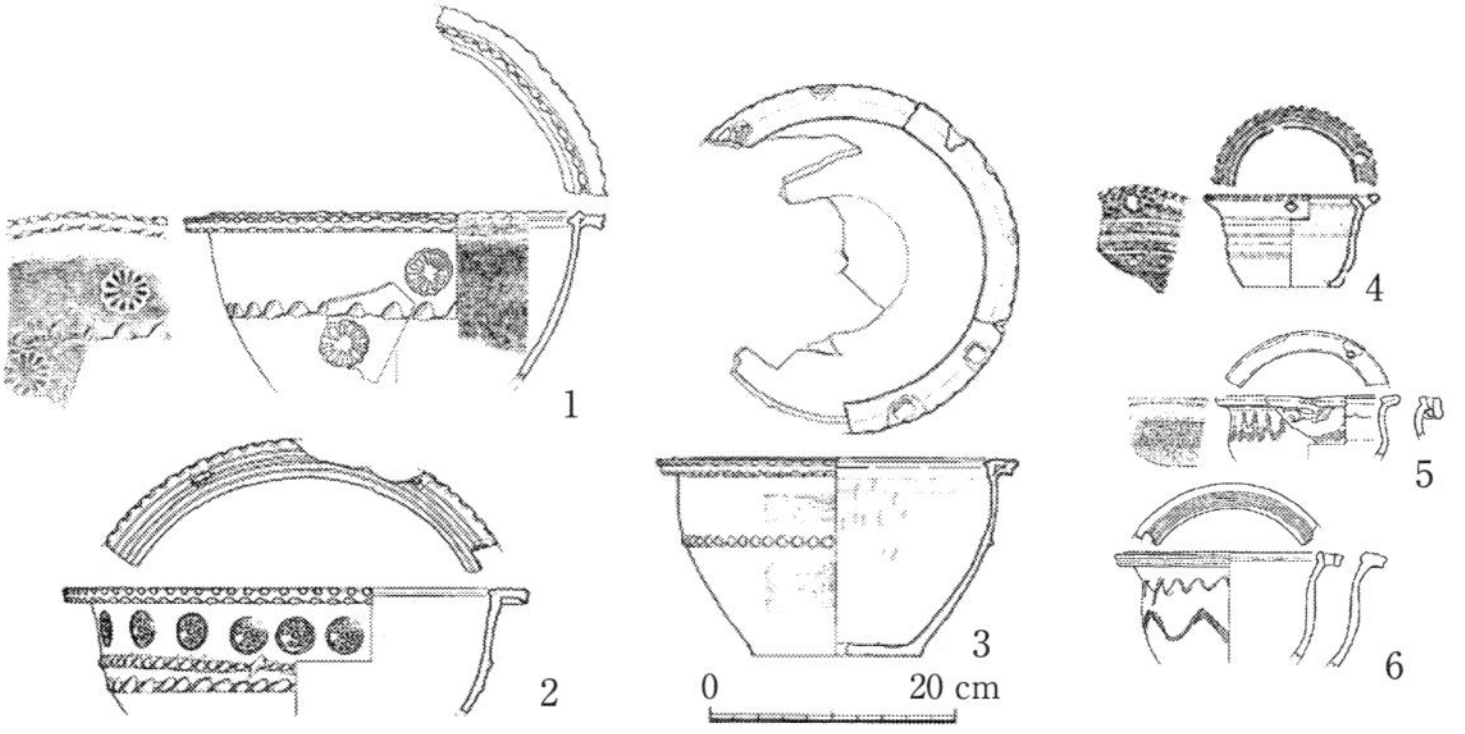

図１　堂平窯跡出土の植木鉢（1：堂平窯Ⅰb期，他：Ⅱ期）（鹿児島県立埋文セ編 2006）

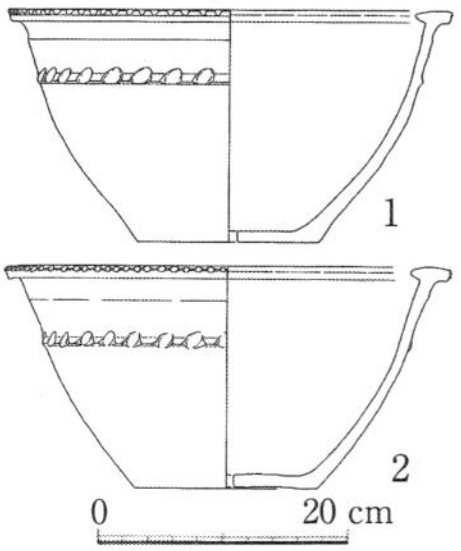

図３　山元窯跡出土の植木鉢（加治木町教委編 1995）

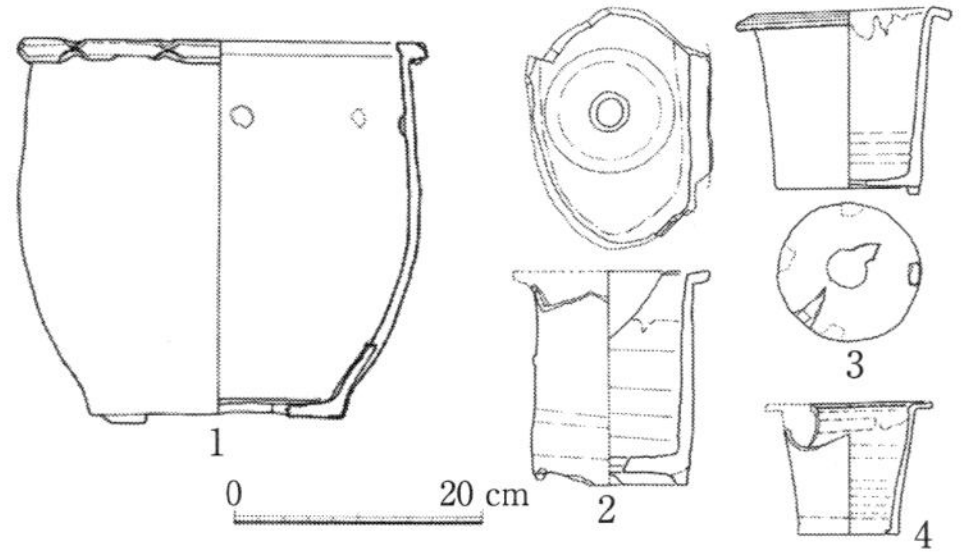

図２　雪山遺跡出土の植木鉢（鹿児島県立埋文セ編 2003b）

うかがいしれるが、現段階で両者の間の時期の陶器窯跡の発掘調査事例はない。以下では、上記二遺跡とともに、器形や技法、胎土、釉調から苗代川産と推測される消費地遺跡出土の植木鉢も検討対象とする。

　堂平窯跡において植木鉢はⅠb期からわずかに見られ、Ⅱ期に種類・量ともに増加する。[2] 大型と小型の二者に分類でき、前者は口径約三〇センチメートルの鉢形で（図1―1〜3）、後者は口唇部には吊り下げ用の紐を通す穴が二ヶ所穿たれる[3]（図1―4〜6）。時期的には大型がⅠb期に出現し、吊り下げ用の小型はⅡ期に登場する。吊り下げ用植木鉢は、今のところ堂平窯跡のみで見られ、消費地遺跡でも確認されていない。一八世紀以後も生産が続くのかどうかは資料の蓄積を待ちたい。大型の植木鉢の特徴として、①胴部がやや湾曲する鉢形である、②逆L字口縁で、口唇部に指先あるいは棒状工具により刻み目が施されている、③胴部に一～二条の縄目状突帯がめぐる、④一部にスタンプや沈線による文様が施される、などが挙げられる。

消費地遺跡出土の苗代川の植木鉢は、胴部に突帯を有するものと有さないものとに分けられる。

まず突帯を有する事例として、いちき串木野市の栫《かこい》城跡G地点[4]（鹿児島県立埋蔵文化財センター編二〇一〇）から胴部に二条の縄目状突帯を有する植木鉢（図4－1）と、無文と縄目状の二条突帯を有するもの（図4－2）が出土している。ともに大型の鉢形で、縄目状突帯は堂平窯Ⅱ期のそれを引き継ぐものと考えられる。また苗代川の甕に同様の無文と縄目状の突帯を各一条めぐらすものがあり、一八世紀前半の特徴と現在想定している（渡辺二〇二三a）。口唇部の装飾は前者が刻み目、後者が上下からの指押さえにより波状に作っている。前者の口唇部装飾は堂平窯Ⅱ期の植木鉢に近く、後者の波状の口唇部は一八世紀後半以後の植木鉢（後述）と共通する。このことから口唇部装飾は刻み目から波状装飾へと変化したと考えられ、より古い属性を有する図4－1が図4－2よりも先行することが型式学的に予想される。以上の諸属性より、両者は堂平窯跡の植木鉢よりもやや後出すると考えられ、ともに一八世紀以後の年代を暫定的に与えておく。ただし胴部に突帯を有さない植木鉢（後述）に先行するのか、機能・用途差により併存するのか判断できる資料は今のところ見られない。

胴部に突帯を有さない植木鉢には鉢形と甕形の二種がある。ともに口唇部は上下からの指押さえで波状を呈する。鉢形の事例は栫城跡G地点（図4－3）や鹿児島市の宮之城島津家屋敷跡[5]（図5、鹿児島県立埋蔵文化財センター編二〇〇三a）で出土している。また東京都豊島区染井Ⅶの五号遺構（一七七〇年代後半、豊島区遺跡調査会編二〇〇一）や豊島区雑司が谷Ⅳ№二一地区七六号遺構（一八世紀第3四半期主体、豊島区遺跡調査会編二〇一〇）において類例が知られ（図6－1・

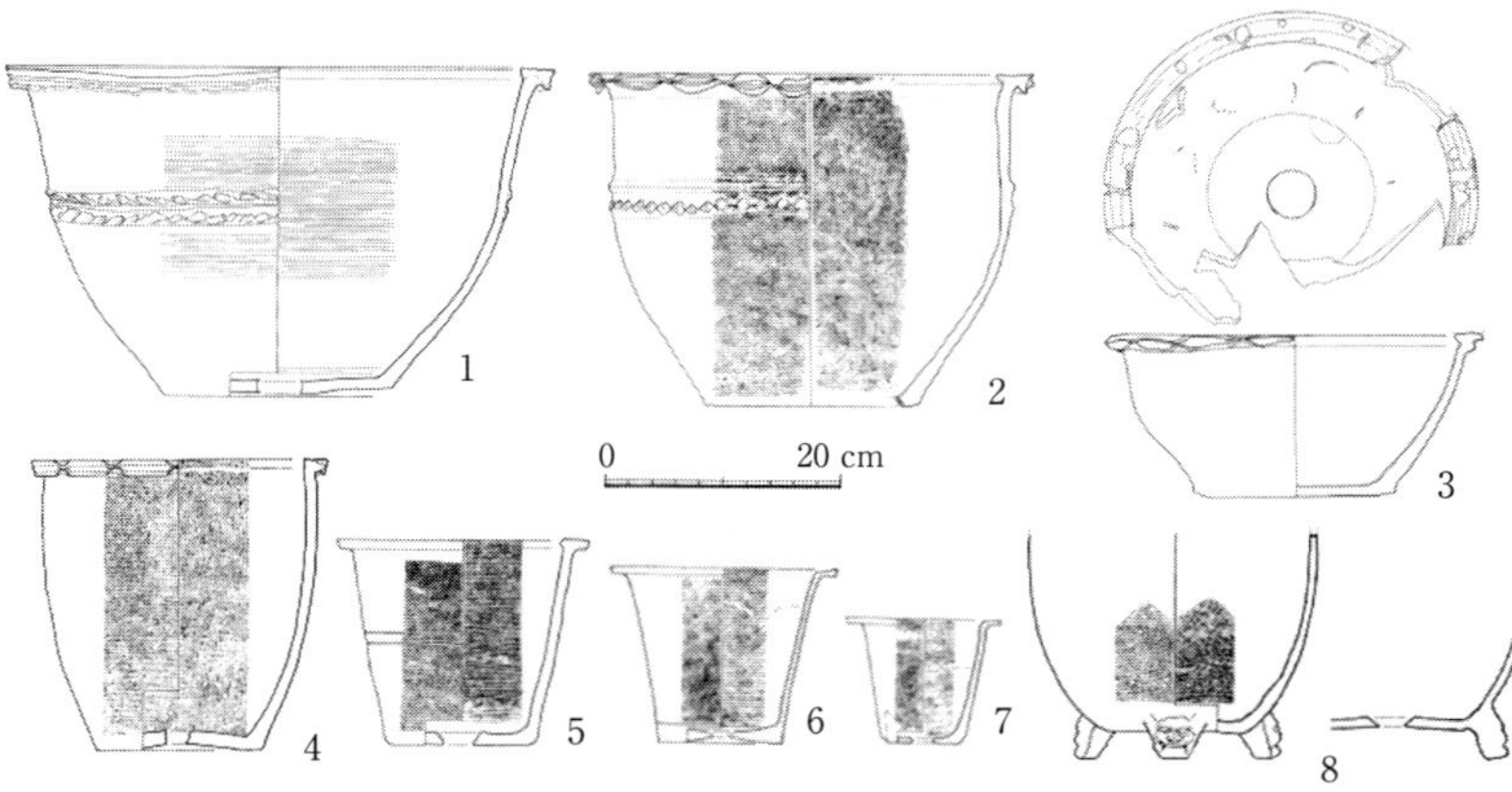

図4　栫城跡G地点出土の植木鉢（鹿児島県立埋文セ編 2010）

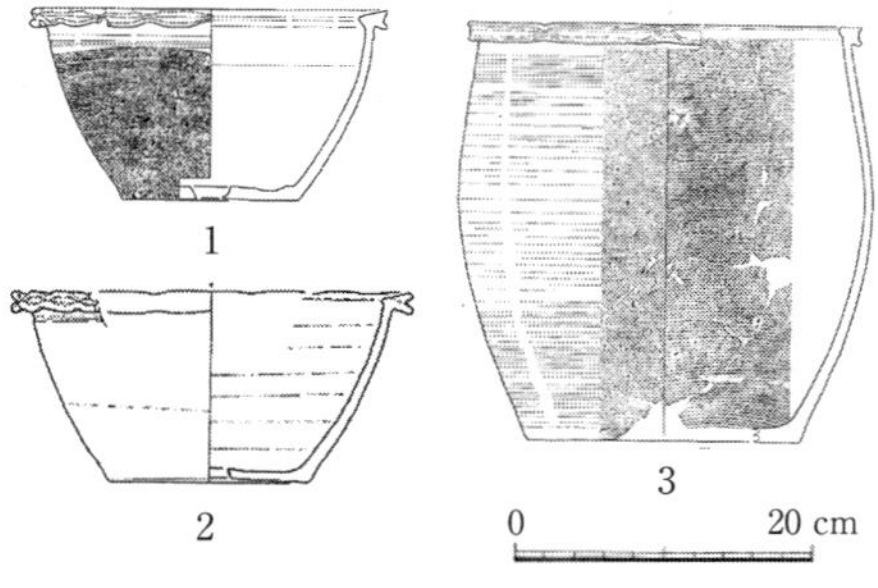

図6　江戸遺跡出土の苗代川植木鉢
（1：染井Ⅶ，2：雑司が谷Ⅳ，3：春日二丁目西遺跡）
（豊島区遺跡調査会編 2001・2010，東京都埋文セ編 2009）

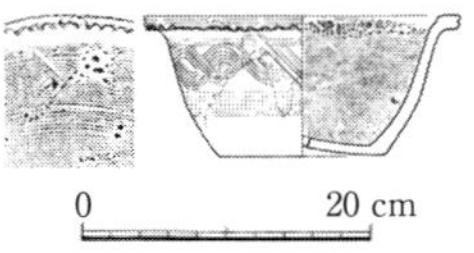

図5　宮之城島津家屋敷跡出土の植木鉢（鹿児島県立埋文セ編 2003a）

2)、一八世紀後半以後の年代が与えられる。

甕形の植木鉢は雪山遺跡から出土しており（図2－1）、消費地遺跡では栫城跡G地点（図4－4）や鹿児島城本丸跡（鹿児島県教育委員会編一九八三）からの出土例がある（図8－3）。また東京都文京区春日二丁目西遺跡の六八号遺構（図6－3、一八世紀末～一九世紀前半、東京都埋蔵文化財センター編二〇〇九）から出土していることから、雪山遺跡の事例を含め一八世紀後半～一九世紀の年代が想定できる。このほか甕形の底部に獣面の三足を作る植木鉢もある（栫城跡G地点、図4－8）。

雪山遺跡からは、逆L字状の口

縁部がやや開くものの全体的に円筒形を呈し、一部の底部に三足が付く植木鉢が出土し（図2－2～4）、栫城跡G地点で類例が見られる（図4－5～7）。同形の植木鉢は近世ですでに生産が始まっているが（江戸遺跡研究会編二〇〇一三一八頁）、薩摩焼において近世までさかのぼるかどうかの確証は今のところない。暫定的に一九世紀以後の製品としておくが、近代以後の可能性も留保しておく。

もう一つ苗代川産と推測される植木鉢として、唐草文や草花文を胴部に貼り付けた大型の植木鉢がある。栫城跡G地点（図7－1・2）と鹿児島市寿国寺跡（図7－3：鹿児島県立埋蔵文化財センター編二〇〇二）から出土しているが、窯跡資料は確認されていない。逆L字あるいはT字状の口縁で口唇部に刻み目を施す。褐色釉をかけたものと無釉のものがある。年代を確定する資料はないが、口縁部形態が堂平窯跡例よりも一八世紀後半以後の植木鉢に近いことから、一八～一九世紀を想定しておきたい。このような貼付文は琉球壺屋産の植木鉢と類似するが、この点については第三節で触れる。

ここまでの検討は以下のようにまとめられる。苗代川における植木鉢生産は、一七世紀第2四半期に開始され、一七世紀後半は、口唇部の刻み目装飾、胴部の縄目状突帯などを有する鉢形のものが主体であったと考えられる。一八世紀になると指押さえによる波状口唇部が現れる。一八世紀後半以後は、胴部に突帯を有さない鉢形と甕形の植木鉢が登場する。ともに指押さえによる波状口唇部という点では共通し、この口唇部形態が通常の鉢や甕と区別する特徴にもなっている。よりシンプルな円筒形の植木鉢はこれらに後出するものと推測される。以上の形態差は法量差と結びつくが、この点については第二節で詳述する。

ところで雪山遺跡より、内底中央に貫通しない円形の細く浅い溝を入れた鉢底部が出土している。本例は厳密には植木鉢とは断定できないが、消費地遺跡である栫城跡G地点から、植木鉢特有の波状口唇部を作る類例が出土してい

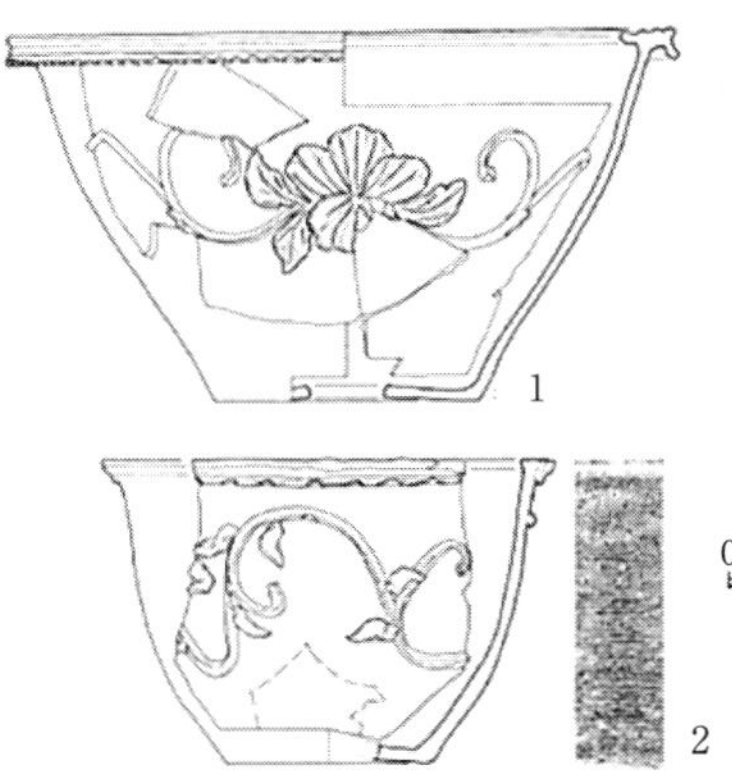

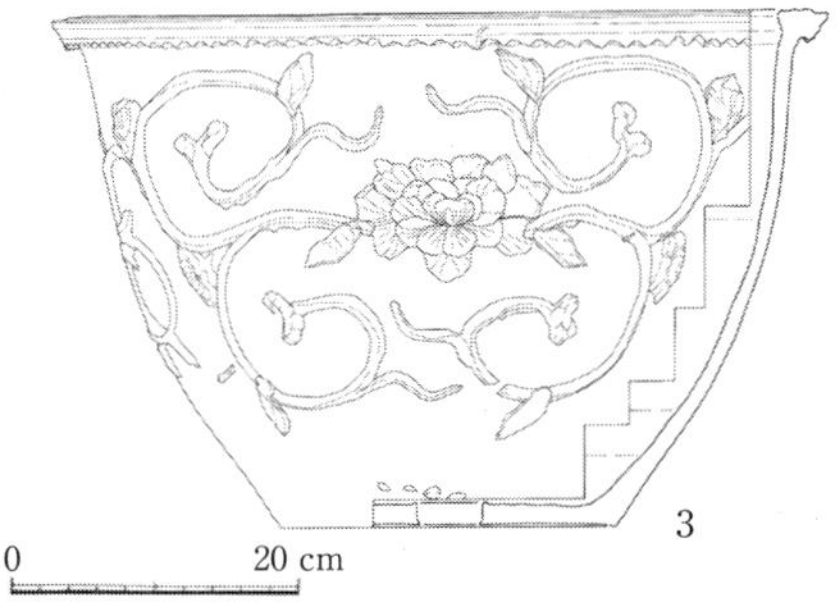

図7　苗代川貼付文植木鉢
（1・2：桁城跡，3：寿国寺跡）
（鹿児島県立埋文セ編 2002・2010）

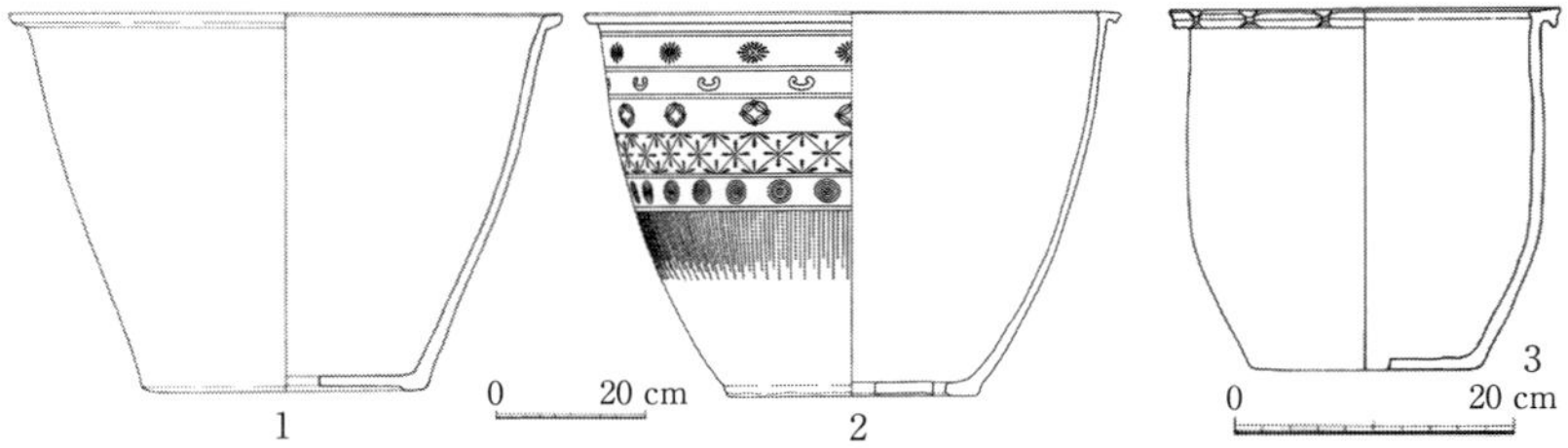

図8　鹿児島城本丸跡出土の竪野窯（1・2）と苗代川（3）の植木鉢（鹿児島県教委編 1983）

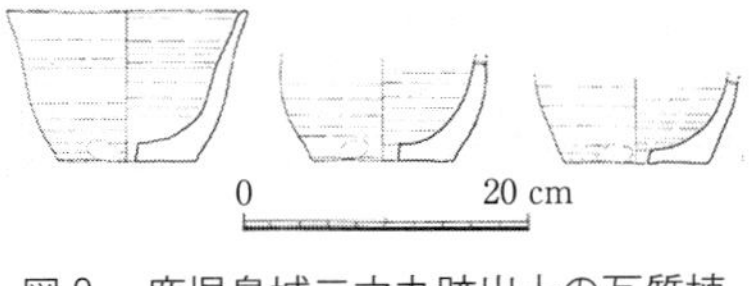

図9　鹿児島城二之丸跡出土の瓦質植木鉢（鹿児島市教委編 2021）

る（図4－3）。また染井Ⅶ五号遺構出土の植木鉢の穿孔外縁部は段状になっており（図6－1）、円形溝の部分を焼成後に打ち割って貫通させていることがわかる。つまり生産地では溝を入れたまま出荷し、購入者が必要に応じて穿孔し、植木鉢として使用したと考えられる。このような「兼用器」は、園芸の広がり＝植木鉢需要の増大に対する生産地の工夫とも捉えられるが、逆に植木鉢需要の不安定さゆえに両方の需要に対応できる製品を生産したと考えることもできる。

2　山元窯跡の植木鉢

始良市加治木町の山元窯跡は、山元碗右衛門が磁器生産を目的として開窯した窯で、肥前系の連房式登窯跡が一九九三年の発掘調査で検出されている。製品は磁器と陶器の食膳具が中心であるが、擂鉢や植木鉢も焼成していた。操業期間は寛文七年（一六六七）から一〇年ほどと短期間で、そののち山元碗右衛門ら陶工は龍門司窯に移った（加治木町教育委員会編一九九五）。

本窯跡出土の植木鉢は、口縁断面がT字状を呈し、口唇部に刻み目を入れる。やや湾曲する胴部を持つ鉢形で胴部中段に一条の縄目状突帯をめぐらせる（図3）。この形態は、堂平窯Ⅱ期の植木鉢と共通する点が多く、模倣関係にあるかどうかは不明であるが、一七世紀後半の薩摩焼植木鉢として共通した形態があったのかもしれない。

3　竪野窯の植木鉢

薩摩藩の藩窯である竪野窯においても植木鉢が生産されたと考えられるが、これまで発掘調査された竪野系窯跡——始良市宇都窯跡（始良町教育委員会編二〇〇四）・御里窯跡（加治木町教育委員会編二〇〇三）、鹿児島市竪野冷水窯跡（戸崎他編一九七八）では植木鉢は報告されていない。しかし藩窯として最大の供給先であった鹿児島城跡からは竪野窯産と推測される植木鉢が出土している。本丸跡から出土した白薩摩と象嵌陶器（三島手）の植木鉢（図8－1・2）（鹿児島県教育委員会編一九八三）は、ともに口径八〇センチメートル弱、器高五〇センチメートル超を測り、他に類例を見ない。象嵌の植木鉢の底部は中央の穿孔の周囲に五つの小孔がめぐる。ただし現段階でその年代は判定できない。

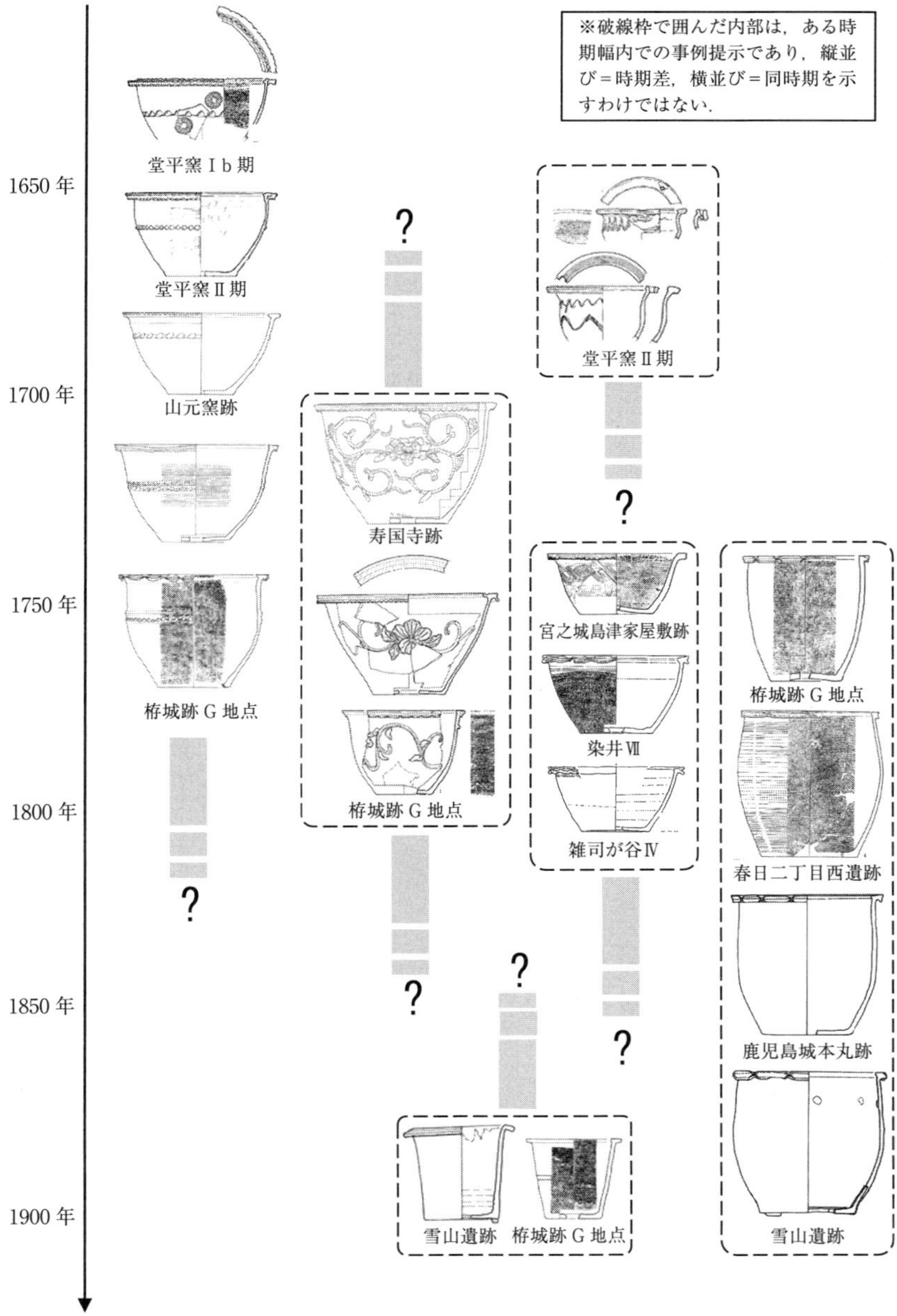

図10　近世薩摩焼植木鉢の編年試案（縮尺不同）

ところで鹿児島城二之丸跡からは、上記の竪野窯産の大型植木鉢とは対照的な小型の瓦質の植木鉢が複数個体出土している(6)（図9）。調査地は古絵図に「二之丸・花園」と記されていることから、その「花園」で植木や草花の運搬などに用いられていた可能性が指摘されている（鹿児島市教育委員会編二〇一一）。ただしこれらの瓦質の植木鉢が藩内で生産されていたかどうかは、年代とともに現段階では不明である。

以上、近世薩摩焼の植木鉢の諸例を整理検討してきたが、その結果を編年試案としてまとめると図10になる。ただし鹿児島では近世の一括資料に乏しいこともあり、年代の検証は今後にゆだねる部分が多いことを断っておく。

二　植木鉢の変化の背景

上述の編年試案を基に法量との関係を検討する。図11は上で挙げた植木鉢の諸例のうち、口径と器高が判明する資料（復元を含む）二四点をグラフ化したものである。少数例である吊り上げ式と瓦質土器を除くと、その器形は鉢形（口径＜器高）と甕形、円筒形（ともに器高≒口径）の三者に分類できる。さらに鉢形は、その法量により1〜4に細分が可能である。

鉢形1の二例は突出して大きく、前述したように鹿児島城本丸跡から出土している。鉢形2と3には胴部突帯や貼付文などの装飾性が高い事例が多く含まれるのに対し、小型の鉢形4の装飾性は低い。甕形は法量的には鉢形3に近く、円筒形は鉢形4に近い。鉢形4も甕形も波状口縁以外、胴部に装飾性は見られない。円筒形には装飾らしい点はない。装飾性の減少は製作工程の簡素化、安価化を示しているといえよう。

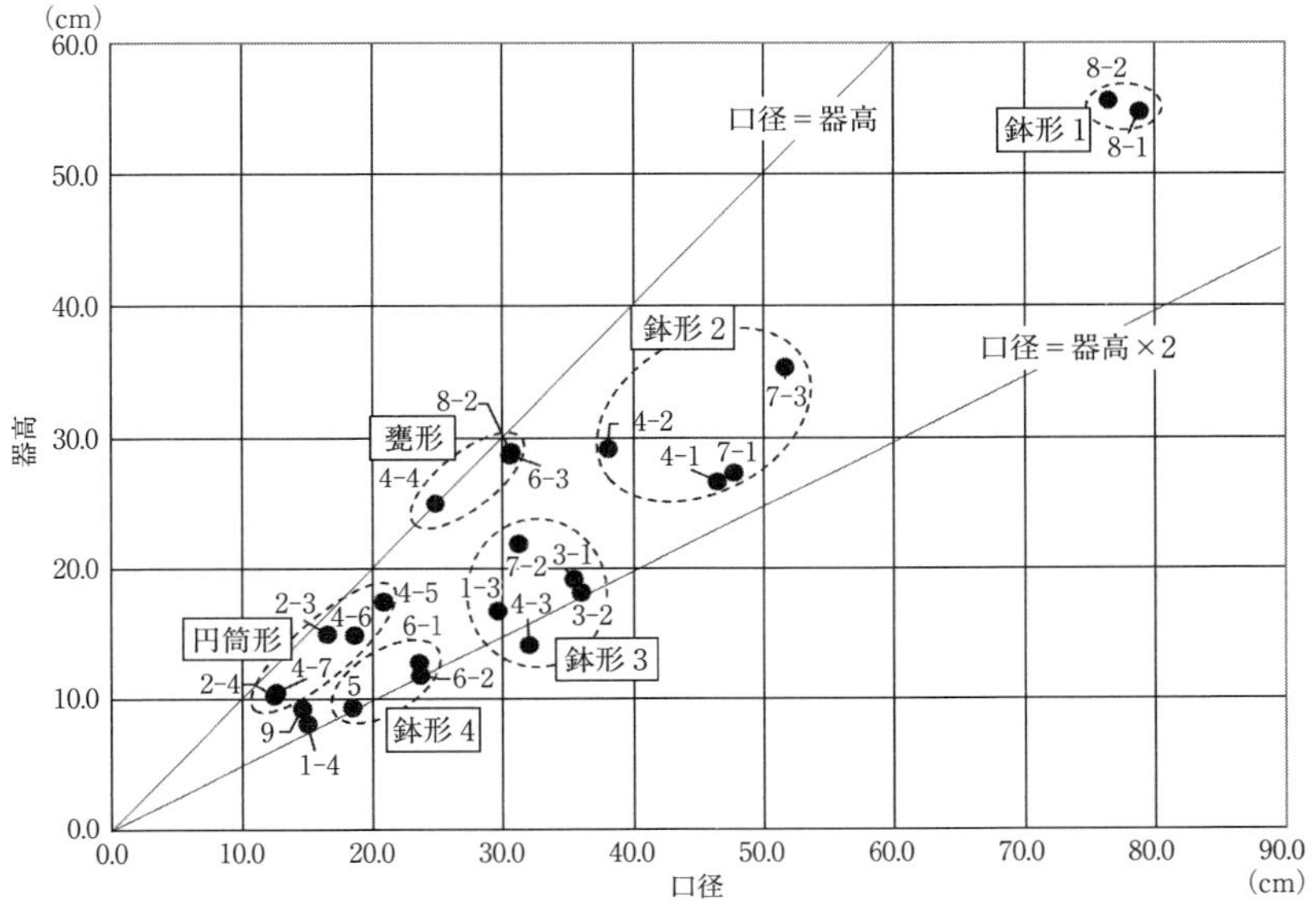

図11　近世薩摩焼植木鉢の法量（番号は図1〜9と対応）

編年試案に基づくと、鉢形2と3は堂平窯跡出土事例を含み、比較的古い時期から登場するのに対し、鉢形4と甕形は一八世紀後半以後、円筒形は一九世紀以後と推測される。つまり大型の植木鉢が先行して登場し、そこに小型の植木鉢が加わっていくという流れが見て取れる。

植木鉢の法量を規定する要因は少なくとも二つあると考えられる。一つはその植木鉢に植える植物の大きさである。大型の植木鉢は松や蘇鉄などの樹木類を植えることができる。それに対し小型のそれには草花や花卉類が適している。もちろん厳密には区分できないが、大枠としてそのような傾向があるだろう。つまり法量の多様化は植木植物の多様化の反映ともいえる。もう一つの要因はその植木鉢が置かれる「場」の広さである。大型植木鉢が置かれる場は庭園や屋敷など広い空間が適している。最大の植木鉢が鹿児島城本丸跡から出土していることはこのことを示唆する。一方、小型の植木鉢はさほど広くない場であっても使用可能であり、その増加は、庭先など狭い空間でも植木鉢が置かれるようになったことを示していよう。

以上から、当初、庭園や屋敷を所有する社会的・経済的上位層からの需要に対応した、装飾性の高い大型の植木鉢が生産されたが、時期が下るとともに、小型で、装飾性の低いシンプルな植木鉢が加わっていくと言える。このことは植木鉢がより広い階層へと拡大、普及していく過程、つまり園芸文化の社会的な広がりを示唆する。今後、出土状況、出土地点の精査による検証が必要である。

三　植木鉢をめぐる琉球—薩摩—江戸

1　琉球と薩摩の植木鉢

植木鉢における薩摩焼と琉球との関係については、その初現、系譜をめぐって、これまで新垣力（二〇〇〇・二〇〇七・二〇〇九・二〇一一・二〇一四）や石井龍太（二〇〇八・二〇〇九・二〇一一・二〇二〇）、関明恵（二〇二一）らによって検討されている。現段階では、瓦質土器の植木鉢（図12－1）が先行し、一七世紀初頭に苗代川系技術が導入され無釉陶器（荒焼）（図12－2）のそれが成立したと考えられる（渡辺二〇一六など）。石井は両者の関係が密接であることを指摘しながらも、薩摩焼における朝鮮陶器からの流れにも注目している（石井二〇二〇　七二〜七七頁）。朝鮮王朝では中国の強い影響を受け、盆栽が行われていたことから（李一九九九）、在地で植木鉢を生産していてもおかしくはない。しかし朝鮮陶工の渡来（一六世紀末）から薩摩焼の植木鉢の最古段階のそれが一七世紀中頃まで下ること、藩窯・竪野窯の一七世紀前半の様相が明確でないことなどから、薩摩焼の植木鉢を朝鮮陶器の系譜につなげることは、まだ資料の蓄積と今後の研究が必要であろう。現在の資料からでは、むしろ堂平窯や山元窯の植木鉢は琉球の影響で生産が始

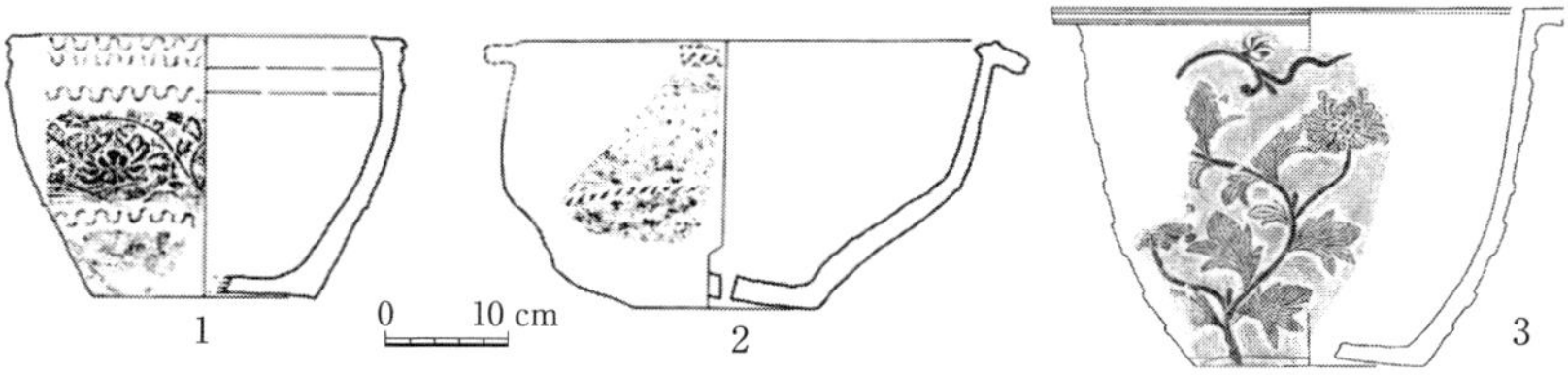

図12　琉球産植木鉢（1：瓦質土器，2・3：無釉陶器．1・2：湧田窯跡，沖縄県教委編 1993．3：真珠道跡，沖縄県立埋文セ編 2006）

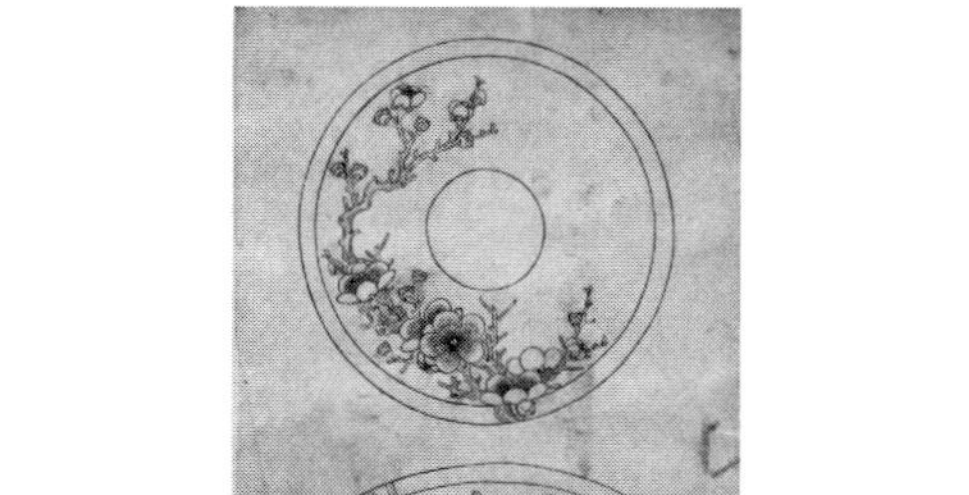

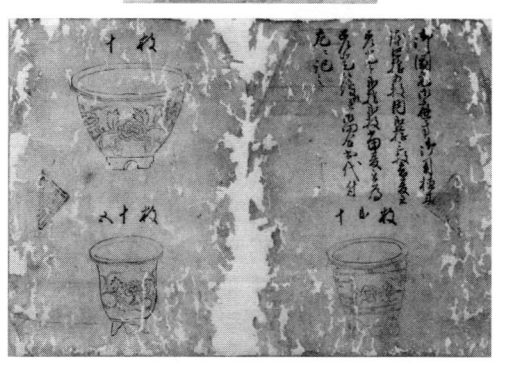

図13　「御植木鉢下図」（沖縄県立博物館・美術館所蔵）

まった可能性も考えられる。

薩摩焼と琉球の植木鉢は、そののちにおいても関係が想定できる。一つは逆L字口縁で、刻み目を施したり、波状に作る口唇部が両者に共通し、植木鉢の特徴として継承された。口唇部に刻み目を施す装飾は、先行して中国陶磁器の植木鉢に見られ、東アジア圏での共通性とも言える（石井二〇二〇　五九～六一頁）。もう一点は、胴部に唐草文などの貼付文を施す事例であり、このような貼付文は壺屋産の植木鉢にもしばしば見られる（図12－3）。一九世紀、薩摩藩が琉球王府に貼付文の植木鉢を注文した挿図付きの文書が残っており

（平川二〇一二）（図13）、また筆者は鹿児島本土地域出土の琉球陶器を検討した際、無釉陶器の植木鉢が藩内に流通していたことを指摘した（渡辺二〇〇六）。このような琉球の植木鉢に対する需要を背景として、その模倣として生産された可能性が考えられる。

2　江戸遺跡出土の薩摩焼植木鉢

江戸遺跡から出土した苗代川産の植木鉢は鉢形4と甕形であるが（図6）、その出土数は少なく、苗代川陶器が土瓶を除くと基本的に藩内流通であったと考えられることから（渡辺二〇一四）、これらが商品として江戸に持ち込まれたとは考えにくい。ここでは江戸遺跡出土の植木鉢が、草木や花卉を運搬するための容器（コンテナ）として運ばれた可能性を提示したい。

石井龍太は、江戸における琉球産植木鉢の出土事例について、蘇鉄や蘭など南方産植物を運搬するための容器である可能性を指摘している（石井二〇二〇　八六～九三頁）。このような南方産植物の流通には薩摩藩も関与していたことが文献から推測できる。藩内と琉球の産物をまとめた佐藤成裕『薩州産物録』（寛政四年〈一七九二〉）には「蘇鉄」「珍草奇木」が大阪に出荷されたとある（国立国会図書館デジタルコレクション）。また薩摩藩の行政文書集『要用集』（文政一一年〈一八二八〉）には、「他国江不出品々之事」の一つとして「琉球草木品々」とある（鹿児島県史料集刊行会編一九八九　九〇頁）。この法令は他国への出荷を一切禁じているのではなく、その販売や流通が藩の強い統制下に置かれていたことを示している。たとえば同じ「他国江不出品々」中にある「樟脳」は、薩摩藩にとって重要な海外輸出品であった（鈴木二〇〇四）。このような藩の関与の過程で薩摩焼植木鉢がその運搬容器として利用された可能性も想定できる。

また特殊な事例であるが、朝顔栽培を趣味としていた薩摩藩主・島津斉彬が、安政四年（一八五七）に、徳川家大奥に嫁いだ養女・天璋院（篤姫）に、「国焼」の植木鉢に入れた朝顔一五を献上した記録も見られる。この「国焼」の植木鉢について、筆者は磯窯（鹿児島市磯）で焼かれた可能性を考えているが、その具体的な形態は不明である。ただ少なくとも植木鉢が献上品の容器として使われていたことを示している（渡辺二〇一三）。

容器としての陶磁器は転用され二次流通することもありえるため、江戸遺跡における出土地＝最終消費地がそのままその機能や中身と結びつくわけではない。しかし出土地の一つ染井遺跡は植木屋が集住していた地域にあり（豊島区遺跡調査会編二〇〇一）、植木の容器として持ち込まれた可能性を暗示する。

以上、断片的な資料に基づくものであるが、容器としての薩摩焼植木鉢が江戸まで運ばれた可能性を想定した。薩摩藩は、近世において琉球という「異国」を支配した藩として、その独自性をさまざまな場面でアピールしていたことが指摘されている（横山一九八七など）。琉球の南方産植物の藩外出荷も、経済的理由とともに政治的文脈でも捉えられる可能性がある。

おわりに

近世薩摩焼の植木鉢について、その特徴を整理し、編年試案を提示した。そしてその時期的変化が、藩内における園芸文化の広がりの過程を示す可能性を指摘した。また植木鉢をめぐる琉球—薩摩—江戸の関係について、薩摩焼における琉球産植木鉢への指向性と、江戸へは南方産植物の容器として運搬された可能性を想定した。しかし検証すべき点を多々残す。ご叱正を乞いたい。

注

(1) 雪山遺跡では底部に焼成後穿孔した土瓶や羽釜が出土している(鹿児島県立埋蔵文化財センター編二〇〇三b)。これらは転用植木鉢と推測されるが、ここでは検討対象から除く。

(2) 堂平窯跡ではⅡ期になると、匣鉢の使用や白薩摩・瓦生産など、Ⅰ期までと大きく生産様相が変化する。植木鉢もその一つである(渡辺二〇一四など)。

(3) 吊り下げ用植木鉢とされる資料は、底部穿孔が確認されているものは報告されていない。それゆえ厳密に言えば植木鉢とは確定できないが、口唇部や外面の装飾性が鉢形植木鉢と共通することもあり、報告者の見解に従っておく(関二〇二一)。

(4) 栫城跡G地点には薩摩藩の行政単位「郷」の政務を掌る「郷士年寄」加藤家の屋敷が所在した。加藤家は地方行政の上位に位置する家柄と言える(鹿児島県立埋蔵文化財センター編二〇一〇)。

(5) 宮之城島津家は「一所持」と呼ばれる私領主で、石高一万五七〇〇石余を知行された。藩内で最高家格の一つである(鹿児島県立埋蔵文化財センター編二〇〇三a)。

(6) このほか土師質の植木鉢が報告されているが(鹿児島市教育委員会編二〇二一)、底部が残存していないので、本稿では除外した。

〔参考引用文献〕

始良町教育委員会編　二〇〇四『始良町内遺跡詳細分布調査報告書』始良町(現、始良市)教育委員会

新垣　力　二〇〇〇「モデルとコピーの視点からみた窯業開始期の沖縄」『南島考古』一八　沖縄考古学会

新垣　力　二〇〇七「沖縄における茶の湯の普及とその影響―一四世紀～一七世紀頃の考古学資料からの検討―」『南島考古』二六　沖縄考古学会

新垣　力　二〇〇九「一六～一七世紀における琉球での陶器生産の様相とその周辺」『沖縄考古学会創立四〇周年記念シンポジウム　考古学から見た薩摩の琉球侵攻四〇〇年』資料集、沖縄考古学会

新垣　力　二〇一一「無釉陶器の成立と展開」『琉球陶器の来た道』展図録　沖縄県立博物館・美術館

新垣　力　二〇一四「一七世紀前半～中葉の琉球陶器について―「初期無釉陶器」にみる薩摩焼の影響―」『鹿児島考古』四三　鹿児

島県考古学会
石井龍太　二〇〇八「琉球近世の植木鉢」『東南アジア考古学』二八　東南アジア考古学会
石井龍太　二〇〇九「湧田古窯の再評価―湧田古窯跡の瓦質土器製植木鉢―」『南島考古』二八　沖縄考古学会
石井龍太　二〇一一「琉球近世植木鉢の系譜―アジアの中の琉球園芸文化―」『南島考古』三〇　沖縄考古学会
石井龍太　二〇二〇『ものがたる近世琉球―喫煙・園芸・豚飼育の考古学―』吉川弘文館
江戸遺跡研究会編　二〇〇一『図説 江戸考古学研究事典』柏書房
沖縄県教育委員会編　一九九三『湧田古窯跡（Ⅰ）』沖縄県教育委員会
沖縄県立埋蔵文化財センター編　二〇〇六『真珠道跡』沖縄県立埋蔵文化財センター
鹿児島県教育委員会編　一九八三『鹿児島（鶴丸）城本丸跡』鹿児島県教育委員会
鹿児島県史料刊行会編　一九八九『要用集（下）』鹿児島県史料集（二九）　鹿児島県史料刊行会
鹿児島県立埋蔵文化財センター編　二〇〇二『寿国寺跡・梅落遺跡』鹿児島県立埋蔵文化財センター
鹿児島県立埋蔵文化財センター編　二〇〇三a『垂水・宮之城島津家屋敷跡』鹿児島県立埋蔵文化財センター
鹿児島県立埋蔵文化財センター編　二〇〇三b『雪山遺跡・猿引遺跡』鹿児島県立埋蔵文化財センター
鹿児島県立埋蔵文化財センター編　二〇〇六『堂平窯跡』鹿児島県立埋蔵文化財センター
鹿児島県立埋蔵文化財センター編　二〇一〇『栫城跡』鹿児島県立埋蔵文化財センター
鹿児島市教育委員会編　二〇一一『鹿児島市埋蔵文化財確認発掘調査報告書ⅩⅣ』鹿児島市教育委員会
加治木町教育委員会編　一九九五『山元古窯跡』加治木町（現、姶良市）教育委員会
加治木町教育委員会編　二〇〇三『御里窯跡』加治木町（現、姶良市）教育委員会
鈴木康子　二〇〇四「第6章　樟脳生産と販売」『近世日蘭貿易史の研究』思文閣出版
関　明恵　二〇一一「近世薩摩と琉球の植木鉢に関する考察」『第八回鹿児島県考古学会・沖縄考古学会合同学会研究発表会資料集「考古学からみた沖縄と南九州の地域間交流」』鹿児島県考古学会・沖縄考古学会
東京都埋蔵文化財センター編　二〇〇九『文京区春日二丁目西遺跡』東京都埋蔵文化財センター
戸崎勝洋他編　一九七八『竪野（冷水）窯址』社団法人鹿児島共済南風病院

豊島区遺跡調査会編　二〇〇一　『染井Ⅶ』豊島区遺跡調査会
豊島区遺跡調査会編　二〇一〇　『雑司が谷Ⅳ』豊島区遺跡調査会
平川信幸　二〇一一　「「御用植木鉢下図」から見る琉球王国の産業」『琉球陶器の来た道』展図録　沖縄県立博物館・美術館
山口丹海　一九七九　『生活の中の薩摩焼』私家版
横山　学　一九八七　『琉球国使節渡来の研究』吉川弘文館
李　樹華　一九九九　「朝鮮盆栽・盆石の確立における中国の影響」『ランドスケープ研究』六二（五）　日本造園学会
渡辺芳郎　二〇〇六　「鹿児島県本土地域出土の近世沖縄産陶器」『吉岡康暢先生古希記念論集　陶磁器の社会史』桂書房
渡辺芳郎　二〇一三　「献上品容器としての薩摩焼―島津斉彬の「御庭焼御鉢」について―」『人文学科論集』七八　鹿児島大学法文学部
渡辺芳郎　二〇一四　「考古学資料から見た近世苗代川の窯業」『薩摩・朝鮮陶工村の四百年』岩波書店
渡辺芳郎　二〇一六　「一七世紀における薩摩焼製陶技術の琉球陶器への影響」『二〇一六年度沖縄考古学会研究発表会「一六～一七世紀の沖縄における窯業の展開とその背景」資料集』沖縄考古学会
渡辺芳郎　二〇二三ａ　「喜界島古墓における苗代川製品の分類と編年試案」『喜界島の古墓』弘前大学人文社会科学部
渡辺芳郎　二〇二三ｂ　「近世薩摩焼の植木鉢」『江戸遺跡研究会第三五回大会「江戸の園芸」発表要旨集』（紙上発表）江戸遺跡研究会
渡辺芳郎・金田明大　二〇一二　『考古学と地下探査の協同による近世薩摩焼研究再構築のための基礎的研究』鹿児島大学法文学部

〔補記・謝辞〕

本稿は江戸遺跡研究会第三五回大会「江戸の園芸」（二〇二三年一月二八・二九日　於日本大学文理学部）において大会資料集に紙上発表した内容（渡辺二〇二三ｂ）を骨子として、大幅に加筆修正したものである。発表・執筆の機会を与えていただいた江戸遺跡研究会にあつくお礼申し上げる。また沖縄県立博物館・美術館所蔵資料の画像借用に際しては平川信幸氏のご助力を得た。記して感謝申し上げたい。なお本稿はＪＳＰＳ科研費２１Ｋ００９７３の助成を受けた成果の一部である。

出土植木鉢からみた陸奥八戸藩の園芸

——船　場　昌　子

はじめに

青森県八戸市は、太平洋に注ぐ二本の河川と沖積平野が広がり、江戸時代には陸奥八戸藩二万石の城下町として栄えた。河口には中世以来の湊が発達し、藩によって開かれた太平洋航路が多くの文物・文化を江戸から国元へと運んだ。

八戸市教育委員会は、藩主居城・藩庁がおかれた八戸城について、平成六年（一九九四）から開発対応の発掘調査を実施してきた。本稿では、八戸城跡の発掘調査で出土した植木鉢や植栽痕等から、八戸藩主および藩士の園芸について報告する。

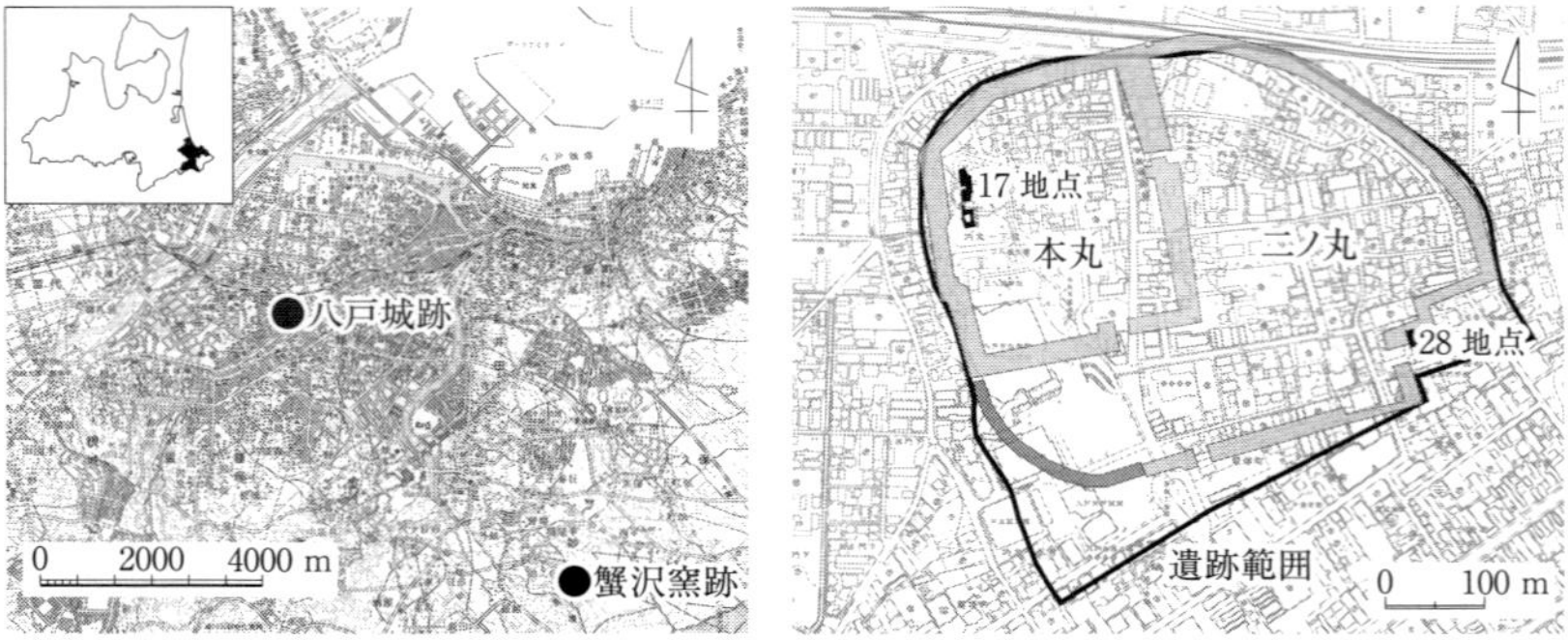

図１　八戸城跡の位置と八戸城曲輪配置

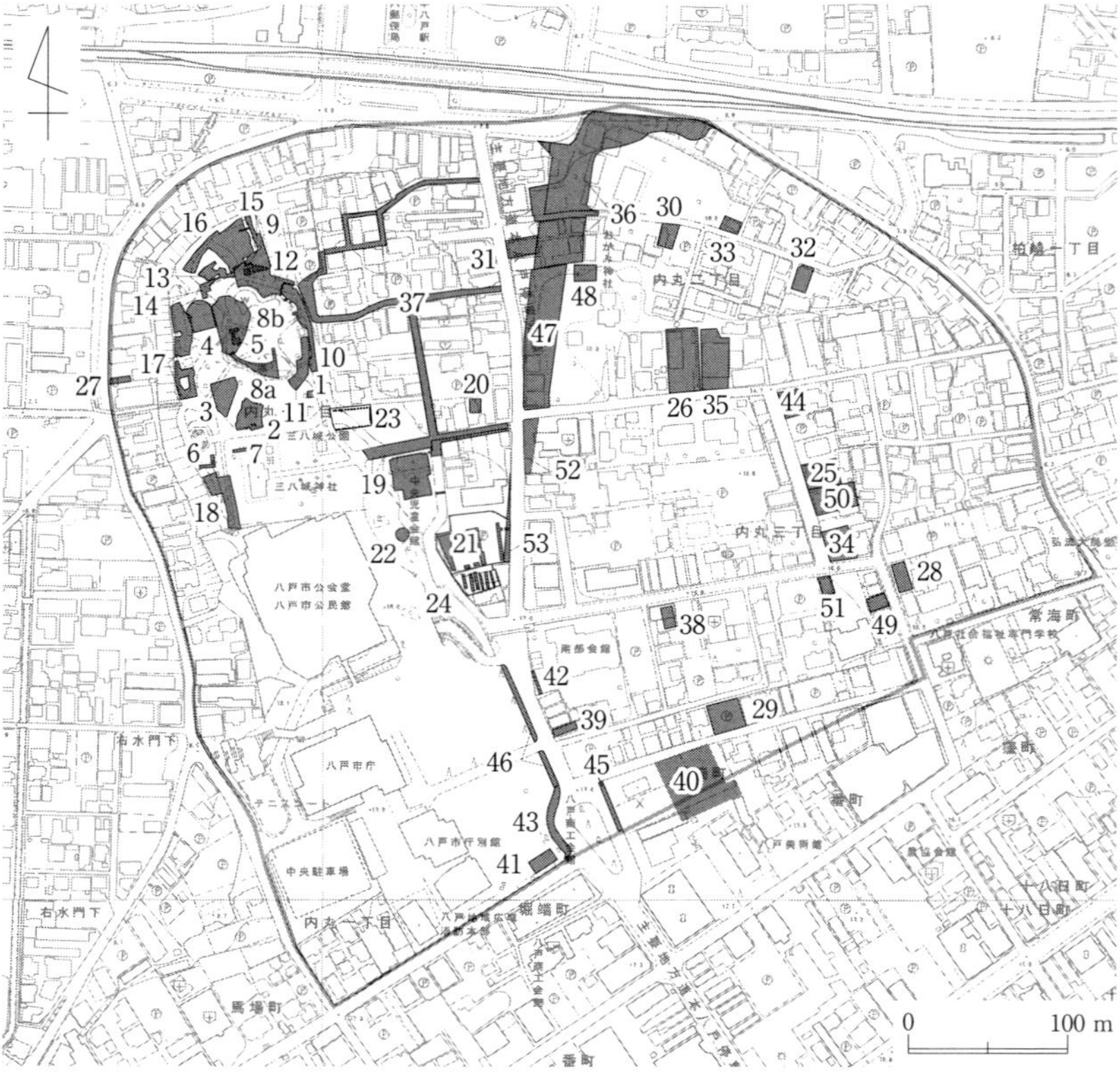

図２　これまでの調査地点

一　陸奥八戸藩と八戸城

八戸藩二万石は、寛文四年（一六六四）に盛岡藩二代藩主の弟・南部直房を藩主として成立した。藩領は現在の青森県南部から岩手県北部にまたがる。藩成立以前は盛岡藩領であり、八戸藩主居城と定められた八戸城は、盛岡藩時代の代官所を引き継いだと伝えられる。八戸藩南部家は無城・柳間詰であったが、安政二年（一八五五）に沿岸警備の功により城主格・大広間詰に昇格している。

八戸城は、堀が巡る本丸・二ノ丸の二つの郭で構成され、本丸は藩主居城・藩庁、二ノ丸は藩主一族や重臣の屋敷地、寺社地となっていた（図1）。本丸内の建物配置は、文政十年（一八二七）の御殿普請に際して描かれた、古御殿・新御殿の二種類の絵図面が残る。本丸内の大規模改修は、立藩以降この一度のみであり、発掘調査では、改修前・後の一八世紀後葉～一九世紀前葉、一九世紀中葉の遺構・遺物が主に検出されている。

現在本丸には公園・公共施設などが立地し、公園・道路整備や住宅建築に伴い五〇地点以上の発掘調査を実施してきた（図2）。

二　本丸と御花畑（図3）

本丸内の発掘調査では、御殿とみられる掘立柱建物・礎石建物基礎のほか、築山や竪穴建物・廃棄土坑・堀・土塁などが検出された。現在も残る築山は発掘調査で一八世紀代に構築されたことがわかっている。築山にのぼる園路階右：古御殿御絵図面は高島(1981)「八戸城の建築」より転載・一部加筆．原資料は個人蔵．

文政10年(1827)の古御殿解体に際して作成されたもので，本丸全体の建物配置図，御殿周辺図で構成される．築山北側の小屋や周辺の塀など，発掘調査成果と合致する部分が多い．

建替え後の新御殿御絵図面では，御殿周辺のみが描かれている．

(八戸市教委2010より)

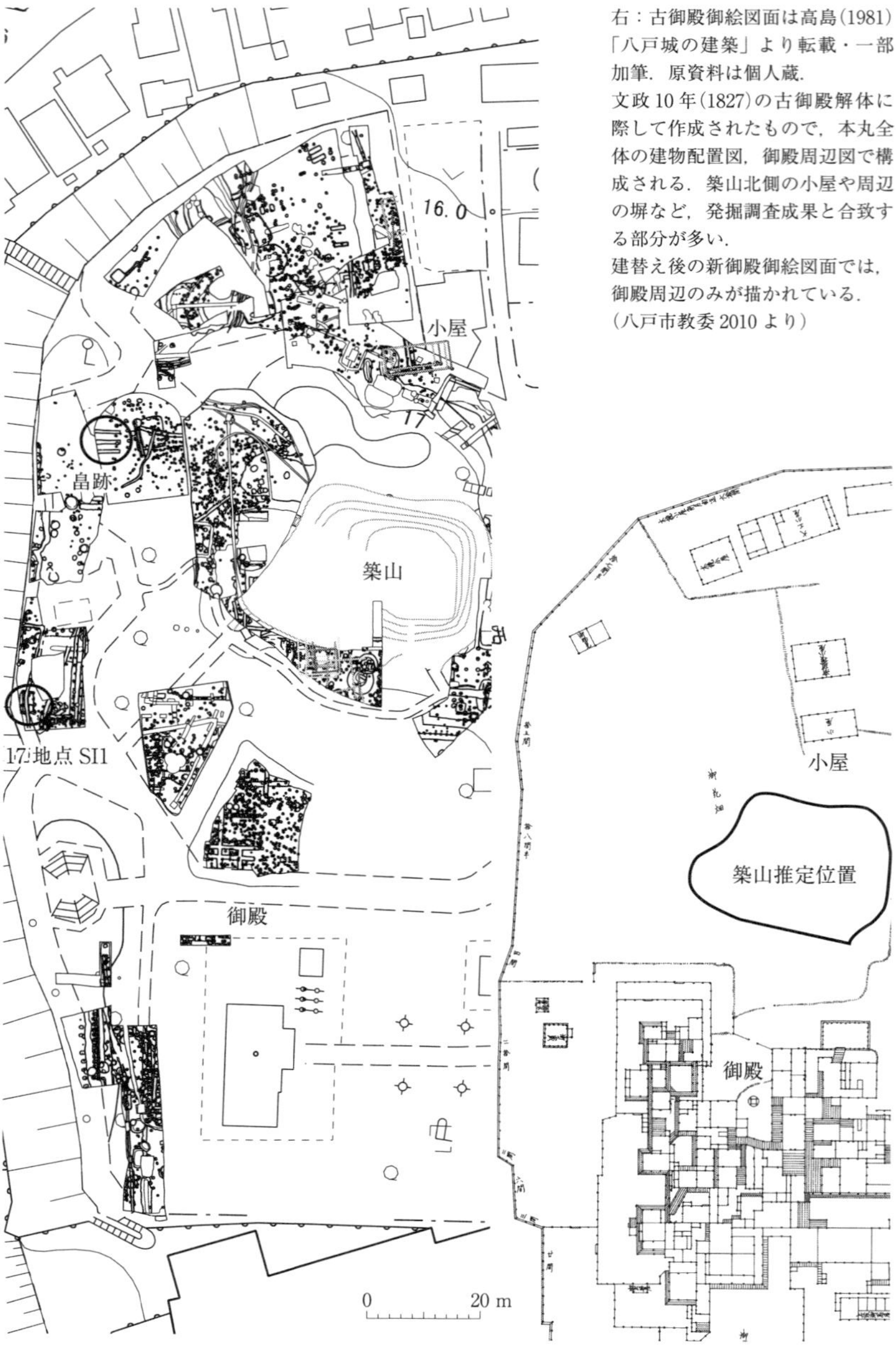

図3　本丸内遺構配置図と古御殿御絵図面（部分）

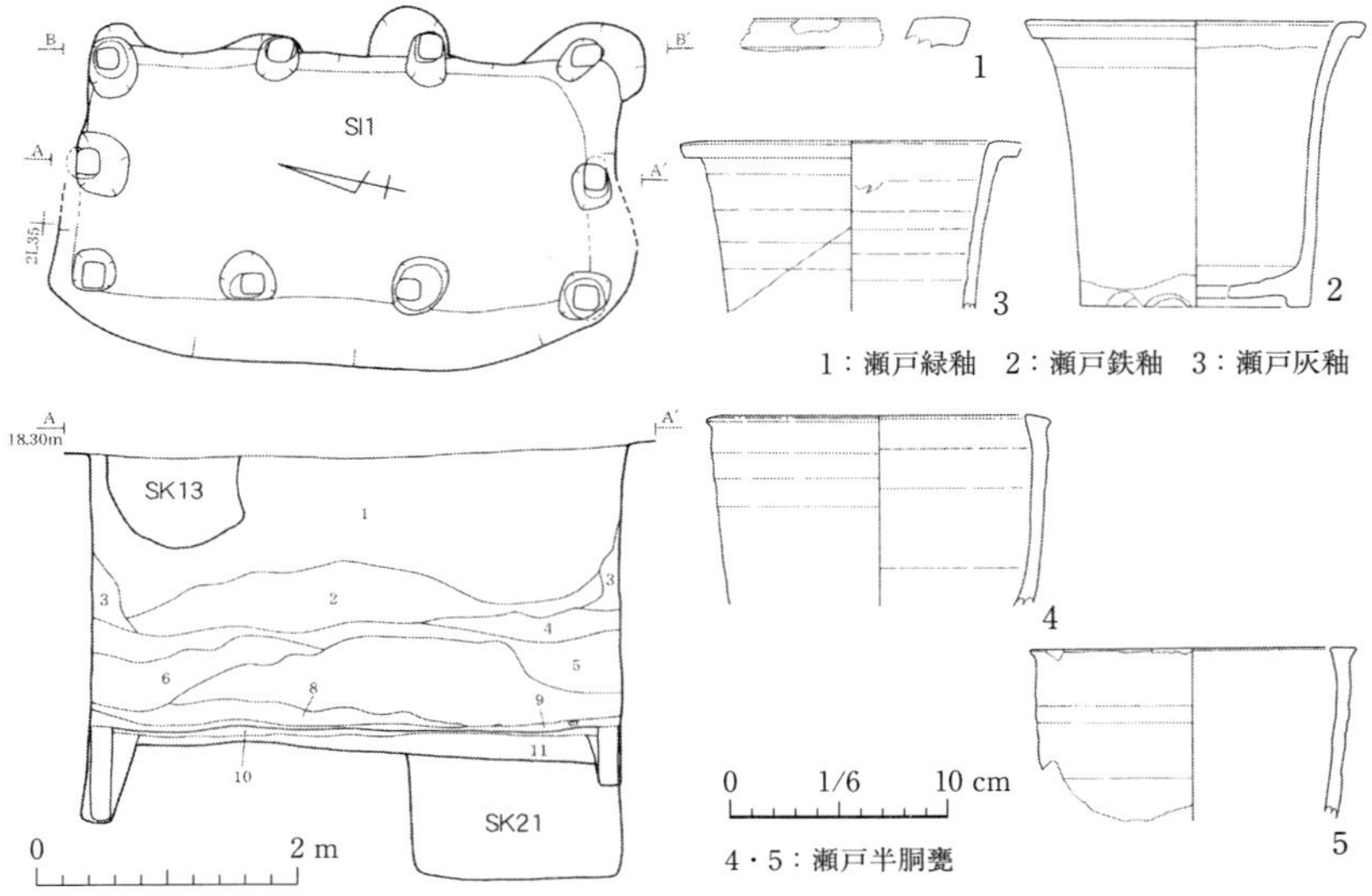

1：瀬戸緑釉　2：瀬戸鉄釉　3：瀬戸灰釉

4・5：瀬戸半胴甕

図4　八戸城跡17地点SI1・出土植木鉢（八戸遺跡調査会2002より）

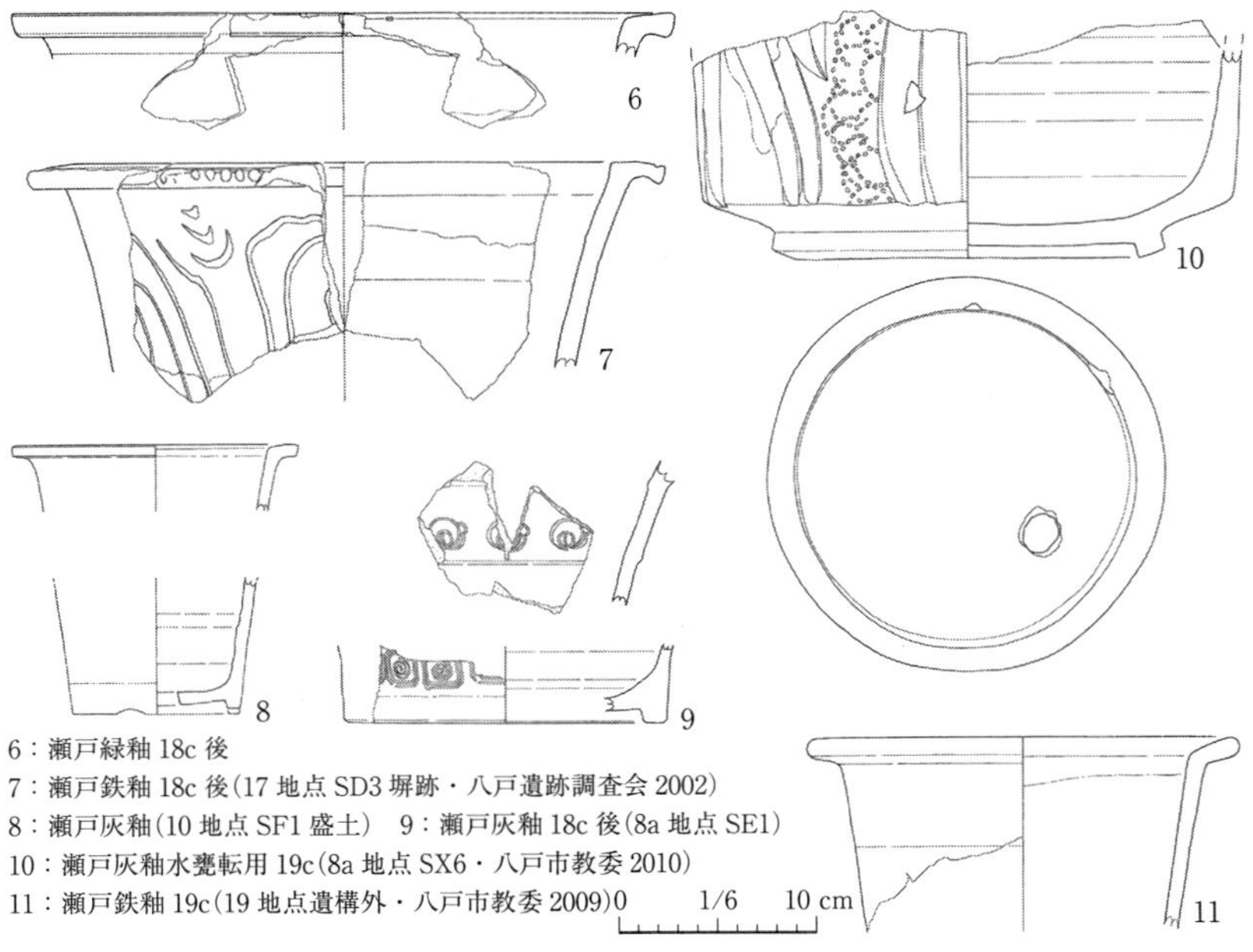

6：瀬戸緑釉 18c 後
7：瀬戸鉄釉 18c 後（17 地点 SD3 塀跡・八戸遺跡調査会 2002）
8：瀬戸灰釉（10 地点 SF1 盛土）　9：瀬戸灰釉 18c 後（8a 地点 SE1）
10：瀬戸灰釉水甕転用 19c（8a 地点 SX6・八戸市教委 2010）
11：瀬戸鉄釉 19c（19 地点遺構外・八戸市教委 2009）

図5　八戸城跡本丸御殿周辺出土植木鉢

段手前には植栽痕が並び、御殿に伴う庭園空間と考えられる。

中でも、本丸西側でみつかった竪穴建物跡は、長軸三・九×短軸一・八メートルの隅丸長方形で、ほぼ垂直に立ち上がる壁面に柱穴が並ぶ構造である（図4）。確認面からの深さ二・一八メートルの床面から、複数個体の瀬戸植木鉢と瀬戸半胴甕が出土した。このほか肥前染付碗・蓋、青磁染付筒形碗、京・信楽系小杉碗、かわらけ等が出土し、廃絶時期は一九世紀前半とみられる。竪穴建物は、古御殿御絵図面では「御花畑」と記された一角の南西隅にあたる。植木鉢の出土状況や推定される本丸内での建物配置から、園芸にかかる地下室であった可能性がある(1)。

このほか、本丸内では大型の瀬戸産植木鉢や水甕の転用植木鉢も出土している（図5）。部分的な調査ではあるが、御殿空間でも園芸が楽しまれていたことをうかがわせる。

また、本丸御花畑の北西では、平行に掘り込まれた三条の不明遺構が検出された（図6）。長方形のごく浅い溝状を呈し、幅約六〇〜八〇センチ、長さ四・五メートル以上の溝の間隔は、一〜一・二メートルである。出土遺物がなく、不明遺構として報告されているが、御花畑内という立地やその形状から、江戸遺跡の大名屋敷内でもみられる畠の可

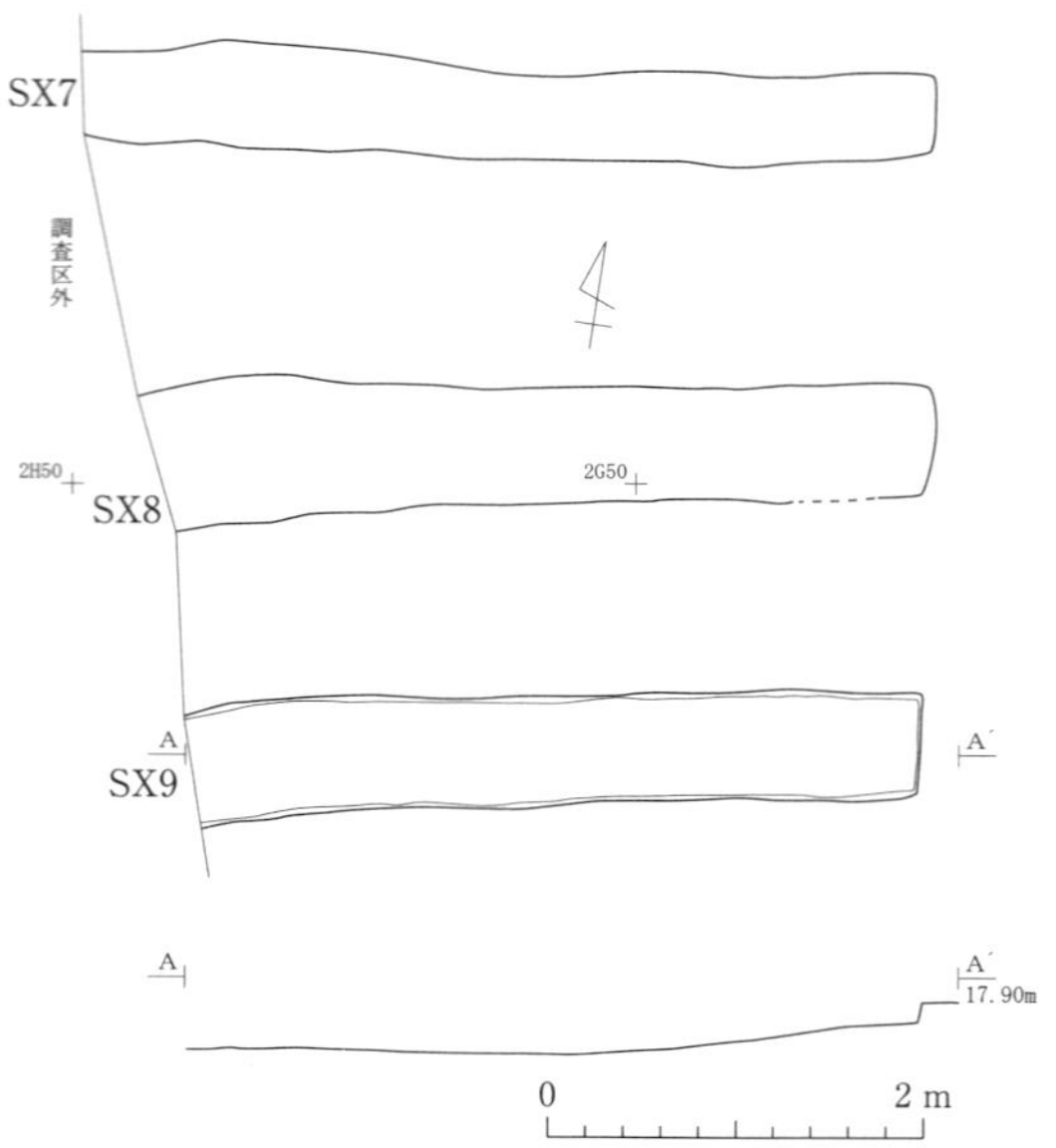

図6　八戸城跡8地点不明遺構（畠跡か）（八戸市教育委員会2010より）

能性を指摘しておきたい。ただし、八戸藩日記の用人所日記には、「御菜園」で「ささげ」「なす」「とう可らし」などを植えた記事（宝暦十一年〈一七六一〉六月二十五日）もみられ、その対象は必ずしも鑑賞用の植物とは断定できない(2)。

三　藩士と園芸——模倣植木鉢

二ノ丸および周辺では、三地点で植木鉢が出土している（図7~10）。中でも、二八地点では、竪穴建物跡（ＳＩ1）最上層に陶磁器・動物遺存体の廃棄層が認められ、複数の植木鉢が認められた（図6・八戸市教委二〇一二）。廃棄層には瀬戸・美濃磁器端反碗・湯呑碗を含み、一九世紀中葉以降とみられる。磁器は肥前系・瀬戸美濃系の両方がみられ、陶器は瀬戸・美濃、京信楽、唐津、大堀相馬、ヨーロッパ産軟質陶器のほか、在地の小久慈焼・蟹沢焼が含まれる。

中でも、底部穿孔により植木鉢に転用された蟹沢焼陶器半胴甕（図8）は、瀬戸産半胴甕の植木鉢を模倣したものであり、注目される。蟹沢焼は、八戸市新井田地区で窯跡が確認されている地方窯であり、昭和五〇年代に地元の陶芸家によって二基の窯跡や物原が確認された。窯跡は造成により失われたが、確認当時の写真や窯跡採集の陶器片・窯道具、近郊民家の伝世品が八戸市博物館に残されている。操業時期は幕末~明治初期と伝えられるが、八戸藩史料には記録がない。地表観察で確認できた窯跡の状況から、窯跡は数基と操業規模は大きくなく、主要供給先は八戸近郊と推測される。窯跡採集品には、徳利や鉢などの小型品と甕・擂鉢などの大型品、瓦がある。小型品の胎土は緻密で光沢をもち、二層を呈する。釉薬は灰釉・緑釉がみられた。甕・擂鉢は粗い胎土で黒色・白色の長石を含み、釉薬は鉄釉・飴釉がみられた。いずれも、無釉の底部に黒色の長石の吹き出しが認められる点が特徴である。

これまでに八戸市内の遺跡での蟹沢焼の出土例はなく、窯跡資料にも半胴甕は認められなかったが、胎土の特徴か

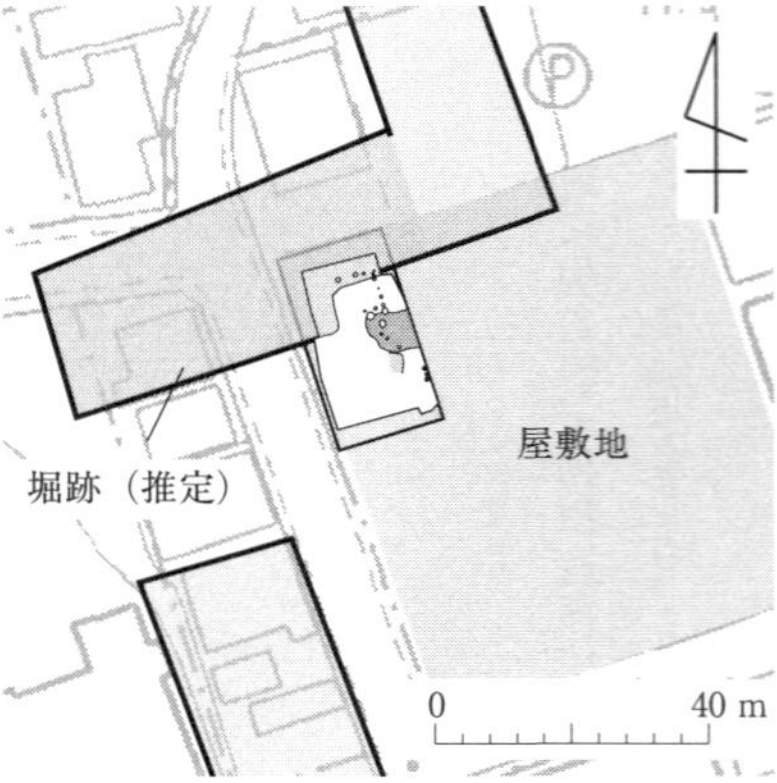

（八戸市教委 2012 より）

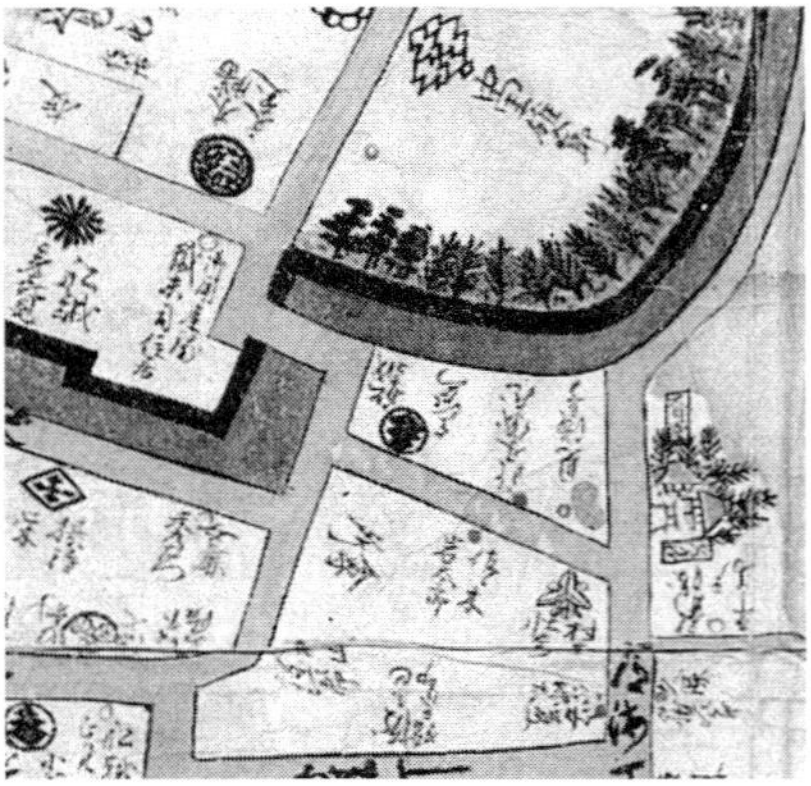

「文久改正八戸御城下略図」文久年間（1860 年代）
八戸市立図書館所蔵

図 7　八戸城跡 28 地点（藩士邸）調査区位置図・絵図の該当部分

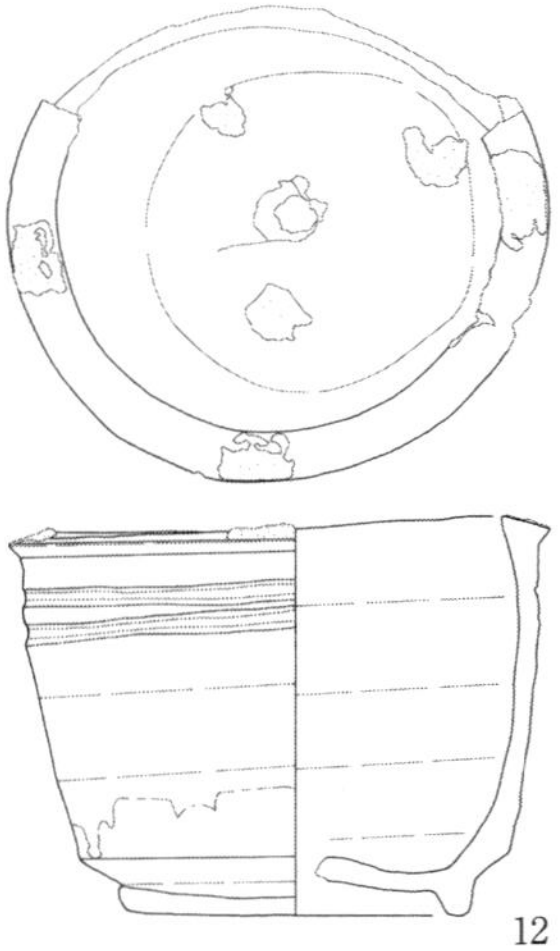

器形は瀬戸半胴甕を模倣し，焼成後に底部穿孔を行う．江戸遺跡で多く出土する，瀬戸半胴甕転用植木鉢の模倣と考えられる．胎土は灰色で無釉の器外面は褐色を呈する．胎土中に含まれる黒色の長石が多数吹き出し，蟹沢焼の窯跡資料陶片胎土と合致する．（八戸市教委 2012 より）

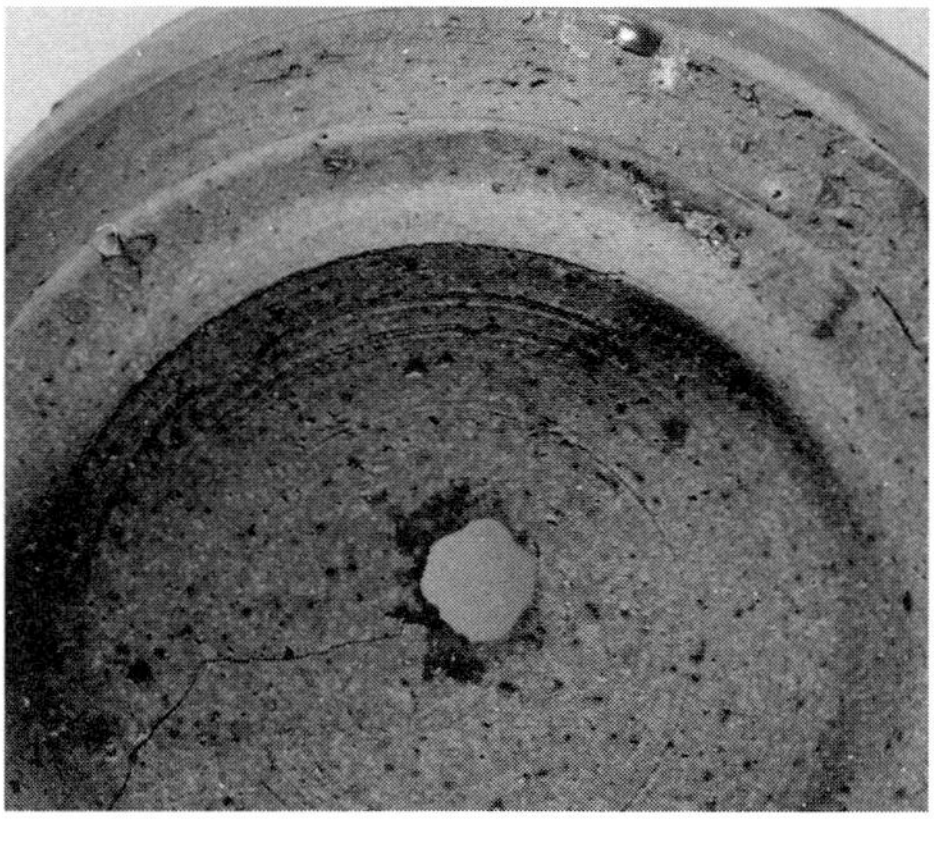

図 8　八戸城跡 28 地点（藩士邸）SI1 竪穴建物跡出土蟹沢焼半胴甕

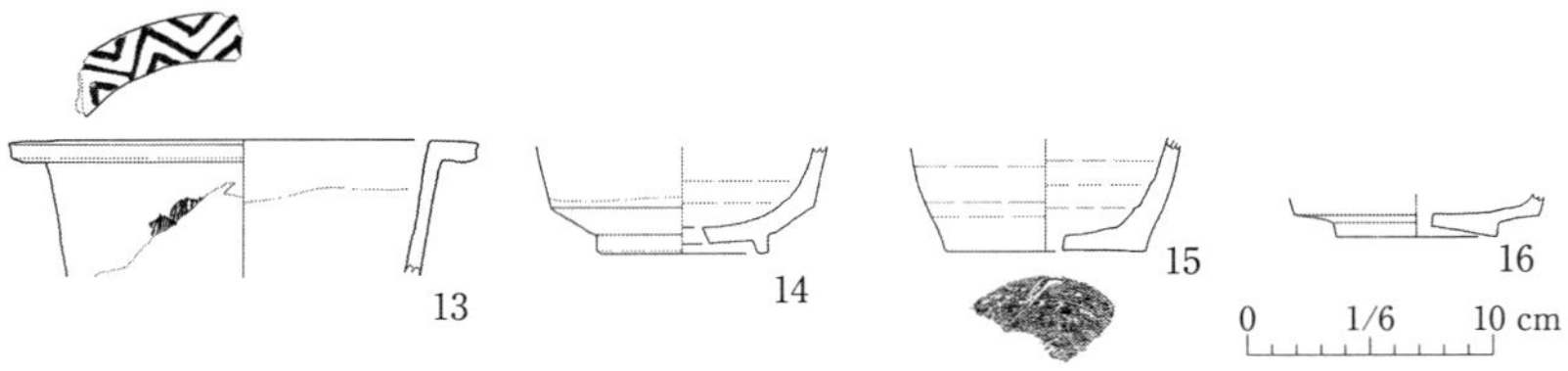

13：瀬戸灰釉鉄絵　14：瀬戸灰釉　15：瓦質（今戸？）　16：瓦質（産地不明）

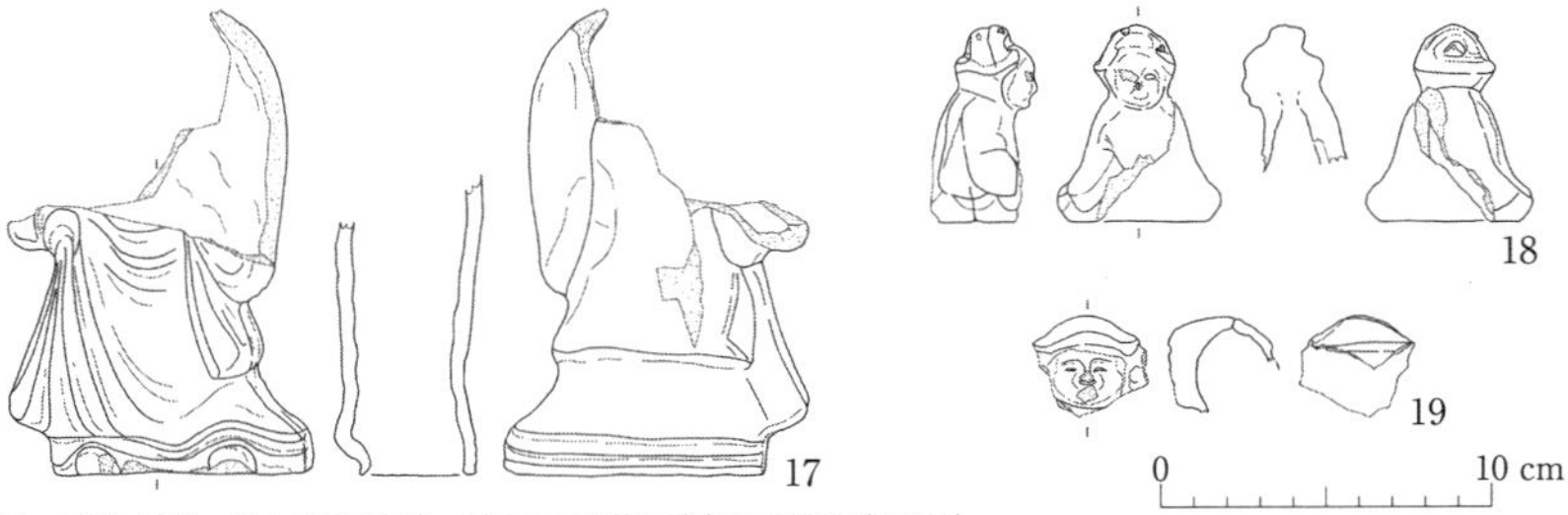

17：花巻人形　18：産地不明　19：江戸在地系（八戸市教委 2012）

図 9　八戸城跡 28 地点（藩士邸）SI1 竪穴建物跡出土植木鉢・土人形

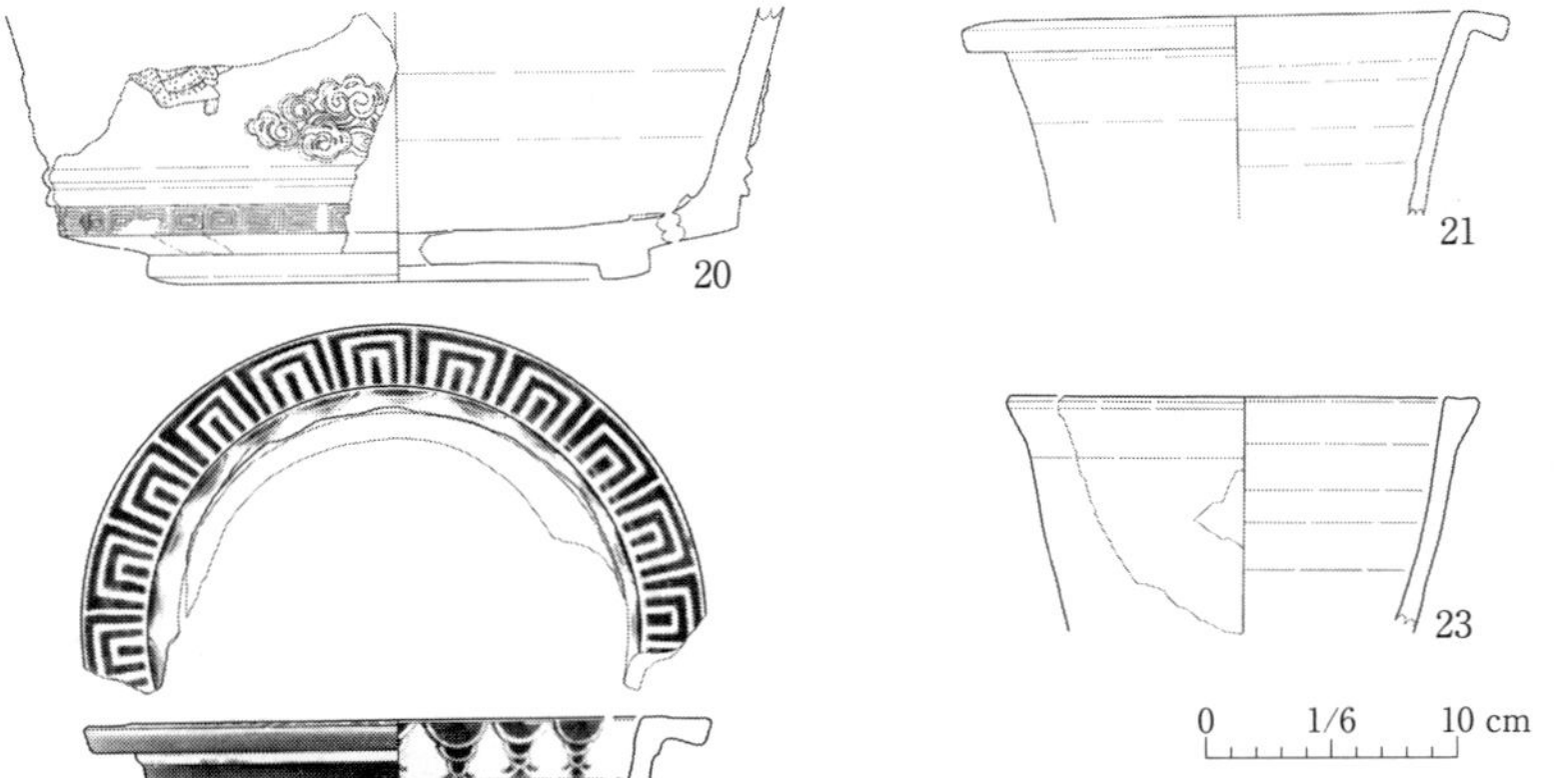

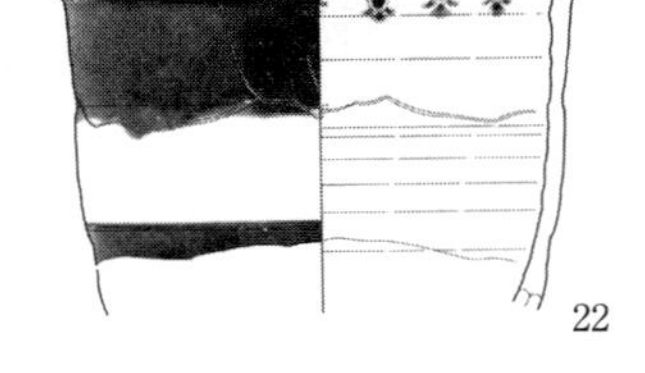

20：瀬戸呂宋釉水甕転用
21：瀬戸灰釉
（26 地点性格不明遺構〈廃棄土坑か〉）
（八戸市教委 2011a）
22：肥前系染付
23：瓦質（今戸？）（29 地点外堀跡）
（八戸市教委 2014）

図10　八戸城跡二ノ丸出土植木鉢

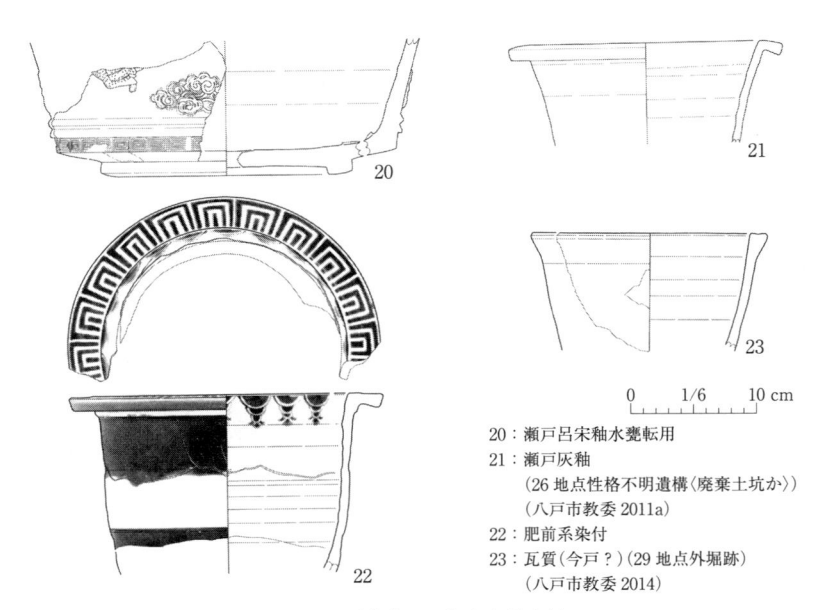

ら、出土半胴甕は蟹沢焼と判断した。八戸城内では瀬戸産半胴甕の出土例もあり、多くの瀬戸・美濃産陶器が流通する中、在地で模倣製作された半胴甕の存在は、江戸で流行した瀬戸産半胴甕への強い憧れやこだわりを感じさせる事例である。

なお、この廃棄層中には、今戸焼とみられる瓦質植木鉢、江戸在地系の土人形、花巻人形、ままごと道具などが含まれていた(図8)。

二八地点は、八戸城東門に面する藩士の屋敷地の一角にあたり、屋敷の拝領者が描かれた絵図によれば、藩士船越家の屋敷地であったことがわかる。八戸藩勤功帳によれば、安永九年(一七八〇)に船越衛守が東御門先に屋敷を拝領しており、禄高は一五〇石である。石高二万石の八戸藩において、船越家は上級武士であり、江戸や盛岡での勤番の記録も残されている。出土遺物にみられる植木鉢や土人形は、こうした勤番を利用し、江戸や盛岡で買い求められ、国元へと運ばれたことをうかがわせる。

四 文献資料にみられる八戸藩の園芸文化

八戸藩士と園芸については、岩淵令治によって、八戸藩士遠山家当主が代々記した日記・遠山家日記(3)から見た藩士の購買行動や、遠山家伝来の園芸書「菊作方覚書」の研究がなされている。また、遠山家に隣接し、交流があった八戸藩の商家・河内屋が設けた園芸部門「香月園」を中心に、近世から近代までの八戸の菊栽培を対象とした橋本修の論考がある。ここでは、研究が進んでいる「菊」の栽培を中心に述べる。

「菊作方覚書」は、八戸藩士徳武新蔵が宝暦年間の江戸勤番中に学んだ知識を元にした菊の園芸書で、「江戸風」の

表　八戸藩日記に記された菊（宝暦〜天明年間）

和暦(西暦)	月　日	内　容	日記	用途	藩　主
宝暦９(1759)	９月12日	佐々木金右衛門が庭前の菊花１鉢に熨斗を添えて差し上げた．及川友右衛門が御末において御居間に申し上げたところ，ご満足あそばされた旨を，金右衛門へ申し渡した	用	観賞用	５代信興
明和５(1768)	９月18日	菊花１瓶，たばこ入れ１包，キセルを時候のご機嫌伺いに寿命院が持参した．御書院で差し上げ，お会いになり，お吸物と御酒を下される	江		６代信依
安永元(1772)	９月11日	菊苗来春船で差し上らすよう，追って便申し遣わす旨，御席より御沙汰	江	観賞用	６代信依
２(1773)	９月15日	黄菊色菊１結，図書様よりお側へ進上し，ご返答があった	用	観賞用	６代信依
	９月17日	奥様へ金地院様より菊花来たる	江		６代信依
	９月17日	菊花１結，生栗１重をおてい様よりお見舞いのため，宗七兵衛によって進上される．ご返答を遣わした	用	観賞用	６代信依
	９月21日	黄菊花１鉢，松井九郎右衛門，玉井与兵衛より差し上げた	用	観賞用	６代信依
	９月23日	須藤六郎兵衛が江戸へ出立するので，奥様への進物として杵いも１箱，菊粕漬１桶100入りを御覧に入れた	用	食用	６代信依
	10月３日	黄菊花１結を高橋玄通が持って来たので差し上げた	用	観賞用	６代信依
	10月12日	国元から六郎兵衛が登り奥様へ御書と粕漬菊花，杵いも差し上げる	江	食用	６代信依
４(1775)	９月29日	おてい様より御用係御目付を通じて菊の花，生栗を進上，病気は順調に回復に向かっていたため，庭前で御覧になった	用	観賞用	６代信依
	10月１日	菊の花，梨子１鉢 図書様より昨日進上される．殿が御知行所よりお帰りのため梨と御手作の菊を土産として進上した	用	観賞用	６代信依
	10月１日	戸来三之助が内々に当役へ手作の菊花を持ち込む．一昨年も差し上げるために当役へ持ち込んだことをお聞きになり，御賄所へ渡し，三之助へはご満足の意を伝えた	用	観賞用	６代信依
	10月３日	お見恵様へ先日進上された御庭前の菊花の御礼に，御側より使者を使わす．ご挨拶を一通り申しおくよう，ご両所様へ松井九八郎を差し遣わす	用	観賞用	６代信依
	10月６日	菊花１鉢を高橋玄通が差し上げ，披露した．ご満足の意を申し渡した	用	観賞用	６代信依
	10月６日	太田小十郎の菊花が届く．本人は病気のため当席まで差し出された	用	観賞用	６代信依
	10月11日	徳武新蔵が菊花１鉢ほか色菊品々を差し上げ，露した．お会いになり，御意を述べられた	用	観賞用	６代信依
	⑫月７日	この度御便他所への進物左の通り来たる 粕漬菊花，金地院様,	江	食用	６代信依
５(1776)	９月５日	菊花１鉢を稲垣七郎右衛門が差し上げ，お会いになった	用	観賞用	６代信依
	９月５日	戸来三之助が庭前の菊花１包を当席まで届けたため，披露した．ご満足の意を伝えた．もっとも三之助の菊花は入れず，御覧に入れたことをおききになった上で御意を申し渡した	用	観賞用	６代信依
	９月14日	菊花１鉢を徳武新蔵が差し上げ，披露したところ，お会いになった	用	観賞用	６代信依

和暦(西暦)	月　日	内　　　　容	日記	用途	藩　主
安永5(1776)	9月16日	菊花1鉢をお見恵様より差し上げる．お見恵様御手作の旨をお伝えし，披露する．ご返答に応じ，お礼を伝えられた	用	観賞用	6代信依
	9月21日	手作の色菊の花を徳武新蔵が差し上げる．御納戸から差し上げたところ，ご覧になり，お会いになって感想を伝えられた	用	観賞用	6代信依
6(1777)	9月21日	菊の花1鉢を十兵衛(徳武新蔵)が献上し，ご満足の意を得，お会いになった	用	観賞用	6代信依
	9月21日	菊の花1砂鉢を時節見舞い方々図書様より差し上げ，ご挨拶に応対される	用	観賞用	6代信依
	9月22日	稲垣七郎右衛門より菊の花1鉢を差し上げ，披露する．お会いになり，御意を伝える	用	観賞用	6代信依
	9月22日	昨今持ち込まれる花は，出来が宜しいため，御粕漬にも仰せ付けられ，江戸表へ回すよう仰せられた．召上げ料は，御納戸の者が上段(の間？)に差しおくので宜しくないが，差し上げるよう申し上げ，賄所へ申し渡した	用	食用	6代信依
	9月23日	お見恵様より時候見舞いの菊の花1鉢が進上され，口上を述べられたので，ご返答された	用	観賞用	6代信依
	9月23日	お見恵様より届いた菊の花奥を，御子様方へ新蔵が進上して廻ることを請われ，許可した	用	観賞用	6代信依
	9月27日	鳫御便の節，左の通り江戸へ登らせるよう，御吟味役御賄役に申し渡す．……金地院様へ百合根15，菊の花粕漬50．右の通り吟味するよう関彦惣へ書付をもって仰せつけられる	用	食用	6代信依
	9月28日	菊花を織壁徳元が内々に差し上げ，当役が披露した．ご満足されたとのこと，当役より申し渡した	用	観賞用	6代信依
	9月晦日	御納戸の者が上段へ上げられた料菊の花茂(筏か)を作ったことをお聞きになり，内々に御肴二種にて御酒を下される．もっとも，例が無いことである	用	観賞用	6代信依
	10月5日	明日の鳫献上御便を左の通り取り揃え，ご覧に入れる．……金地院様へ，直書，百合根15，粕漬菊の花50入箱物．右のとおり御賄へ申し渡す．江戸表にて箱曲物など取り繕って送るよう申しつかわす	用	食用	6代信依
	10月7日	関伯元が菊の花1鉢が到来したとのことで，当役が差し上げる．ご満足の旨を申し渡した	用	観賞用	6代信依
7(1778)	9月5日	菊の花1鉢を岩山十兵衛と徳武新蔵が献上したところ，ご満足された．また伺ったところこれを粕漬けにするように仰せ付けられ，御賄へ申し渡した	用	食用	6代信依
7(1779)	9月5日	お見恵様より菊の花1鉢を進上され，お返事を申し渡した	用	観賞用	6代信依
8(1779)	9月19日	菊花150を岩山十兵衛，徳武新蔵，稲垣七郎衛門が献上し，御賄に渡す．粕漬にし，薯蕷御便で江戸へ差し登らせるよう申し渡す	用	食用	6代信依
	10月20日	殿様へ御吟味所よりお料理，ご用品を江戸へ登らせるほか，当役より粕漬鮭2尺(ほか1尺は若殿様御用で伊兵衛が承る)，菊粕漬2箱(うち1箱は，当役より差し上げる．1箱は御納戸役が作ったものを差し上げる)，百合根15，焼鮎50を差し上げるため，御賄へ渡す	用	食用	6代信依
9(1780)	10月22日	25日に薯蕷御便として江戸へ登るものは次のとおり	用	食用	6代信依

		粕漬鮭４尺分(うち２尺分は若殿様の御用)，菊粕漬300入り２箱，粕漬青鵐85羽入り１箱，百合草根50．これらは召上御用のもの			
天明２(1782)	９月27日	翌28日に献上品が出立するため指示 粕漬鮭５尺，青鷗粕漬101箱，梨子香小桶１，ぶどう香同１，摘菊粕漬151箱(御書院御手作の菊)，粕漬菊301箱(稲垣七郎右衛門献上の菊)	用	食用	７代信房
３(1783)	９月９日	三重院様より御庭前の菊花が進上され、答礼される	用	観賞用	７代信房
	９月22日	三重院様より菊が進上され，ご挨拶をする	用	観賞用	７代信房
	９月26日	中里清左衛門方より菊の花・鴨１羽献上される	用	観賞用	７代信房
	10月９日	奥様への進物，鳫１羽１箱，鴨２羽入り１箱，鴨７羽入り１箱，粕漬青鵐１箱，菊花漬１箱，榛１箱，百合根25 １箱，しめて７箱を御賄へ御納戸から渡し，江戸へ登らせる	用	食用	７代信房
４(1784)	10月９日	昨日献上の靏鳫は，左の通り召し上げたもの．味噌菊350程，鳫１羽身取，鴨３羽分，青鵐１箱，焼麩300	用	食用	７代信房
６(1786)	10月10日	当年は菊が賄所にも御手作にもなく，買い上げる旨を賄所に申し渡したができかねるとのことで，御側廻へ菊があれば買い上げるよう申し渡したところ，橋山清兵衛の近しい者より申し出があったので，菊をお見せしたところ，随分と良かったので，花数100を買い上げられた．代金は１輪に付き４文ずつ416文支払った	用	食用	７代信房
	10月12日	先日買い上げた菊に不足があったため，さらに花500お買上げ申し渡した．先日の菊より小ぶりだったので代金は160文支払った	用	食用	７代信房
７(1787)	10月29日	さる26日，薯蕷御便お登りもののため御納戸へ左の通り御賄所より御賄所へ差し登らす．……菊味噌漬130箱入り，干千賀500，白魚干して２升，干鯖３連．これらを差し上らせた．26日の書き漏らしにつき，ここへ書き留める	用	食用	７代信房
８(1788)	10月４日	明日鳫献上お荷物差し立て候につき，沙野津右差し登るため……味噌漬菊花150，ほか生菊花110，須藤六郎兵衛より献上	用	食用	７代信房

出典：日記欄の「用」は用人所日記，「江」は江戸用人所日記．八戸古文書研究会による翻刻版から抽出した．

注：マル付数字は閏月を示す．

作り方とともにこれまでの「御国風」と合わせ、八戸の気候に合わせた菊の栽培方法が記されている。八戸市立図書館では、遠山家旧蔵本のほか別の藩士旧蔵の写本も所蔵しており、藩士の間で書写されて普及していたことがうかがえる史料である。徳武は江戸の藩邸でも菊を栽培しており、八戸独自の品種が江戸の藩邸でも藩士によって公務で栽培された（岩淵二〇一五a）。また、安永三年（一七七四）十一月の江戸用人所日記には、「御庭取繕」について新蔵に内々に御意を伝えたことが記され、園芸について新蔵が藩主の信頼を得ていたことがうかがえる（史料1）。

岩淵・橋本の研究成果に加え、八戸で菊栽培が始まったとされる宝暦年間以降の菊の記事を八戸藩用人所日記・江戸用人所日記から表のとおり抽出した。

宝暦九年（一七五九）には、藩士の佐々木金右衛門が国元にて庭前の菊を五代藩主信興に献上した記録がある。六代藩主信依へ代替わり後の安永元年九月の江戸用人所日記には、来春菊苗を船で江戸へ差し上らせるようにとの国元への沙汰が記されている（史料2）。安永二年春に江戸藩邸が火事で焼失したためか、八戸から江戸へ菊の苗を送った記録は認められなかったが、前述する「菊作方覚書」の記載をうかがわせる。

八戸藩用人所日記には、「菊作方覚書」の著者である徳武新蔵が、安永四年に藩主に菊花一鉢他を差し上げたとある（史料3）。徳武による献上は複数年にわたるが、このほかにも国元での藩士からの菊の献上の記録が、六代藩主信依が藩主を務めた安永年間に集中する。とくに「菊花一鉢」「色菊」などと記されることから、観賞用としての献上と推察され、藩士間で菊栽培が活発化している様子がうかがえる。

一方で食用としての記載もみられ、安永二年には奥様（六代信依室・信行院）へ粕漬菊が国元より送られている。安永六年九月二十二日には、藩主信依から、昨今持ち込まれる菊花が宜しい出来であるため、粕漬にして江戸へ送るようにとの意向があり、以降、献上された菊を粕漬にするよう指示する記載がみられる（史料4）。粕漬菊（のち味噌漬

史料1　江戸用人所日記
(安永三年)十一月廿五日　遠山庄右衛門
一、御庭取繕候ニ付新蔵江御内々
　御意被　仰出

史料2　江戸用人所日記
(安永元年)九月十一日　石井善兵衛
一、菊苗来春船為差登候様追便
　可申遣旨御席より御沙汰

史料3　用人所日記
(安永四年)十月十一日　石井善兵衛
　徳武新蔵
一、菊花一鉢外色菊品々徳武新蔵
　差上遂披露新蔵江被遊　御逢
　御意被　仰出

史料4　用人所日記
(安永六年)九月廿二日　稲垣七郎右衛門
　奈須川半蔵
　徳武新蔵
一、菊の花一鉢　稲垣七郎右衛門
　右指上当役披露七郎右衛門ニ被
　御遊　御意蒙　仰
一、昨今御到来之花宜出来計ニ
　御座候間御粕漬ニも被仰付江戸表江
　廻ニ可被遊候哉被　召上料ハ御納戸
　之者上段ニ手入差置候而不宜候共指上
　可申段申上右之通被　仰付御賄へ申達

史料5　用人所日記
(天明二年)九月廿七日　中里八郎右衛門
　川井薗右衛門
一、明廿八日鳫御献上御立被成候ニ付左之通
　為指登
(略)
一、摘菊粕漬　百五十壱箱
　右御書院前御手作菊
一、粕漬菊　三百壱箱
　右ハ稲垣七郎右衛門献上之菊也

菊）は、時献上に合わせて国元から江戸に送られた記録が、享和元年（一八〇一）八代藩主信真の時代までみられる。天明二年（一七八二）九月二十七日には、御書院前で藩主が手ずから育てた菊で作った摘菊粕漬一五一箱を江戸へ運搬すると記され、八戸城本丸の御殿内でも菊が栽培されていたことがわかる（史料5）。江戸へ送られた粕漬菊、味噌漬菊であるが、大殿様、奥様などからの求めにより送られた記録や、不作のため藩士から買い付けて粕漬としている記録、参勤中の藩主へ国元の用人所役から江戸の藩主へ手植えの菊を粕漬にして送った記録など、観賞用から食用として楽しまれた様子がうかがえる。

今回は先行研究のある菊の記録のみを取り上げたが、本丸内で出土した植木鉢や地下室は、こういった御殿空間での園芸の一端とも考えられる。

このほか、文政十一年（一八二八）から元治二年（一八六五）にかけて累積一〇年間の遠山屯・庄七親子（禄高一五〇石）の日記には、つつじ・梅・万年青といった園芸品種や種子に加え、植木鉢大小、大砂鉢といった道具類を江戸で購入した記載が知られる。遠山は、ときには染井へも購入に出向いた（岩淵二〇〇七）。

当時の八戸藩士は、勤番の親類や知り合いを通じて江戸で購入したものを、藩の御用船や廻船を通じて太平洋航路で八戸へと送っていた。前節で紹介した、二ノ丸で発掘調査が行われた藩士の船越家でも同様の購買行動があったと推察され、出土品も太平洋航路をたどり八戸へ持ち込まれたものとみられる。出土した今戸焼瓦質植木鉢は、菊鉢とも称されるが、八戸藩士の間での菊栽培の広がりという面からも興味深い資料である。

いずれにしても、今回提示しえた出土資料はわずかであり、今後の調査による資料の増加と藩日記の精査により、国元での園芸文化の広がりが一層明らかになることが期待される。

小結

八戸地域は、現在も奥州菊の産地であり、生花はもちろん、干菊となり一年中市民の食卓を彩っている。これらが勤番の藩士によって江戸から持ち込まれ、八戸の気候に合わせて研究され、発達していったことは、すでに研究が進んでいる。一方、発掘調査成果からみえる八戸藩主・藩士の園芸については、未だ不明な点が多い。

藩士邸で出土した在地産模倣品の植木鉢は、藩士の間で加熱した園芸熱を十分にうかがわせる出土品である。一方、市内の村落の発掘調査では、園芸関係の出土品はほとんどみられない。江戸遺跡研究会大会当日、鹿児島大学の渡辺芳郎先生から地方における植木鉢のもつ階層性についてのご指摘があったが、八戸近郊においてもこれまでの植木鉢の出土は八戸城内に限られている現状から、江戸とは異なる階層性を反映していると言わざるを得ない。今後、武士層以外の商家や村落での様相も含めた八戸藩の園芸について、引き続き調査・分析を進めていきたい。

注

（1）八戸地域では、一八世紀以降も掘立柱建物とともに竪穴建物が構築されている。中世～近世の竪穴建物は、半地下式でスロープ状の張出し（出入口）をもち、主柱穴と小規模な壁柱穴が巡る構造が多い。掘立柱の住宅系建物と併存することから、工房や納屋など住宅以外の作業場空間としての用途が想定されている。八戸城本丸でみつかった竪穴建物は、同時期の村落にみられる竪穴建物跡とは構造・規模が明確に異なるため、在地の伝統によらない用途の建物と捉えた。

（2）八戸藩の日記類は、八戸藩日記と総称され、目付所日記・用人所日記・勘定所日記・江戸用人所日記などからなる（八戸市立図書館所蔵・市指定文化財）。八戸市立図書館・八戸古文書研究会による解読が進められており、本稿では森越良（二〇一一）『解読八戸藩用人所日記　享保九年』ほか、八戸古文書勉強会『解読八戸藩用人所日記』／『解読八戸藩江戸用人所日記』を参照した。

（3）　八戸市立図書館所蔵・市指定文化財。寛政四～大正八年（一七九二～一九一九）までの一二七年間に及ぶ。

〔主要参考文献〕

岩淵令治　二〇〇七「八戸藩江戸勤番武士の日常生活と行動」『国立歴史民俗博物館研究報告』第一三八集　国立歴史民俗博物館
岩淵令治　二〇一五a「江戸の園芸」『江戸の園芸文化』東京都江戸東京博物館調査報告書第二九集
岩淵令治　二〇一五b「参勤交代と菊作りのひろがり　八戸藩士の菊育成書を読む」『伝統の古典菊』国立歴史民俗博物館
佐々木浩一　一九八六「蟹沢焼について」『八戸市博物館研究紀要』第二号　八戸市博物館
橋本　修　二〇二〇「奥州菊に魅せられたひとびと」『地域の基層と表層　八戸地域から考える』イー・ピックス
八戸遺跡調査会　二〇〇二『八戸城跡Ⅱ』八戸遺跡調査会埋蔵文化財調査報告書第三集
八戸遺跡調査会　二〇〇三『八戸城跡Ⅲ』八戸遺跡調査会埋蔵文化財調査報告書第四集
八戸古文書勉強会　二〇一二『解読八戸藩用人所日記』
八戸古文書勉強会　二〇一六『解読八戸藩江戸用人所日記』
八戸市教育委員会　一九八一『八戸城の建築』文化財シリーズ第二三号
八戸市教育委員会　一九九八『八戸城跡Ⅰ』八戸市埋蔵文化財調査報告書第七六集
八戸市教育委員会　二〇〇八『八戸市内遺跡発掘調査報告書二五』八戸市埋蔵文化財調査報告書第一一七集
八戸市教育委員会　二〇〇九『八戸城跡Ⅳ』八戸市埋蔵文化財調査報告書第一二一集
八戸市教育委員会　二〇一〇『八戸城跡Ⅴ』八戸市埋蔵文化財調査報告書第一二六集
八戸市教育委員会　二〇一一a『八戸城跡Ⅵ』八戸市埋蔵文化財調査報告書第一三三集
八戸市教育委員会　二〇一一b『八戸市内遺跡発掘調査報告書二八』八戸市埋蔵文化財調査報告書第一三四集
八戸市教育委員会　二〇一二『八戸城跡Ⅶ』八戸市埋蔵文化財調査報告書第一三八集
八戸市教育委員会　二〇一四『八戸市内遺跡発掘調査報告書三一』八戸市埋蔵文化財調査報告書第一四三集
八戸市博物館　二〇〇一『八戸藩―大名の国元と江戸―』
森越　良　二〇一一～二〇一七『解読八戸藩用人所日記』

〔付記〕

本稿は、江戸遺跡研究会大会紙上報告資料に加筆・修正を行ったものです。報告・執筆の機会をいただいた、豊島区教育委員会・成田涼子氏はじめ江戸遺跡研究会の皆さまに御礼申し上げます。また、八戸藩日記については、八戸市立図書館・滝尻侑貴氏、八戸市博物館・山野友海氏に多大なるご協力をいただきました。記して感謝の意を表します。

大村藩下屋敷出土の植木鉢
——大名藩邸の植木鉢受容の一例——

堀内秀樹

はじめに

本稿は、二〇〇〇年一〇月から翌三月にかけて東京大学埋蔵文化財調査室が行った東京都港区白金台にある東京大学白金台構内、医科学研究所附属病院A棟新営に伴う発掘調査（東京大学埋蔵文化財調査室二〇二二）において安政元年（一八五四）の火災の一括廃棄遺構SK二〇七から出土した植木鉢を紹介し、その出土様相から看取される背景について述べるものである。

一　遺跡と出土遺構の概要（図1～3）

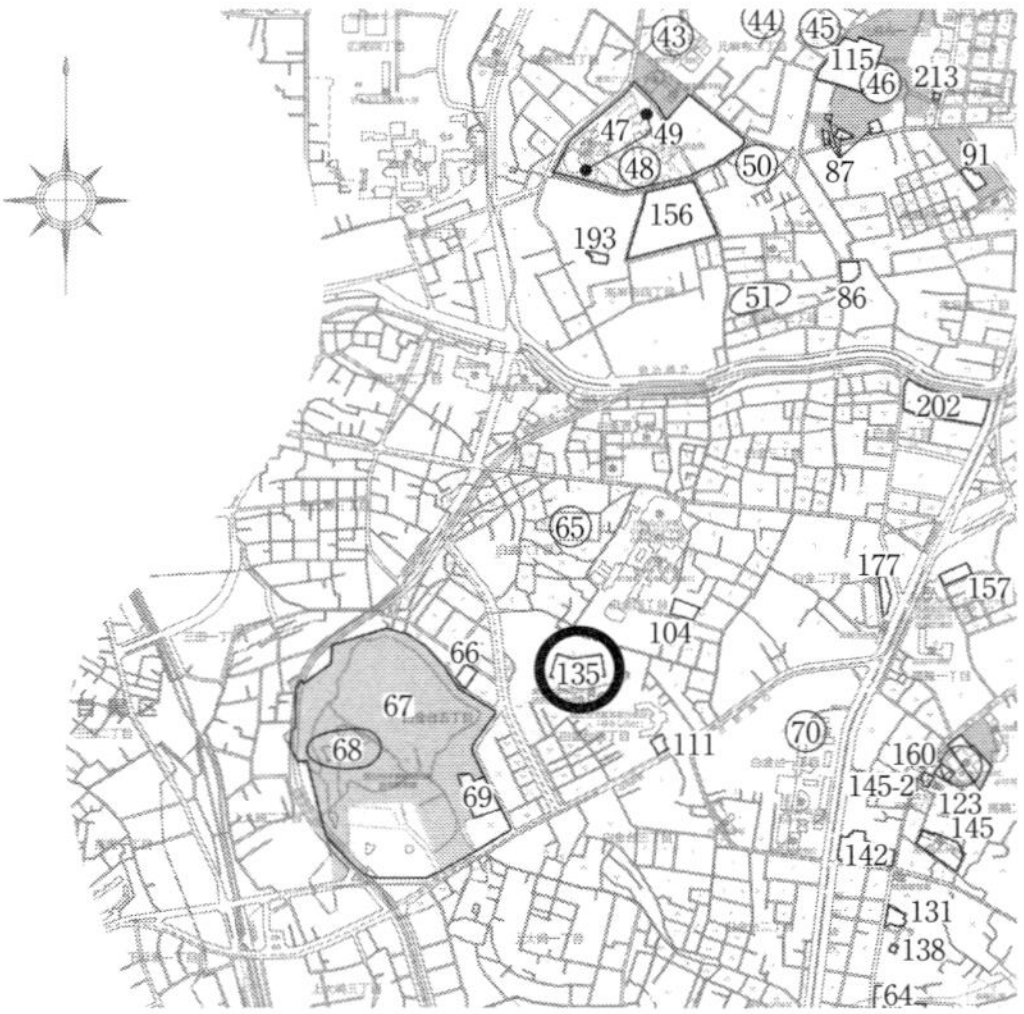

図１　遺跡の位置

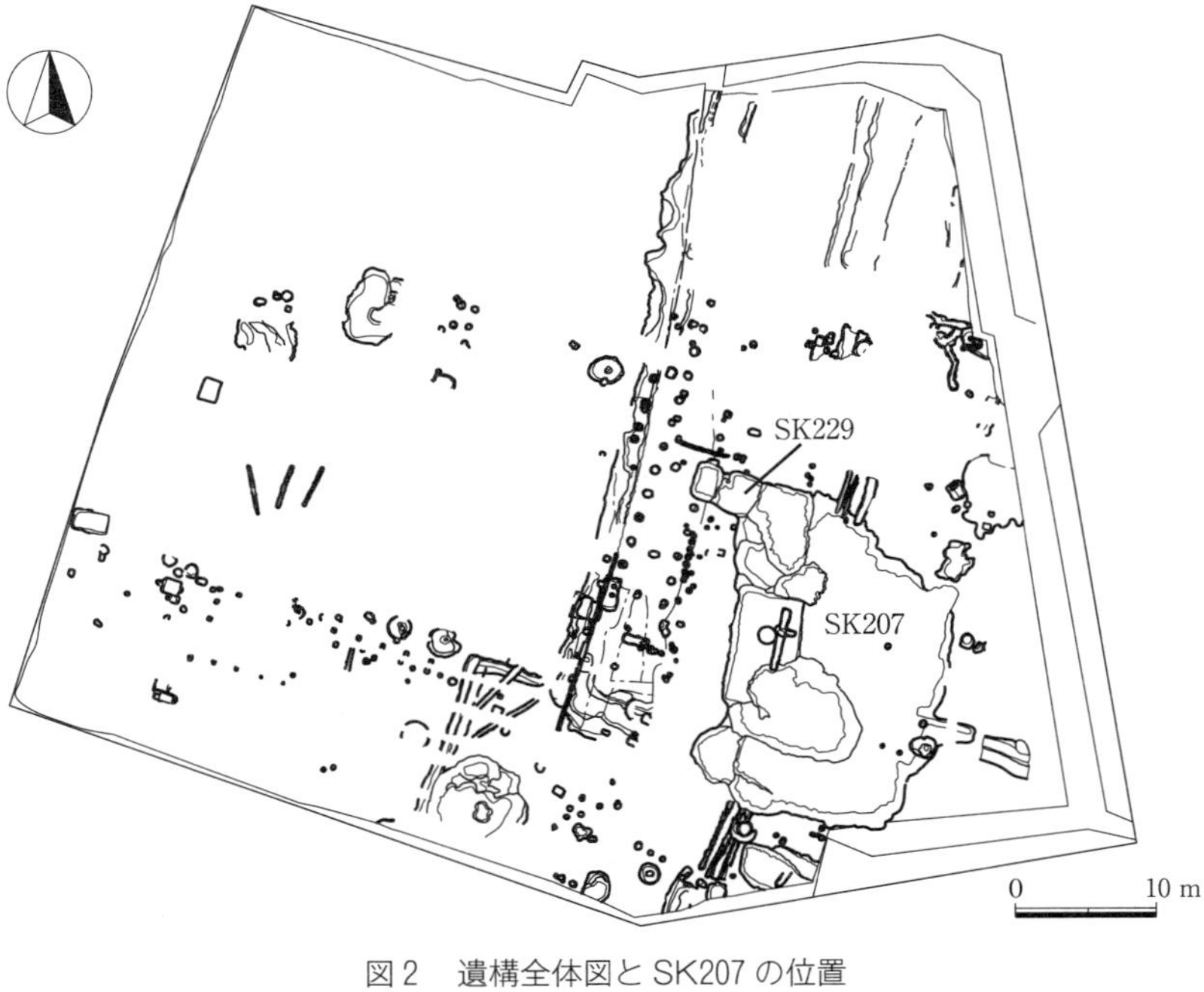

図２　遺構全体図と SK207 の位置

調査地点は、東京都港区白金台四―六―一、東京大学医科学研究所のほぼ中央に位置している。遺跡は西から東へと降る緩斜面に位置し、その東端は北から延びる渋谷川の支谷部にあたっている。

調査地は、寛文元年（一六六一）、大村藩に下屋敷（大村藩では「白金邸」と称している）として拝領され、以後、幕末まで経営されている。この白金邸付近の武家地の多くがその前後に拝領されており、明暦の大火後、大名に被災屋敷を与える幕府の政策の一環として進められたものであった（渋谷二〇〇四）。白金邸の北側に石見浜田藩、東に肥前福江藩、南に阿波徳島藩、西に旗本藤堂家の屋敷が存在している（図3）。

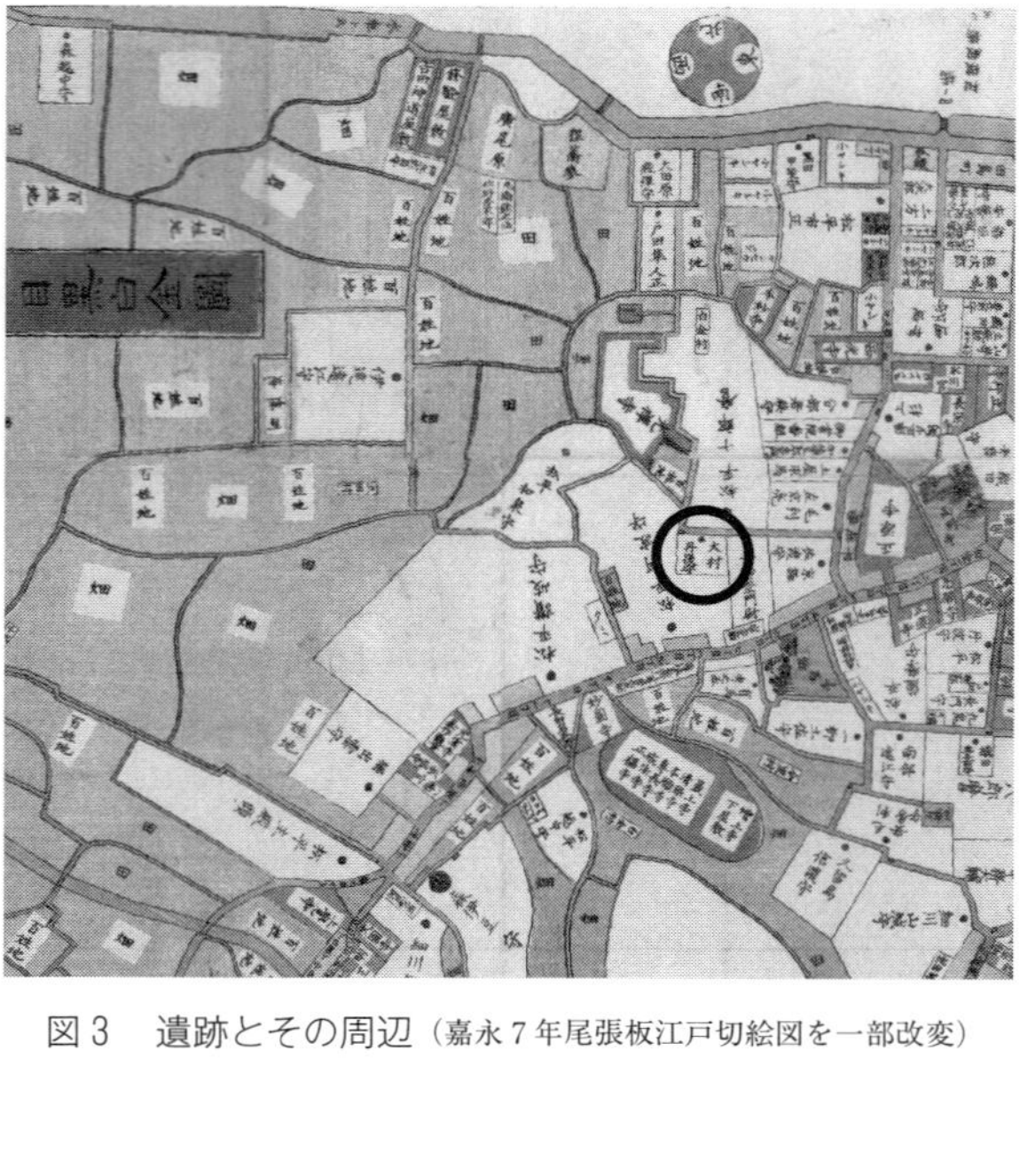

図3　遺跡とその周辺（嘉永7年尾張板江戸切絵図を一部改変）

植木鉢が多く出土したSK二〇七は、調査区東側、西から東へ降る斜面から谷底にかけて確認された大型の廃棄土坑であり、屋敷地として利用していた台地上の火災によって生じた多量の瓦礫廃棄のために空閑地であった谷部に構築されたものと考えられる。

遺構の形状は不整形で、東側の長方形を呈する部分、その東側のやや深い掘り込み、その北、東、南側に拡がる浅い落ち込みで構成されている。この複雑な形状は、掘削時の工程差によるものと思われるが、埋土には切り合いが確認できなかったことから同時の廃絶と考えている。規模は南北約二三メートル、東西一六メートル、深さは最大一・

八メートルで、遺構の壁、坑底は凹凸を有していた。覆土は最下層を除いて、多量の焼土と共に焼瓦、遺物が多く包含されていた。

二　SK二〇七出土遺物の様相とその特徴（図4～5）

1　SK二〇七の廃棄年代

SK二〇七からは、多量の焼土と共に陶磁器、瓦、石製品、金属製品、骨角製品、ガラス製品などが出土しており、それら遺物の多くは二次的な火熱を受けていた。遺物群の年代的位置づけであるが、肥前磁器小広東碗、広東碗（図4－5）、端反碗（同6、7）、湯呑碗（同14）、瀬戸・美濃磁器端反碗（同10）、湯呑碗（同11）、直線的に開く碗（同8）、陽刻型皿、陰刻型皿（同24）などで構成される一方、その後に出現する木型打込製品などが含まれていない。こうした遺物様相は、東大編年Ⅷc期（一八三〇～四〇年代）に該当する(1)（堀内一九九七）。廃棄の要因となった火災は、文献記録との照射から、安政元年（一八五四）に白金邸が全焼した火災と判断された。

2　出土遺物の様相──胎質組成と器種組成

図4では、植木鉢を除いたSK二〇七出土遺物を図化したが、出土傾向を客観的に示して様相を指摘したい。表1はSK二〇七の胎質組成、表2は器種組成表である(2)。胎質組成をみると、総計一一〇六個体中、磁器五六〇個体、陶器四五九個体、土器八七個体である。器種組成では、総計一〇五九個体中、多い器種から碗（二一四個体）、皿（二〇四個体）、瓶（二〇四個体）、坏（七三個体）、土瓶（六一個体）、蓋物（五二個体）、壺・甕（五〇個体）、植木鉢（四五個体）、鉢

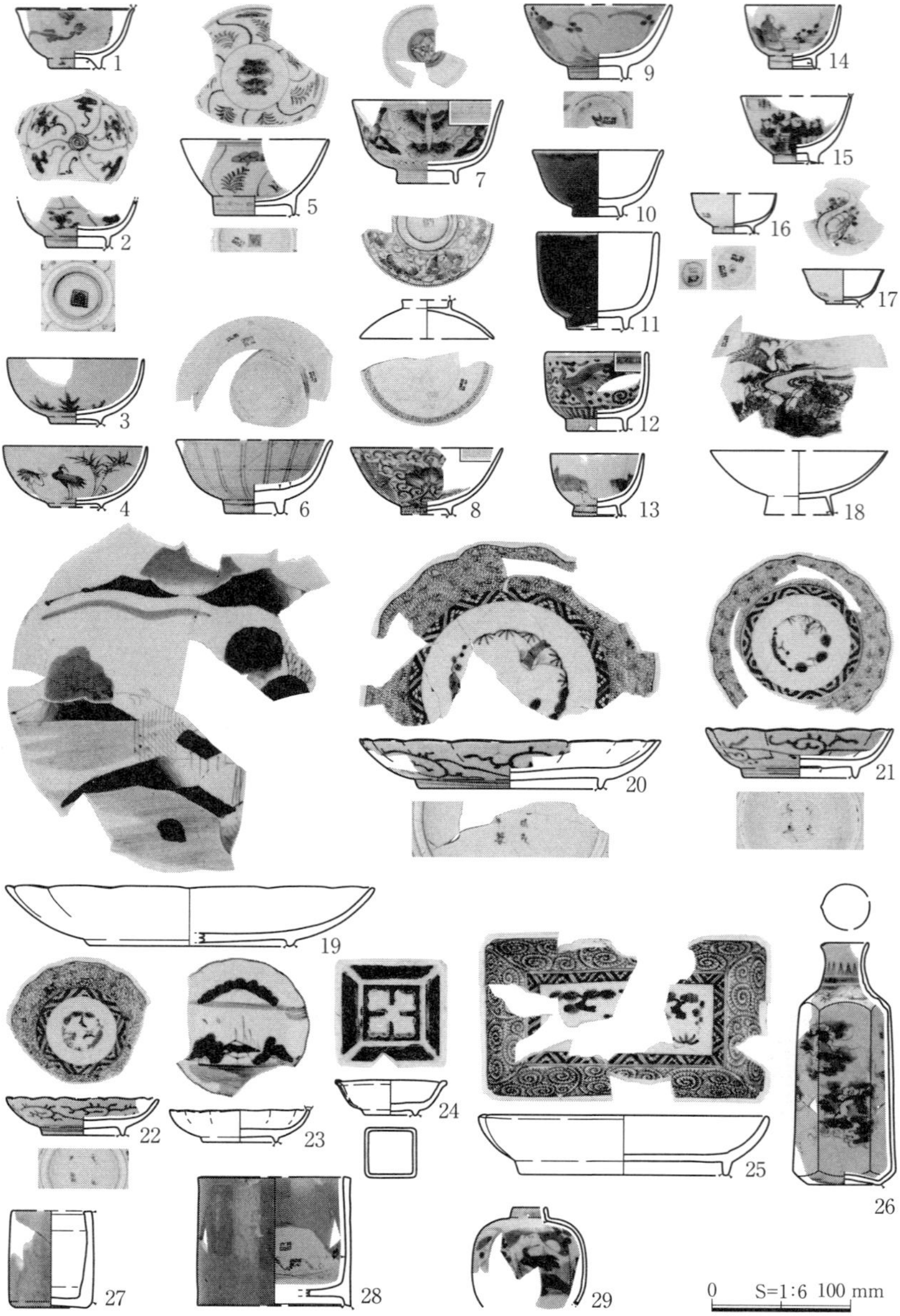

図4－1　SK207出土遺物（1）

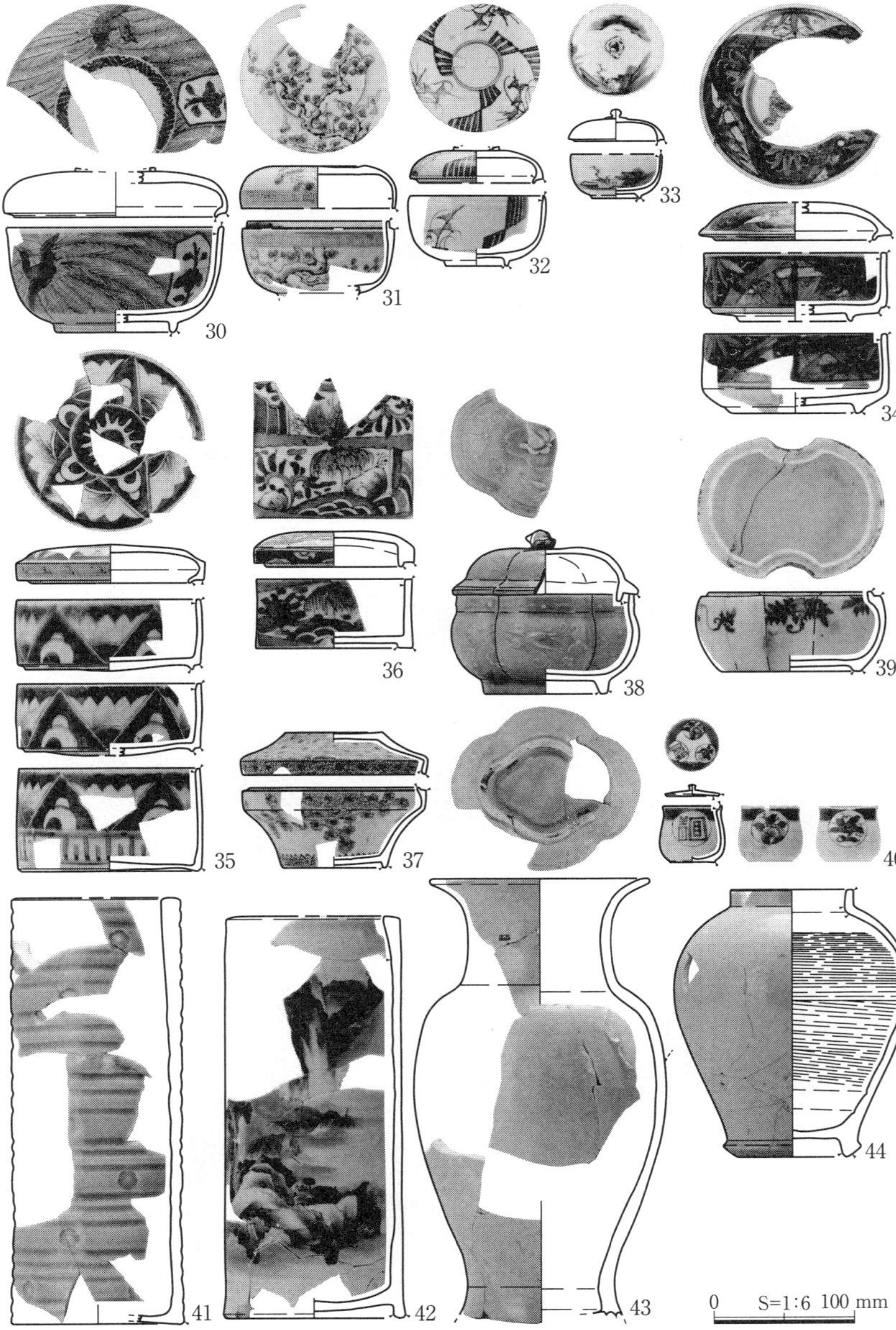

図 4 － 2　SK207 出土遺物（2）

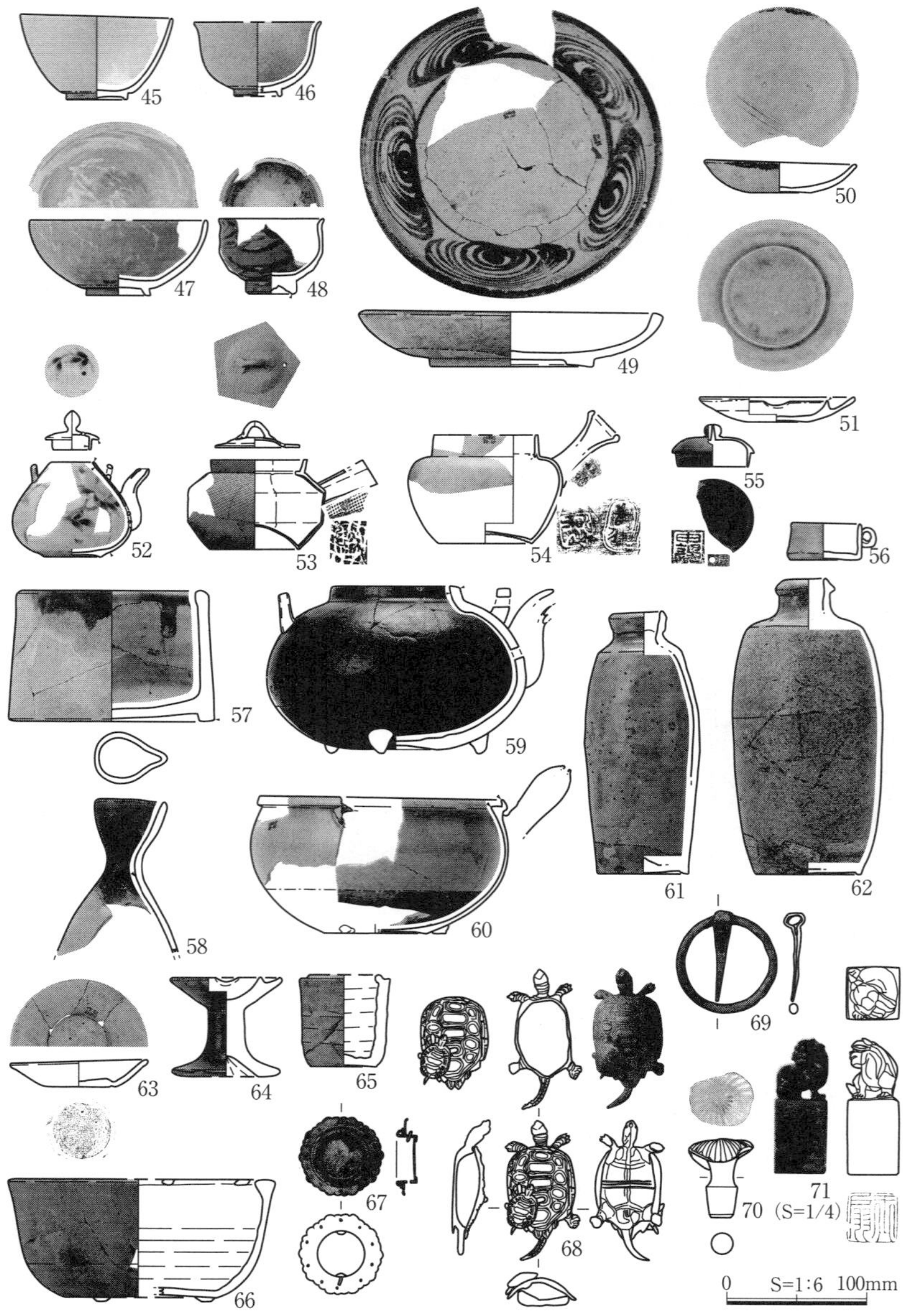

図４－３　SK207 出土遺物（3）

（四一個体）である。

出土資料の傾向を見るために、同じ調査区のSK二二九と異なる藩邸ではあるが加賀藩邸内の工学部一号館地点（以下、「工一」と略す、東京大学埋蔵文化財調査室二〇〇五b）SK一、大聖寺藩邸内の医学部附属病院外来診療棟地点（以下、「外来」と略す、東京大学埋蔵文化財調査室二〇〇五a）SK八一などを対比資料として取り上げたい。SK二二九はSK二〇七の北東側にあり、SK二〇七に切られているものの（図2）、覆土に焼土はなく、藩邸内から出る日常生活ゴミを廃棄する場であったと推定される。埋没後、程なく起きた安政火災の処理のために掘削されたSK二〇七に一部が壊された遺構である。遺物の年代はほぼ同じで東大編年Ⅷc期（一八三〇～四〇年代）であった。工一SK一は加賀藩邸北側縁辺域の詰人空間に位置する大型廃棄土坑で、コンテナ箱に三〇〇箱以上の多量の陶磁器類が出土した邸内の最終廃棄処分場的な性格を有する遺構である。出土資料には安永五（一七七二）～文政元年（一八一八）までの紀年銘が共伴し、陶磁器様相から東大編年Ⅷa～b期（一八〇〇～三〇年代）の日常生活ゴミの廃棄場と推定された。また、外来SK八一は、大聖寺藩邸西縁部に位置する大型土坑で、「天保」、「天保四」などの墨書資料が共伴しており、陶磁器様相から東大編年Ⅷb期（一八二〇～三〇年代）の日常ゴミの廃棄場である。

表1　出土陶磁器の胎質組成

遺跡	段階	遺構	磁器	陶器	土器	合計	性　格
医科研	Ⅷc	SK229	154	192	31	377	日常生活廃棄
			41%	51%	8%		
	Ⅷc	SK207	560	459	87	1,106	火災による廃棄
			51%	42%	8%		
工1	Ⅷb	SK1	989	3,153	1,060	5,202	日常生活廃棄
			19%	61%	20%		
外来	Ⅷb	SK81	282	283	115	680	日常生活廃棄
			41%	42%	17%		

まず、胎質組成であるが、少なからず差異が確認できる（表1）。医科研SK二〇七は磁器の割合が半数を占め（五一％）、他の資料がおおむね二～四割程度

表２　出土陶磁器の器種組成

		医科研 SK207				工学部１号館 SK1			
		磁器	陶器	土器	計	磁器	陶器	土器	計
1	碗	178	36	0	214	553	964	1	1,518
2	皿・平鉢	135	41	28	204	217	100	230	547
3	大皿・大平鉢	2	0	0	2	1	0	0	1
4	燗徳利	5	1	0	6	3	0	0	3
5	鉢	29	12	0	41	24	43	2	69
6	坏	71	2	0	73	34	18	0	52
7	猪口	2	0	0	2	10	0	0	10
8	仏飯器	10	0	0	10	9	1	0	10
9	火入れ・香炉	6	5	0	11	10	27	4	41
10	瓶	2	202	0	204	3	1,082	0	1,085
11	御神酒徳利	4	0	0	4	16	0	0	16
12	油壺	4	0	0	4	4	0	0	4
13	蓋物	47	5	0	52	22	3	0	25
15	壺・甕	12	38	0	50	0	92	0	92
16	急須	1	7	1	9	0	9	0	9
18	合子	6	0	0	6	3	52	0	55
19	水滴	3	1	0	4	3	15	0	18
20	蓮華	2	0	0	2	0	0	0	0
21	植木鉢	17	8	20	45	0	26	38	64
22	花生	4	1	0	5	5	16	0	21
23	片口鉢	0	5	0	5	0	80	0	80
29	擂鉢	0	6	0	6	0	55	0	55
30	餌入れ	0	3	0	3	0	11	0	11
31	火鉢	0	2	4	6	0	11	220	231
34	土瓶	4	57	0	61	0	119	14	133
40	油受け皿	0	8	2	10	0	49	117	166
41	油徳利	0	0	0	0	0	4	0	4
42	行平鍋	0	3	0	3	0	9	0	9
44	ひょうそく	0	2	6	8	0	0	33	33
49	涼炉	0	0	0	0	0	0	1	1
51	塩壺	0	0	9	9	0	0	99	99
計		544	445	70	1,059	917	2,786	759	4,462

であるのに比べると高い。これは、後述するように廃棄された陶磁器類を保有した人（この時期に白金邸に居住していた第一一代藩主大村純顕夫人）の嗜好が反映されていると考えている。他方、陶器は四二％であったが、この時期の陶器の量は、瀬戸・美濃系灰釉徳利（いわゆる貧乏徳利）の出土量によって大きく数量が変わってくる。廃棄土坑の使用期間が長くなるに従って、破損しないでも廃棄される貧乏徳利の割合が大きいことが想起され、日常生活ゴミを廃棄するＳＫ二二九の灰釉徳利は一三八個体（全体の三七％）であるのに対して、火災による一括廃棄資料のＳＫ二〇七では一八九個体（全体の一八％）と大きく異なっており、ＳＫ二〇七の陶器数はこうした影響も受けているとも考えられる。

次に器種組成から看取される器種を俯瞰したい（表2）。まず、碗と皿であるが、ＳＫ二〇七ではその比率がほぼ同じであるのに対して、工一ＳＫ一は碗が皿のおよそ三倍の量になっている。とくに碗の量に注目すると、ＳＫ二〇七では磁器碗一七八個体（八三％）、陶器碗三六個体（一七％）であるのに対して、工一ＳＫ一では磁器碗五五三個体（三六％）、陶器碗九六四個体（六四％）と磁器と陶器の量が逆転している。これは藩による陶磁器受容の違いもあると考えられるが、廃棄された陶磁器を所持していた階層の相違が大きく関係していると推定している。つまり工一ＳＫ一では加賀藩邸北辺域に存在することから、それらの大部は藩邸北部の詰人空間から持ち込まれたものであり、ＳＫ二〇七は先述したように藩主夫人が居住しており、所持している道具の違いが現れていると考えている。その他、大きく様相が異なる器種として、坏（ＳＫ二〇七が七三個体六・九％、工一ＳＫ一が五二個体一・二％）、蓋物（ＳＫ二〇七が五二個体四・九％、工一が二五個体〇・六％）、植木鉢（ＳＫ二〇七が四五個体四・二％、工一ＳＫ一が六四個体一・四％）、油受け皿（ＳＫ二〇七が一〇個体〇・九％、工一ＳＫ一が一六六個体三・七％）、塩壺（ＳＫ二〇七が九個体〇・八％、工一ＳＫ一が九九個体二・二％）などがある。

3　看取された陶磁器の特徴

ＳＫ二〇七出土陶磁器には、胎質、器種に着眼した際にいくつかの特徴が看取された。以下、説明を加えたい。

特徴の一つ目は、女性が使用したと考えられる器種が多く含まれている点であった。図４－30〜40は蓋物であり、図示した例以外にも多くの蓋物が出土している。30〜33は、碗形の身をもつ蓋物であり、31が口径一六センチメートル、33は六センチメートル程度で、他のタイプを含めて小型から比較的大型の製品まで出土している。こうした規格の多さは段重についても同様で、図で示した口径一〇センチメートル強の製品（34〜36）の他に一〇センチメートル未満の小型の製品も出土している。これらは比較的良好な胎土と丁寧な文様が描かれている製品で、34は染錦、36は方形、38は木瓜形、39は分銅形に成形されたもので、製品の質も悪くない。こうした蓋物は、汐留遺跡五Ｈ—〇四二（東京都埋蔵文化財センター二〇〇〇）や染井遺跡（三菱重工業染井アパート地区）五六〇号遺構（豊島区教育委員会二〇〇一）など、化粧道具セットと考えている一括資料に多く含まれている器種である。また、伝世品の中にも大名婚礼道具から庶民用の道具類の多くに陶磁器や漆器の蓋物や段重が確認でき、磁器蓋物は、江戸時代に化粧用品として多く利用されていたことがわかる。また、３、４は薄手半球碗であるが、これも前出汐留や染井例から多く出土しており、化粧道具としても利用される器種である。この他、67、69は、金属製の棚や箱、鏡台などに使われる小型の引手であり、これも染井遺跡から出土している金属製品との類似性が高い。

特徴の二つ目は、煎茶器（図４－52〜55）、花生（同41〜43）、文房具（同68、71）、餌入れ（同56）、喫煙具（同27、28、57）、植木鉢（図５）などが出土している点である。良質の煎茶器、植物の栽培・観賞用具、文房具、印章、喫煙具などの道具は、これまで文人趣味に関わる道具と評価されることが多かった。「文人」という用語については、確定した定義はなく、日本と中国、あるいは中国国内など地域や時代によって異なった意識や認識が存在している点については共通認識としてよいと考えるが、日本の江戸時代後期には、明末〜清時代のこうした影響を受けつつ、教養、趣味、非俗世などを重視する価値観を有する人や活動が展開していたことは間違いない。そうした精神的志向の中で重要視された代表的な「こと」が、琴棋書画、文房清玩などで、SK二〇七から出土している上記製品は、こうした行為に伴う「もの」であり、出土品からは文人趣味の志向性、嗜好性を持つ人の存在が想定できる。明・清時代の文人を書いた絵画は多く伝えられている。その一つがいわゆる琴棋書画図であり、「中国の文人たちが営む高雅で理想的な生活の象徴として」(孫二〇二二)、日本でも好まれた画題となっている。台湾国立故宮博物院所蔵「十八学士図」はこうした一つであるが、この中には、明の中〜晩期にかけての「與文人「閒賞清玩」的生活結合」(増田二〇〇三)として種々の器物が使用品や背景に描かれている。考古遺物としても出土する方形、円形、輪花形などの盆栽、茶事に関わる水注や茶碗、文房具の水滴、筆架、硯の他、香炉、花器、壺などの器種は、文人への嗜好性が看取できる(図6)。同様に図7は、福州で大清律を学び、一九世紀前葉に琉球と清朝との外交に携わった琉球の官人魏学源の肖像画である。この肖像画には、盆栽、煎茶、喫煙、文房に関わる道具が描かれ、清代文人の象徴的なスタイルを描出している。これらに描かれているような器種は、植木屋森田六三郎の住居跡であった文京区千駄木三丁目南遺跡第二地点(以下、「千駄木」と略す。共和開発株式会社二〇〇七)一号遺構出土資料でも重複するものが多く、所有者が同じ嗜好性を持っていたと推定している。

特徴の三つ目は、比較的上質の製品で構成されている点である。製品の質を客観的に提示することは難しいが、磁器の素地、文様をはじめとする装飾などをみると、肥前製品は、天草陶石を使用した白色の素地を使ったものがほとんどであった(例えば図4−6、9を除いた肥前製品)。また、瀬戸・美濃と分類した製品もいわゆる関西系とも称される細かい筆致で文様が描かれた製品が多く含まれ（碗類であれば図4－12、13、15など）、とくに蓋物、植木鉢をはじめとする磁器類は手の込んだ作りの製品が多く確認できる。一方、大村藩は磁器の大生産地である波佐見地方を領内に持つが、SK二〇七出土資料には一八世紀後半～一九世紀に生産していた大新登窯、三股本登・新登、中尾上登、永尾本登などから出土している素地の色調が灰がかり、呉須の発色もやや黒ずんだ当該期の波佐見諸窯の特徴を呈している製品は非常に少ない。こうした点も、使用者の嗜好が反映されていると考えている。

4　出土植木鉢の様相

SK二〇七から磁器、陶器、土器合わせて四五個体の植木鉢が出土している。図5－1～16は磁器で、精緻な施文、型抜きの貼付、掛分、切り欠きなどの技術を使った質の高い製品が多く出土していることが特徴である。1、3、4、11～15が肥前、2、5、6、8～10、16が瀬戸・美濃、7が三田と推定している。肥前の11～14は法量、形態、文様に類似性が高く、同時期の購入あるいは同種の植物に利用していた可能性があろう。瀬戸・美濃の植木鉢は、上質の製品が確認されている。2は体部や底部中央の孔に切り欠きを入れ、5は型抜きしたふくら雀と笹を器面に貼り付け、文様部分には染付の上から透明釉、体部貼付周囲に七宝繋ぎのエッチングを施した上に青磁釉が掛けられている。8～10は器面の上から型抜きした細かい鶴、竹、波頭、梅などを貼り付け、貼付文様部には透明釉、器面には瑠璃釉が施される。こうした施文方法は、文政六年（一八二三）に跡を継いだ瀬戸の三代目川本治兵衛が開発、本格的に始めたとされ（武藤二〇一七、仲野二〇二二）、本例も年代的に川本治兵衛の作品の可能性が高い。7は三田の青磁植木鉢で、胴部、底部とも型作りで、六角形に成形されている。底部は貼付高台である。17～26は瀬戸・美濃、27は京都・信楽の陶器植木鉢で、17～21は半胴甕と銭甕の二次的な底部穿孔品である。17～

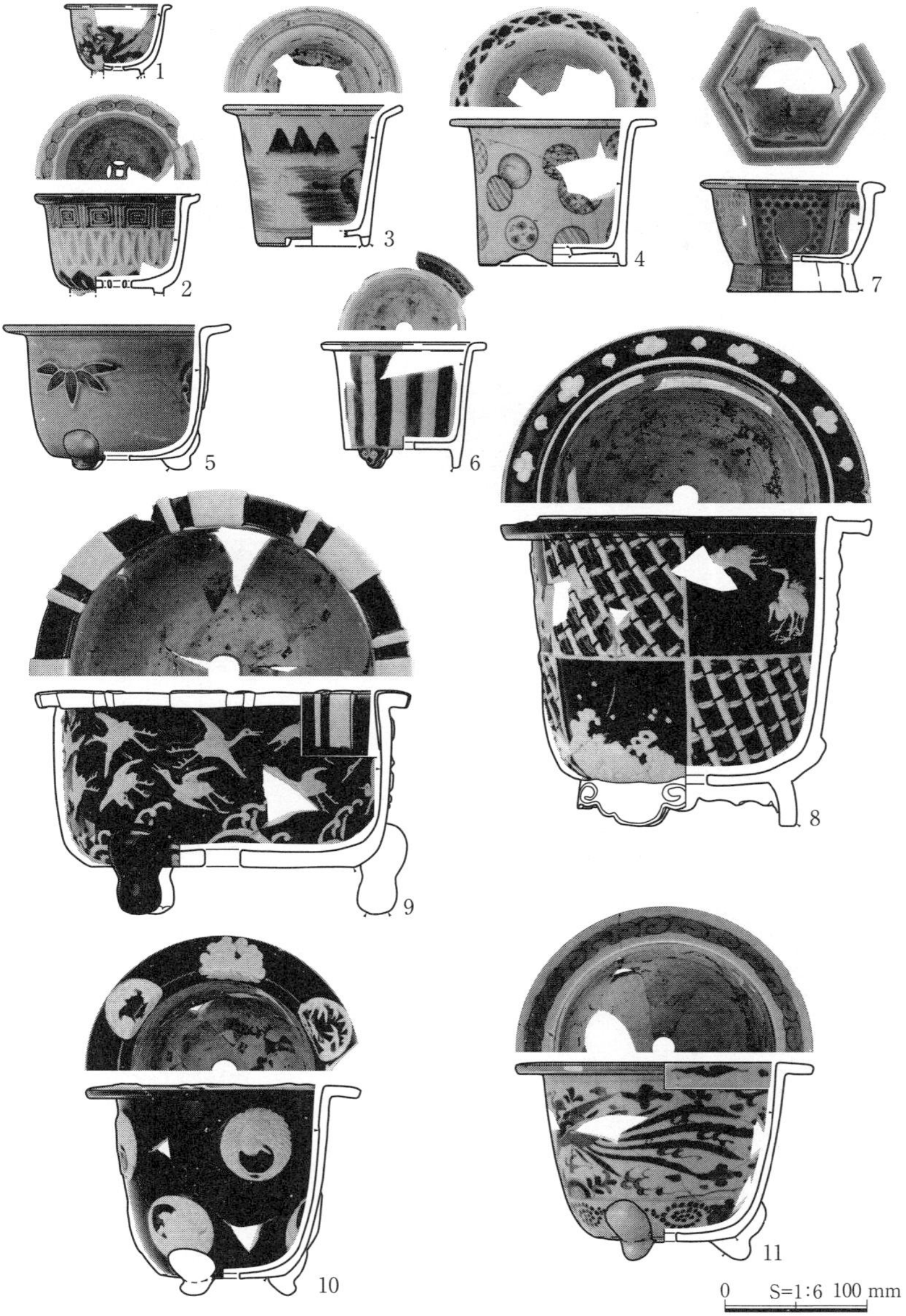

図５－１　SK207 出土植木鉢（1）

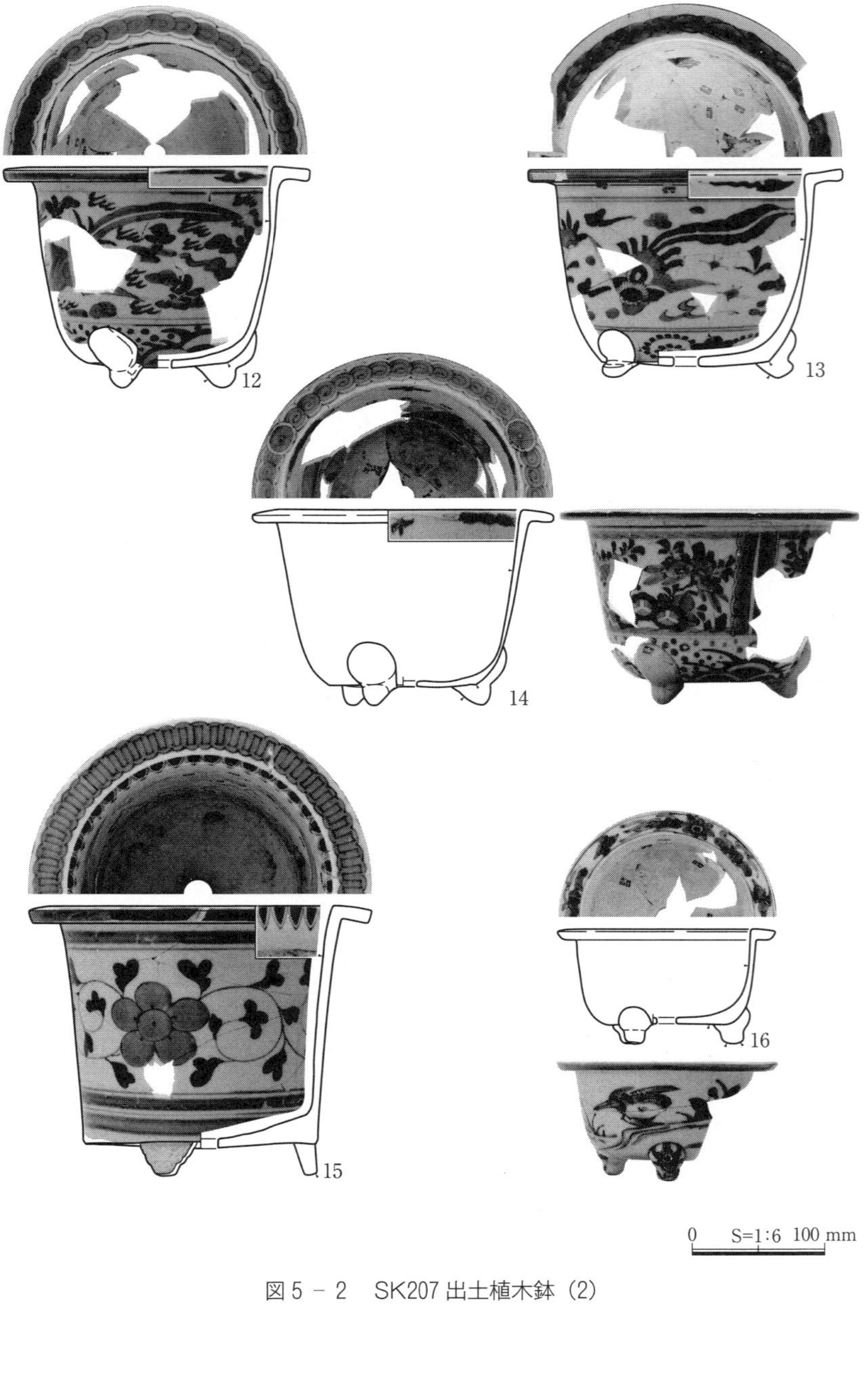

図５－２　SK207 出土植木鉢（2）

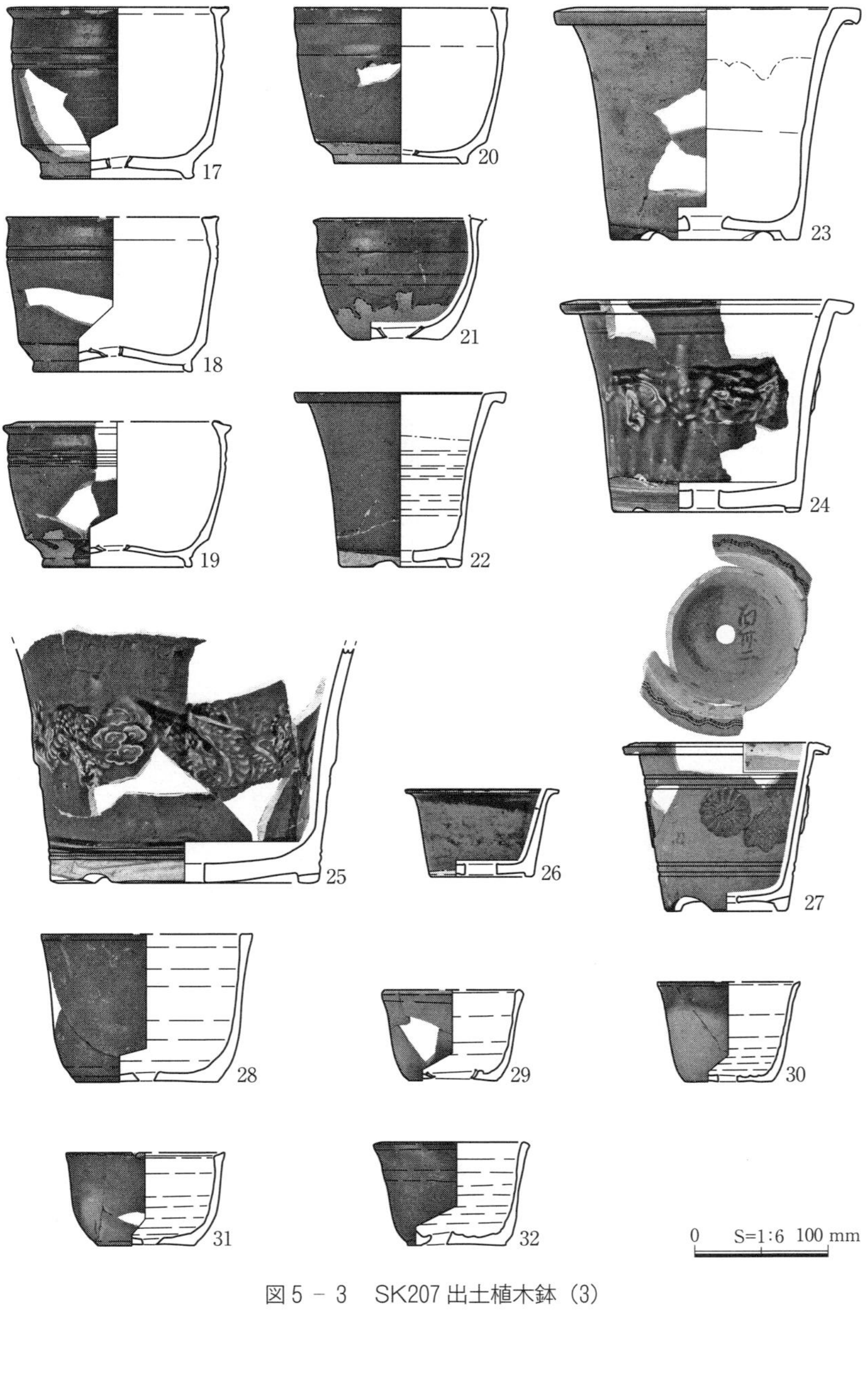

図５－３　SK207 出土植木鉢（3）

20の半胴甕は、底部中央を二次的に穿孔して植木鉢として用いることが多く、底部中央をあらかじめ薄く作り、中央を饅頭心状に盛り上げるなど当初より穿孔が容易に成形されている。SK二〇七出土の半胴甕は、底部が遺存する全点に穿孔が確認されている。24、25は型抜きの雲龍文を貼り付けた上に緑釉を施しているが、型抜きの技法は磁器製品(5、8~10)と共通で、技術的な影響関係を考える必要がある。こうした貼付文+緑釉施釉例は、瀬戸の西茨二号窯で類似した製品が確認されている(瀬戸市歴史民俗資料館一九八七)。27は型抜きした菊、桐を体部に貼り付けているが、型抜きは非常に精緻で、胎土も体部の素地と異なるものを使ってコントラストをつけている。28~32は土器である。28の底部は糸切り離し後に糸切り痕をナデ消しているが、その他は左回転の回転糸切り痕が確認できる。

三　史料からみた大村藩白金邸

史料の情報の多くは、同地点の史料調査を担当した渋谷氏の成果による(渋谷二〇〇四)。調査地周辺は、江戸時代初頭には未開地であったが、寛文元年(一六六一)一二月に白金村のうち五六〇〇坪を大村藩が下屋敷として拝領し、幕末まで経営された。大村藩は、この他に外桜田備前町に上屋敷として一九三五坪、牛込砂土原に隠居所(中屋敷)を拝領しており、下屋敷拝領によって藩の江戸屋敷の基本的な運営体制が確立する。その後、一八世紀末から一九世紀前葉の相対替などを経て、文政四年(一八二一)には永田町上屋敷と白金邸下屋敷の二邸になる。幕末には、嘉永三年(一八五〇)二月五日に永田町上屋敷が全焼し、翌年五月に上屋敷が完成するまでの約一年三か月の間、第一二代藩主大村純熙とその家族が一時的に白金邸に避難している。また、安政元年(一八五四)一〇月二日には、隣地藤堂家からの出火で下屋敷の白金邸が全焼している。

SK二〇七への廃棄の要因になった安政元年の火災は、一〇月一二日西隣の藤堂家からの出火により白金邸が全焼した。この時に白金邸下屋敷には前藩主（一一代）大村純熙の継室秋田肥季の養女である整《せい》が居住していたことが知られており、火災後、一時上屋敷に移っていたが、安政三年四月八日に再び白金邸に移り住んでいる。こうしたことから「整は白金を恒常的な住まいとしていた」（渋谷二〇〇四）と指摘している。

白金邸は、拝領地北東域の大きなエリアが谷あるいは谷に落ちる傾斜地にあたり、安定した平坦地は南側、拝領地全体の三分の一程度である。藩の規模から、白金邸には整の隠居所として一〇〇〜二〇〇人程度が居住していたと思われる。

四　植木鉢受容の文化的背景

上記のようにSK二〇七出土資料は、白金邸に居住していた藩主夫人の所持品が、安政元年（一八五四）の藩邸火災で被災し、一括廃棄したものの可能性が高い。先に文人趣味、中国趣味の影響を指摘したが、その文化的受容のランクは多様であったと思われる。例えば、江戸遺跡から比較的多く出土する喫茶、飲酒などに関わる清朝磁器製の碗や坏などは、一一二一例中八一七例（七三%）も占める（堀内二〇二二）〔3〕一方で、図6、7に描かれている盆栽、喫煙、文房に関わる道具類、あるいは碗以外の涼炉、湯瓶、茶銚などの煎茶道具はほとんど含まれていない。長佐古真也は、清朝磁器の頻出類型の分析から「経済力の裏付けをもった文化的嗜好」を指摘し、「需要の背景となった文化の担い手として、旗本・御家人の一部に上位の町人、村落民を加えた中位の経済階層が大きな役割を果たした」としている（長佐古二〇一三）。この指摘に異論はないものの、出土清朝磁器の大部が上記のように喫茶碗である点、ほとんど他の

図6　「十八学士図　棋」（部分）（国立故宮博物院蔵）

図7　「魏学源肖像」（沖縄県立博物館蔵）

表3　遺構出土植木鉢の組成

		磁器	陶器	穿孔半胴	土器	合計	備　考
医科研 SK207	大村藩下屋敷	17	8	11	20	56	
工1 SK1	加賀藩上屋敷	0	26	53	38	117	
給水 AJ35-1他	越後高田藩中屋敷	2	45	—	42	89	
駒込一 S1b		0	3	43	209	255	数量は破片数
千駄木三丁目南	森田六三郎（植木屋）	10	79	7	11	107	

前茶器種が伴っていない点から、変化バイアスとして「文化的嗜好」のウエイトが大きいと思われる。

植木鉢は、一八世紀後半以降、江戸遺跡から一定量出土する器種であるが、医科研ＳＫ二〇七出土様相を把握したい。表3は、これと対比する資料として工一ＳＫ一、東京大学本郷構内の遺跡医学部附属病院給水設備棟地点（以下、「給水」と略す。越後高田藩中屋敷、東京大学遺跡調査室一九九〇）から確認された東大編年Ⅷa～b期（一八〇〇～三〇年代）に比定される大型廃棄土坑ＡＪ三三－一、ＡＪ三三－二、ＡＪ三四－一、ＡＪ三五－一、江戸時代後期に都市江戸北辺の園芸地域として発展する豊島区駒込一丁目遺跡（以下、「駒込一」

と略す。コーシャハイム駒込地区、土田二〇〇六）Ｓ一ｂの植木鉢の出土状況を示した。これをみるとＳＫ二〇七では磁器が明らかに多く出土している。また、工一ＳＫ一では穿孔半胴甕が最も多く出土しているが、ＳＫ二〇七では少ない。こうしたことに対応するように植木の生産地では、駒込一Ｓ一ｂでは陶器では穿孔半胴甕が多く出土しているほか、土製品が最も多い例、千駄木一号では磁器の割合が多く、土製品は極端に少ない例など、需要様態に対応した階層的分業構造が看取される。

注

（1）出土遺物の変化による東京大学構内遺跡の段階設定年代。
（2）合計数が異なるのは、含まれている器種不明や玩具類などの器種の数量によるものである。
（3）飲用と推定される小法量碗が主体的ではあるが、客体的に中法量の製品も含まれている。

〔引用・参考文献〕

共和開発株式会社　二〇〇七　『東京都文京区千駄木三丁目南遺跡第二地点』
渋谷葉子　二〇〇四　「肥前国大村藩白金下屋敷について」『東京大学構内遺跡調査研究年報』四　東京大学埋蔵文化財調査室
瀬戸市歴史民俗資料館　一九八七　『研究紀要』Ⅵ
孫　文祺　二〇二二　「「琴棋書画図」における馬遠様の受容と変容」『文化共生学研究』第二一号　岡山大学大学院社会文化科学研究科
土田泰人　二〇〇六　「出土植木鉢の様相」『伝中・上富士前Ⅴ―東京都豊島区・駒込一丁目遺跡（コーシャハイム駒込地区）の発掘調査―』豊島区遺跡調査会
東京大学遺跡調査室　一九九〇　『東京大学本郷構内の遺跡　医学部附属病院地点』
東京大学埋蔵文化財調査室　二〇〇五ａ　『東京大学本郷構内の遺跡　医学部附属外来診療棟地点』
東京大学埋蔵文化財調査室　二〇〇五ｂ　『東京大学本郷構内の遺跡　工学部一号館地点』

東京大学埋蔵文化財調査室　二〇二二『東京大学白金台構内の遺跡（港区NO.一三五遺跡）医科学研究所附属病院Ａ棟地点』
東京都埋蔵文化財センター　二〇〇〇『汐留遺跡』Ⅱ
豊島区教育委員会　二〇〇一『染井Ⅵ　東京都豊島区・染井遺跡（三菱重工業染井アパート地区）の発掘調査』
長佐古真也　二〇一三「下級武士における船載陶磁器の受容状況」『近世都市江戸の貿易陶磁器　発表要旨』日本貿易陶磁研究会
仲野泰裕　二〇二一「川本治兵衛と製磁技術」『川本治兵衛―瀬戸染付の精華そして湖東焼―』瀬戸市美術館
堀内秀樹　一九九七「東京大学本郷構内の遺跡における年代的考察」『東京大学構内遺跡調査研究年報』一　東京大学埋蔵文化財調査室
堀内秀樹　二〇二二「江戸遺跡出土貿易陶磁器の数量的分析―需要の検証―」『貿易陶磁研究』四二　日本貿易陶磁研究会
増田知之　二〇〇三「明代における法帖の刊行と蘇州文氏一族」『東洋史研究』六二―一
武藤忠司　二〇一七「瑠璃釉のやきもの」『瑠璃釉のやきもの～深遠な青の世界～』瀬戸蔵ミュージアム

〔付記〕

本稿の内容は、二〇二三年に江戸遺跡研究会での紙上報告「大村藩下屋敷出土の植木鉢―東京大学白金台構内の遺跡医科学研究所附属病院Ａ棟地点ＳＫ二〇七出土資料―」を基に、「四　植木鉢受容の文化的背景」を加えて改稿したものである。

あとがき

本書を閉じるにあたり、本書の内容を四つの問題点に絞って振り返ってみたい。その問題点とは、一つ目が本草学と植木屋の関係である。この点に関しては、平野恵氏が本草学と植木屋の関係に触れ、両者に密接な情報交換があったと述べている。つまり本草学の知識と植木屋の経験値が相まって園芸文化の一端を牽引したということであろう。また田中純子氏も本草学の変遷を示し、各種の図譜が近代の植物学や博物館・博物局へと受け継がれたことを述べている。そしてお二人とも江戸時代からの普及活動については印刷物の効用を挙げている。その後、江戸時代に植木屋と深い関係であった本草学は、近代にいたると医学・薬学や植物学へと変遷したが、牧野富太郎のような植物学者は、植木屋や文人趣味的な人々が作り出した「奇品」を否定していたと平野氏は述べ、近代の植物学が園芸と一線を引いたことを明らかにした。

二つ目は「地植え」と「鉢植え」の関係である。「地植え」単独の問題については宮川和也氏の報告に詳しい。宮川氏は考古学的な側面から具体的な遺構である植栽痕について研究史を踏まえて報告をされている。また、追川吉生氏も考古学的な側面から加賀藩上屋敷の発掘調査成果から植物栽培遺構について述べている。しかし追川氏は考古学的な遺構の紹介に留まらず、藩邸内の畠作が藩士によって担われたことも明らかにした。

藩邸内の植物栽培が藩士によって担われたという点では、船場昌子氏が岩淵令治氏の説を紹介している。岩淵氏によると、八戸藩藩士は藩邸内の菊栽培を公務で行っていたという。さらに船場氏は、考古学的な側面から一九世紀中葉の八戸城内から植木鉢が多数出土している一方、城下町では出土がみられないことから、国元では庶民にまで園芸文化が普及していなかったと述べている。この点は江戸の状況と異なる。

また山本英二氏は、一八世紀から一九世紀の尾張藩江戸藩邸を事例に、発掘調査で検出された花壇を中心テーマとして草花栽培の実態および一八世紀末から「地植え」ものに加え、「鉢植え」が大きく普及するという動態を明らかにした。続いて市川寛明氏は、「商品植木鉢」に注目し、庶民にまで行き渡った植木鉢、具体的には安価な土製植木鉢の出現が江戸の園芸文化を語る中心的な商品と位置づけた。さらに鳥居恒夫氏は、桜草の群生地から「地植え」に用いられた桜草、「鉢植え」に用いられた桜草を歴史の流れに沿って現代に至るまで解説した。

江戸時代の「鉢植え」、つまり植木鉢に考古学側から照射した報告は、渡辺芳郎氏の薩摩焼の植木鉢、中野高久氏の植木屋森田六三郎の植木鉢、堀内秀樹氏の大村藩下屋敷出土の植木鉢などがある。そのなかで渡辺氏の報告では、薩摩焼の植木鉢の初現が一六三〇〜五〇年代であるという。この時期、江戸において植木鉢専用器は、ほとんど出土していない。

三つ目は、直接雇用と民間導入の問題がある。先述したように、追川氏は藩邸内の畠作は藩士が担っていたことを指摘した。船場氏は八戸藩でも藩士が園芸の担い手であったとした。ところが山本氏は、一八世紀尾張藩の「御花壇」などを管理する「花壇懸り中間」が、民間の植木屋が管理する体制に転換したと述べた。この背景には尾張藩の財政難と江戸の経済発展がある。ただ、藤堂家の下屋敷では、染井村の植木屋伊藤家が藤堂家下屋敷設立当初頃から下屋敷に出入りしていたことが知られており、藤堂家では民間導入が行われていた。こうした点をどう理解するかは今後の課題であろうが、民間活力の導入の問題は現代社会にも繋がる重要な問題である。

四つ目の問題は、需要層の変遷である。そもそも「地植え」は古代から庭園の造作にみられるものであり、大名庭園などに受け継がれ、現代の公園・庭園などでみることができる。「鉢植え」にしても鳥居氏も述べているように、文献に残るものは室町時代だが、私が皇居内の大道庭園で実見した三代将軍徳川家光の「五葉松」という盆栽は、現代の植木鉢に植えられているが樹齢五五〇年といわれている。もちろん真偽のほどは定かでないが、真だとすれば一五世紀後葉の盆栽であり、そのころから鉢植えとして栽培されていたことになる。そもそも「盆養」（材質は不明）と呼ばれる「鉢植え」の前身のようなものは平安時代から存在していた。つまり汎日本的にみれば江戸開府以前から「地植え」も「鉢植え」も存在していたのである。そしてその需要層といえば、古代は庭園などから天皇家、貴族、大寺社が想定され、中世では上級武士が加わる。近世では中世までの需要層に加え本草学者や植木屋が加わり、一八世紀後半から下級武士や文人と呼ばれる人々が多数現れる。一八世紀後葉からは土製植木鉢の量産によって江戸の庶民まで園芸文化が浸透したという変遷が理解される。

こうした四つの問題点は、園芸文化を考えるうえで重要な問題と考えられるが、かつて橋口定志氏は、二〇〇一年刊行の『図説 江戸考古学研究事典』における「園芸」の項で「江戸の園芸文化は大名庭園から始まる。（中略）しかしその本格的な展開は鉢植え植物の流行からと考えるべきである。鉢植え植物の流行によって、ようやく園芸文化が江戸町人の手に届くことになったからである」と述べている。本書は、この橋口氏の見解を具体的な史・資料によって大幅に補強したともいえるのではないだろうか。

この大会の計画は、二〇二二年四月の世話人会で提案され、以後準備が順調に進み開催に至ったのであるが、一方で大会が開催された年の四月三日から九月二九日までNHKで連続テレビ小説「らんまん」が放映された。私たち世話人は、事前にこの放映情報をまったく知らず、発表者を選定するに際しても練馬区立牧野記念庭園の学芸員田中氏がこのドラマと関係が深いとは知らなかった。言うまでもないが、大会がこのドラマに便乗したわけではない。ただ結果的にはドラマの主人公のモデルである牧野富太郎という植物学者は、江戸時代の本草学や数々の図譜などとの関係が深いということが平野氏や田中氏によって明らかとなった。

ＮＨＫのいわゆる「朝の連ドラ」の効果というものは凄まじいもので、本書を計画するにあたり田中氏に原稿執筆依頼のため牧野記念庭園にお伺いすることになった時、「朝の連ドラ」放映期間中であり、しかも土日祝日は大変混雑しているというニュースを聞いていたので平日に伺ったが、それでも大勢の方が来園していた。こうした植物や園芸に対する関心が一過性のブームではなく、鳥居氏の報告でも述べられているが、幕藩体制から明治新政権に代わり武士という需要層がなくなったにもかかわらず庶民の中に植木屋は生き続け、園芸文化が続いたように、現在盛り上がった植物や園芸に対する関心も、文化に昇華して永続することを願いたい。

最後に、御多忙にもかかわらず本書の執筆を快く承諾された執筆者の皆様に感謝の意を表し本書の結びとする。

二〇二四年一二月

江戸遺跡研究会
世話人　梶原　勝

執筆者紹介（生年・現職／論文掲載順）

小川　望（おがわ　のぞむ）　一九五七年生まれ　江戸遺跡研究会世話人／中央大学兼任講師

平野　恵（ひらの　けい）　一九六五年生まれ　台東区立中央図書館郷土・資料調査室専門員／武田科学振興財団杏雨書屋運営協議員

田中純子（たなか　じゅんこ）　一九六四年生まれ　練馬区立牧野記念庭園学芸員

山本英二（やまもと　えいじ）　一九六一年生まれ　信州大学人文学部教授

市川寛明（いちかわ　ひろあき）　一九六四年生まれ　江戸東京たてもの園園長

鳥居恒夫（とりい　つねお）　一九三八年生まれ　植物・園芸研究家／さくらそう会世話人／小平市文化財保護審議会委員

宮川和也（みやがわ　かずや）　一九七二年生まれ　㈱ＣＥＬ

追川吉生（おいかわ　よしお）　一九七一年生まれ　東京大学埋蔵文化財調査室助手

中野高久（なかの　たかひさ）　一九七四年生まれ　トキオ文化財㈱

渡辺芳郎（わたなべ　よしろう）　一九六一年生まれ　鹿児島大学法文学部教授

船場昌子（ふなば　まさこ）　一九七五年生まれ　八戸市埋蔵文化財センター是川縄文館主幹

堀内秀樹（ほりうち　ひでき）　一九六一年生まれ　東京大学人文社会系研究科教授

梶原　勝（かじはら　まさる）　一九五五年生まれ　江戸遺跡研究会世話人

江戸の園芸

二〇二五年(令和七)二月十日　第一刷発行

編　者　江戸遺跡研究会

発行者　吉川道郎

発行所　株式会社　吉川弘文館
郵便番号一一三―〇〇三三
東京都文京区本郷七丁目二番八号
電話〇三―三八一三―九一五一(代)
振替口座〇〇一〇〇―五―二四四番
https://www.yoshikawa-k.co.jp/

印刷＝株式会社 三秀舎
製本＝誠製本株式会社

ISBN978-4-642-04371-7

江戸遺跡研究会編

徳川御殿の考古学

A5判・三一二頁・原色口絵四頁

七五〇〇円

将軍や大御所らの外出時に宿泊・休憩施設として使用された徳川御殿。江戸近郊や上洛・日光社参の際の御殿を取り上げ、その役割、軍事的機能や遊興的性格の有無などを、多角的な視点から追究し、研究に新たな地平を開く。

江戸の大名屋敷

A5判・二七二頁・原色口絵四頁

六五〇〇円

参勤交代制度に伴い建築され、巨大都市江戸を支えた大名屋敷。多くの遺跡発掘の事例から、豪華絢爛な様相が明暦大火後に変遷する姿を検証。都市の成立・維持に果たした役割や大名の生活をも復元し、その全貌に迫る。

江戸築城と伊豆石

A5判・二七四頁・原色口絵四頁

六〇〇〇円

江戸城の石垣や城下の建設に用いられた伊豆石。この相模西部や伊豆半島産出の石材が、どのように切り出され江戸まで運ばれたのかなどを追究。石丁場遺跡や石材の刻印から、江戸城普請に関わった人びとの姿にも迫る。

（価格は税別）